理财产品智能定价

张晓伟 著

科学出版社
北京

内 容 简 介

理财产品是指由商业银行和正规金融机构自行设计并发行,将募集到的资金根据产品合同约定投入相关金融市场并购买相关金融产品,获取投资收益后,根据合同约定分配给投资人的一类产品。我国理财产品市场经过多年的高速发展,形成了资产规模庞大、产品种类繁多的特点。本书从研究银行理财产品智能定价的影响因素出发,构建银行理财产品智能定价模型,从而创立银行理财虚拟资产池智能定价系统运营机制,并建立银行理财运营风险预警及防范体系,从理论、实践和方法三个层面对理财产品定价进行深入研究。

本书适合金融从业人员和院校相关专业师生阅读。

图书在版编目(CIP)数据

理财产品智能定价 / 张晓伟著. —北京:科学出版社,2018.6
ISBN 978-7-03-055220-4

Ⅰ. ①理… Ⅱ. ①张… Ⅲ. ①私人投资-研究 Ⅳ. ①F830.59

中国版本图书馆 CIP 数据核字(2017)第 274209 号

责任编辑:王丹妮 / 责任校对:樊雅琼
责任印制:吴兆东 / 封面设计:润一文化

科学出版社出版
北京东黄城根北街 16 号
邮政编码:100717
http://www.sciencep.com

北京厚诚则铭印刷科技有限公司 印刷
科学出版社发行 各地新华书店经销

*

2018 年 6 月第 一 版　开本:720×1000　1/16
2019 年 2 月第二次印刷　印张:11 1/2
字数:229 000

定价:78.00 元
(如有印装质量问题,我社负责调换)

前　言

伴随着经济发展所引致的居民理财需求的增长，以及利率市场化和金融脱媒进程的加快，银行理财业务成为商业银行谋求经营转型的重要切入点。经过十余年的探索实践，我国银行理财业务无论是规模还是运营模式均得到了长足的发展，在我国资产管理体系中具有举足轻重的地位，对于实体经济的发展及居民财富的管理有着积极的意义。但在当前阶段，我国银行理财业务存在着管理方式粗放、产品和服务同质化严重、对于传统业务过于依附等问题，并且在监管政策日趋严厉、资产收益率持续下降、同业竞争加剧以及互联网金融快速崛起等大背景下，银行理财业务也正面临着越来越大的外部环境冲击。如何在内外交困的环境中实现理财业务的突围，是摆在众多商业银行面前的一道难题。这也同时激发了我的研究兴趣：我国经济正步入转型升级的关口，那么银行理财业务又该如何实现转型升级呢？鉴于当前我国商业银行产品定价和风险控制能力比较欠缺，本书将目光聚焦于银行理财产品的定价机制以及风险防范体系，以期能在现有资料数据的基础上，融合我多年从事理财产品定价实践积淀的经验和升华的知识，来探索研究科学的、合理的银行理财产品智能定价指导模型，并针对外部环境变化迅捷的特点以及监管政策的要求，设计虚拟资产池模式下银行理财产品价格动态调整机制。此外，结合当前的监管政策、外部环境特征以及银行理财业务自身的特点，建立银行理财产品的风险预警机制，并研究构建银行理财业务的风险防范体系。

本书首先概述研究动因，提出问题，系统梳理和分析银行理财产品国内外研究进展，以及理财产品智能定价的相关理论学说。在这些序列铺垫工作的基础上，重点研究依次关联的几个主要内容。第一，银行理财产品智能定价的影响因素。这部分研究中，运用 Wind 数据库的相关数据对银行理财产品定价影响因素做较深入的探索，从个体银行理财产品（"个体理财"）及整体银行理财产品（"整体理财"）视角，系统总结、概括银行理财产品定价的影响因素，也包括银行理财产品的专属性影响因素等。这一部分研究工作是后面研究的重要基础。第二，银行理财产品智能定价模型。利用前面对 Wind 数据库中银行理财产品数据计量分析所获得的一些显著影响因素，从银行"个体理财"和"整体理财"两个视角，从负债端的募集资金定价以及资产端的资产定价两个方面出发，探讨银行理财产品的智能定价问题。基于博弈分析，抽象出来一些重要参数，采用随行就市定价法以及成本加成定价法确定银行理财产品智能定价区间，并以此为算法基础，构建银行理财产品智能定价综合模型。第三，银行理财虚拟资产池智能定价系统运营机制。这一部分主要是在对一对一理财虚拟资产池模式进行理论阐述的基础上，进一步针对该模式的两端（"资金池"端和"资产池"端）在实现一一对应时所面临的挑战，分别设计基于智能定价系统的资产池资产收益率智能调整运营机制以及产品价格智能调整运营机制。其中，收益率智能调整机制旨在平滑资产池收益率，对冲可能出现的操作风险和违约风险。资金池智能定价产品价格智能调整运营机制则旨在得到一个能稳定加强成本控制的定价机制，通过这个机制对银行理财产品价格进行动态调整，引导客户购买不同期限产品，从而维持各银行理财产品结构的合理性。第四，银行理财产品智能定价风险预警及防范体系。这一部分研究中，参考了我国相关监管政策以及巴塞尔（Basel）协议搭建的全面风险管理体系框架，并结合我的实际工作经验以及专家调查结果，对商业银行理财产品可能面临的各类风险进行概括总结，在此基础上建立银行理财产品智能定价的风险预警机制，并构建对应的风险预警及防范体系。

本书在理论、实践和方法三个层面的突出贡献如下。

（1）理论层面：在定价博弈分析的基础上，构建了银行理财产品智能定价综合模型；针对一对一理财虚拟资产池模式的两端（"资金池"端和"资产池"端）在实现一一对应时所遭遇的挑战，分别设计资产池资产收益率智能调整运营机制以及产品价格智能调整运营机制。

（2）实践层面：建立的银行理财产品风险预警机制具有引导性和一定的可操作性；构建的银行理财产品风险防范体系具有一定的参考价值。

（3）方法层面：本书综合运用文献研读法、多方法融合的定性研究法、模型法、数理分析法及实地调查研究方法等，完成了系统研究工作，为后续的探索研究提供了新视角和方法论基础。

由于研究过程中客观条件的局限性，本书构建的银行理财产品智能定价综合模型、资产池资产收益率智能调整运营机制、产品价格智能调整运营机制以及银行理财产品风险预警机制，仍需通过从理论到实践再上升到理论的反复过程进行完善。我诚恳地希望本书所做的这些基础性工作，具有一定的引导性，能起到抛砖引玉的作用，也诚望各位同行、专家、学者以及广大读者批评指正！

张晓伟
2017 年 8 月于深圳

目　录

第一章　导论 ··· 1
　　第一节　研究动因及意义 ··· 1
　　第二节　国内外理财产品研究进展 ····································· 8
　　第三节　研究目标及研究内容 ··· 38
第二章　理财产品智能定价理论分析 ····································· 42
　　第一节　理财产品及虚拟资产池 ······································· 42
　　第二节　理财产品智能定价理论说 ···································· 46
第三章　银行理财产品智能定价影响因素分析 ························· 52
　　第一节　银行个体银行理财产品智能定价影响因素 ·············· 52
　　第二节　银行整体银行理财产品智能定价影响因素 ·············· 59
第四章　银行理财产品智能定价模型 ····································· 68
　　第一节　银行理财产品智能定价影响因素的计量分析 ··········· 68
　　第二节　基于个体理财视角的银行理财产品智能定价博弈 ····· 75
　　第三节　基于整体理财视角的银行理财产品智能定价博弈 ····· 82
　　第四节　银行理财产品智能定价综合模型构建 ····················· 90
第五章　银行理财产品智能定价系统运营机制 ······················· 100
　　第一节　一对一理财虚拟资产池运作模型的建立 ················ 100
　　第二节　基于智能定价系统的资产收益率智能调整运营机制 ·· 104
　　第三节　基于智能定价系统的产品价格智能调整运营机制 ···· 117
第六章　银行理财产品智能定价风险预警及防范体系 ·············· 132
　　第一节　银行理财产品智能定价风险类型 ························· 132
　　第二节　银行理财产品智能定价风险预警机制构建 ············· 139
　　第三节　银行理财产品智能定价风险防范体系建立 ············· 149
第七章　理财产品智能定价仍待完善的问题 ·························· 167
参考文献 ··· 169

第一章 导　　论

银行理财产品早在数十年前就因为欧美金融业的不断创新而推广至全球各地。我国银行理财产品自 2005 年起开始逐渐兴起，经过十多年的发展，从个别银行经营业务的一个很小的创新点逐渐成为银行的主营业务之一。在国民经济持续壮大的今天，伴随着金融脱媒（financial disintermediation）以及利率市场化（interest rate liberalization）进程的不断加快，居民的理财意识逐渐增强，由此引发了银行理财产品需求的持续增长。在此背景之下，各大商业银行纷纷加大步伐布局银行理财业务，致使其市场规模快速膨胀。相关数据显示，截至 2016 年底，我国资管市场总规模已达 104.24 万亿元，银行理财占比为 27.82%，剔除资管市场中通道因素的影响，银行理财占比更高达 39.89%，其规模在所有资管行业中排名第一[①]。毋庸置疑，银行理财产品存续规模的持续扩张以及在社会上具有的广泛影响力，致使其收益率、资产配置方向，以及产品类型的变化对于整个金融市场都有着越来越大的关联性影响。作为本书的开篇章，本章将在分析选题背景的基础上，提出问题，阐释研究目的和意义，就该命题的国内外相关研究进行系统梳理和较深入的剖析，提出本书的研究目标和主要研究内容。

第一节　研究动因及意义

一、研究动因

（一）银行理财产品出现的必然性及争议

银行理财产品在我国自诞生至今已十多年，已经成为普通大众生活中非常常见的金融产品。按照中国银行业监督管理委员会[②]（简称"银监会"）的界定，银行理财业务是"商业银行为个人客户提供的财务分析、财务规划、投资顾问、资产管理等专业化服务活动"[③]。而银行理财产品则是以银行作为设计发行主体，在特定的产品合同

---

① 资料来源：Wind 数据库、中国证券投资基金业协会和中国信托业协会的数据。因通道交义业务重复计算的部分大约为 31.54 万亿元，占整个资管市场规模的 30.26%，其中信托、券商、基金子公司专户和基金公司专户等资管机构的通道产品规模分别为 10.12 万亿元、12.37 万亿元、7.46 万亿元和 1.59 万亿元，扣除通道业务后实际的资管规模约为 72.70 万亿元。
② 中国银行业监督管理委员会现已和中国保险监督管理委员会职责整合，组建成为中国银行保险监督管理委员会。
③《商业银行个人理财业务管理暂行办法》，下面简称《暂行办法》。

约定下，将个人、机构的资金募集起来投资于金融市场或购买金融产品，其获取的投资收益依据合约进行分配的金融产品。从银监会的界定来看，理财本质上应该是一种资管业务，但在发展过程中却逐渐转变成"表外存贷"业务，主要体现在三点：①银行理财普遍刚性兑付，类似于"高息揽储"；②银行理财盈利主要是赚取超额留存的方式（即扣除承诺给客户的预期收益率后的超额收益），这与存贷款赚取利差方式相似；③理财资金通过非标流向实体经济，对实体经济的作用与贷款类似。正是理财业务的现实特征与其本质内涵存在较大的出入，导致其在我国一直备受争议。

银行理财产品的出现有其历史的必然性。利率市场化进程的加快导致银行存贷利差不断缩水，同时我国金融体系对外开放程度的增加引致了更为激烈的同业竞争，商业银行传统的主要盈利模式面临着被颠覆的命运，为此不得不进行金融创新，开发像银行理财这类新业务。以 2005 年《暂行办法》为界，银行理财业务从个别银行业金融机构零散的金融创新，一跃成为各银行业金融机构重要创新型业务。经过十多年的发展，我国银行理财业务完成了从无到有、从小到大的快速蜕变。与其他机构相比，商业银行在发展理财业务方面优势明显。第一，作为存款性金融机构，商业银行可吸收城乡居民的储蓄存款。其可通过实现由储蓄向投资的转化来促进社会财富的持续增长，同时壮大自身理财业务规模。第二，我国商业银行资金营运规模较大，可为其开展理财业务提供强有力的财力支持。第三，商业银行在金融市场交易操作方面具备规模效应、专业水平等多重优势，这有助于其把握投资盈利机会。第四，商业银行网点众多且分布广泛，这有助于其利用多种渠道为客户提供灵活、方便、快捷的理财服务。第五，商业银行个人客户基础良好，这为银行理财业务的发展奠定了良好的基础。正是凭借以上一些优势，商业银行理财业务在过去的十多年当中取得了长足的发展。相关数据显示，2016年底我国银行业理财业规模占比位居资产管理行业首位，产品账面余额高达 29 万亿元，已成为大众最耳熟能详的资产保值增值产品[①]。

伴随银行理财业务的高速增长，争议声始终不绝于耳。一些学者认为，银行理财业务的发展是对利率市场化某种程度上的替代，实质上是中国银行业开展的资产管理业务，其一方面对实体经济发展具有支撑作用，另一方面有利于促进银行机构的经营转型（周荣芳，2011）；同时，其对于金融改革、金融创新、金融市场效率具有一定的促进作用（李扬和殷剑峰，2011）。但也有部分学者的观点相反，认为银行理财业务是银行进行监管套利的工具，会扭曲存贷款数据统计真实性，从而阻碍货币政策的有效传导[②]。而部分学者则认为，发行银行理财产品可以通过降低资本比率与资产收益率来降低商业银行经营稳定性（高蓓等，2016）。其至还

---

① 数据来源：Wind 数据库。
② 黄鸿伟. 资金池运作型理财产品为何成主流. [EB/OL]http://other.caixin.com/2012-08-28/100429338.html[2012-08-28].

有学者认为银行理财产品实质上就是"庞氏骗局",潜藏着巨大的风险[①]。正因为存在较大的争议,所以银行理财业务成为近年来学界和业界一个较为热点的话题。

虽然目前银行理财产品面临着诸多的争议,但本书认为,它的发展对于整个社会经济的发展具有积极意义。首先,银行理财产品发行所募集的资金大部分流入了实体经济中,毋庸置疑,这对于引导社会资金合理投资、支持实体经济具有一定的作用。其次,随着财富积累效应下的居民理财意识觉醒,银行理财产品能够在直接融资工具和居民财富之间搭建起一座桥梁,从而有助于实现我国社会融资结构从"间接融资"向"直接融资"过渡,这优化了社会融资结构和居民金融资产结构。此外,随着我国利率市场化进程的不断加快,银行亟待进行经营转型。而银行理财业务是银行机构培养投资管理能力和提升核心竞争力,进而实现经营转型的重要工具。最后,随着经济下行压力的不断加大,社会正面临越来越严重的"资产荒"问题,大量的社会资金亟须找到一个合规的宣泄出口,银行理财产品恰好具备这样的功能,对于减少通货膨胀和维护金融秩序稳定意义重大。

(二)银行理财业务发展中存在的问题

虽然当前银行理财业务市场异常繁荣,但在经济下行压力不断加大、金融体系改革不断深化的大背景下,其也面临着来自各方的巨大挑战。另外,鉴于我国商业银行理财业务还处在探索阶段,因此在其发展过程中难免存在一些问题。

1. 资产收益率持续下降,募集资金成本难降

2016年5月在广州举办的"2016年两岸四地银行业财富管理论坛"上发布的报告称,传统银行理财收益率已持续下降至"3"时代。银行理财业务正面临收益与风控的"双挑战",急需创新多样化产品,寻求风险调整后的收益最大化,原因如下。第一,我国宏观经济正处于转型升级的历史关口,去产能、去库存、去杠杆的进程加快,中国人民银行(以下简称"央行")持续的货币宽松政策导致无风险利率下降,同时资本市场制度的不完善导致收益波动过大,违约不断的债券市场迫使机构降低风险偏好,资产配置荒可能是未来一段时期内长期存在的难题(陆敏,2016)。事实上,近几年资产荒下金融市场估值洼地从股市到债市再到商品被一一填平,债市信用风险频发下信用评级下沉策略的风险不断加大,同时货币市场波动加大,加上杠杆操作难度也在增大,存量高收益资产占比越来越少。随着理财资金池可调整的空间越来越小,银行理财负债端收益率将更加紧密地跟随资产端变动而变动。第二,监管政策趋于严厉,致使非标资产不断缩水,陆续到期的高息资产没有新的标的衔

---

① 证券时报网快讯中心. 肖钢:银行理财产品是庞氏骗局[EB/OL]. http://kuaixun.stcn.com/2013/0317/10348450.shtml[2013-03-17].

接，银行机构要想维持银行理财产品所募集资金的高投资回报率将变得更加困难。第三，当前金融体系"短存长贷"、资产错配的情况更加严重（裘翔，2015）。加之资本管制逐步放松（朱鹤，2015）、资本市场资金分流、同业竞争加剧（王耀青和金洪飞，2014）以及互联网金融的快速崛起（李继尊，2015；沈悦和郭品，2015），致使银行理财产品募集资金面临着较大的压力。因而相比资产端收益大幅波动，银行理财产品负债端成本因需要考虑市场份额和客户黏性问题，而变得更为刚性。银行机构不得不压缩利差收益，这使银行理财产品负债成本降速低于资产端投资收益率的降速，导致银行理财边际收益开始亏损，甚至出现了利差倒挂的现象[①]。

2. 管理方式粗放，监管套利行为不断

我国金融体系长期存在金融抑制的现象，导致一些对冲金融管制不利影响的监管指标被施加在商业银行身上，进而催生了银行机构的监管套利动机[②]。过去几年银行理财的创新和发展正是在这样的背景下进行的。其负面效应显而易见。第一，银行理财运行模式单一且透明度不够，资产池模式大行其道，资产错配和期限错配的风险大大增加。第二，银行理财产品的设计能力相对较差，促销导向比较明显，导致产品易于复制和推广。第三，产品定价和风险控制是发行主体资产管理能力的两个重要方面，国内商业银行在这些方面的能力欠缺是不争的事实。当前国内商业银行投资管理都不够精细，尚未建立起科学的定价原则以及相应的价格管理机制。例如，当前银行理财产品的销售多依托现有存款客户资源，这些客户在购买银行理财产品时将预期收益率与银行存款利率作对比，所以很多银行会单一地采取"定存基准"的定价模式。该定价模式未考虑理财成本因素，同时对理财风险因素考虑不足，存在较大的缺陷。第四，监管套利行为层出不穷。从最开始为满足存贷比、信贷额度控制等监管的需要，到如今为满足监管以及粉饰报表的需要，商业银行将大量不良资产转移到表外，通过银行理财来对接。粗放式发展使得整个银行理财业务存在诸多风险隐患。随着监管层进一步加大监管力度和市场竞争的日趋激烈，商业银行亟待树立前瞻性的发展理念，加强内外部各个运行环节的管理与控制，建立健全符合业务发展需求的资管系统，从而实现从粗放式管理向精细化操作迈进。

3. 过于依附传统业务，独立性不强

银行理财产品自诞生以来，一直存在对商业银行传统自营业务过于依附的特点。这与我国金融体系存在金融抑制的现状休戚相关。在商业银行收入过于依赖

---

① 潘凌飞. "资产荒"下的银行理财尴尬：负债端成本难降，资产端又害怕风险[EB/OL]. https://wallstreetcn.com/articles/224787[2015-10-15].

② 李建云，陈珊. 同质化转向竞争化银行理财发展呈现三趋势[EB/OL]. http://money.163.com/12/ 0713/10/869NVQMO00253BOH.html[2017-07-13].

存贷利差的大背景下,这种依附于存贷业务的理财必然大量存在,商业银行大量发行银行理财产品用以满足银行监管指标的任务,成为事实上的腾挪额度、变相揽储工具(肖立晟,2013)。更为危险的是,有时为达成银行自营业务的监管指标,银行理财产品的管理部门不得不进行自我牺牲,这严重阻碍了银行理财业务的健康发展。一个典型的现象就是:在月末、季末、半年末以及年末这些特殊的时点,商业银行往往密集发行银行理财产品,这些理财产品成为变相揽储、实现监管指标任务的工具,严重脱离了代客理财的本质。监管层早已注意到这一问题,已经明令商业银行将自有资金和代客理财资金进行分开使用①。但是在实际执行过程中,尚存在较大的改进空间。今后,随着商业银行的转型升级,其组织运行机制必然更为健全,理财业务板块的事业部制改革或子公司深化改革的探索也将继续,同时监管法规也会持续完善。因此,商业银行自营业务与代客理财业务的真正分离已势在必行,发展独立于传统业务的资产管理是大势所趋。

4. 产品和服务同质化严重

尽管近年来银行理财业务加大了推陈出新的力度,但是基于应对激烈市场竞争的需要,最终还是回归到最简单的"价格"竞争。这导致的后果是,商业银行产品设计能力、风险控制能力仍有待提高,银行理财产品同质化现象较为严重。究其原因,一方面,我国商业银行理财业务整体的经营理念目前还处于发展期,理财业务的产品导向严重;另一方面,我国分业经营、分业监管的格局造成的市场分割为商业银行带来了一些无风险套利的机会,致使商业银行过度关注产品销售。当前,随着居民理财意识普遍提高,银行理财产品潜在投资者的需求开始呈现出分层化和多元化的特点。与此同时,随着经济下行压力的加大,"资产荒"大行其道,机构投资者欲借银行理财产品对抗通货膨胀的需求也逐渐增加。此外,随着利率市场化改革的不断深入,差异化竞争是商业银行需要在整体层面上奉行的战略。因此,从长远来看,理财业务发展的大趋势是多样化,内在地包含了对创新的要求。对于商业银行而言,要想在日趋激烈的竞争中谋取一席之地,应加大银行理财业务创新的力度,推出符合市场发展趋势的创新产品设计,以塑造更有竞争力的理财品牌。

二、问题提出

由上面的分析可知,经过十余年的发展,银行理财业务在我国资产管理体系中已经占据着举足轻重的地位,对于实体经济的发展以及居民财富的管理有

---

① 《国务院办公厅关于加强影子银行监管有关问题的通知》(国办发[2013]107号)

着积极的意义，是商业银行实现经营转型的重要出口之一。但在当前阶段，我国银行理财业务存在管理方式粗放、产品和服务同质化严重等问题。并且在监管政策日趋严厉、资产收益率持续下降、同业竞争加剧以及互联网金融快速崛起等大背景下，银行理财业务也正面临着越来越大的外部环境冲击。如何在内外交困的环境中实现理财业务的突围，是所有商业银行不得不面对的问题。当前的商业银行机构亟待实现从粗放式管理向精细化操作迈进。那么银行机构具体该怎么做呢？鉴于当前我国商业银行产品定价能力比较欠缺，本书将目光聚焦于银行理财产品的定价问题，旨在现有研究的基础上建构出科学合理的银行理财产品智能定价指导模型，并针对外部环境变化迅捷的特点以及监管政策的要求，设计出虚拟资产池模式下银行理财产品智能调整运营机制。此外，本书结合当前的监管政策、外部环境特征以及银行理财业务自身的特点，建立银行理财产品的风险预警机制以及风险防范体系，以为银行理财业务的风险控制提供科学参考。

需要注意的是，虽然目前银行理财产品的法律关系没有明确为信托关系，但商业银行"受人之托，代人理财"的地位明确，在法理上，商业银行的定价权不是很大。既然是"受人之托，代人理财"，理财的收益就应该归投资人所有，银行仅能获得管理费以及可能存在的增值服务费。既然商业银行的定价权不是很大，那么这是否意味着进行银行理财产品的定价研究与法理精神相悖呢？事实上并非如此，主要有以下三点理由。

第一，按照现有监管政策的规定，保证收益类等部分代客理财业务是纳入表内进行核算的，这与非保证收益类银行理财产品的核算规则存在较大的差异。严格意义上讲，这种纳入表内核算的理财业务从内涵上与代客理财业务的本质有所区别，而与银行存款或其他负债性质的债权债务关系的银行固有业务的性质更为接近（蒋霞和罗志华，2012）。因此，从这个意义上说，对保证收益型银行理财产品进行定价的行为与对贷款进行定价的行为基本类似，与监管政策并不冲突。

第二，对于非保证收益型银行理财产品，预期收益率并不等于实际收益率，其定价行为本身对最终的兑付收益率并不构成硬性约束，是一种带有营销导向性的提示预期收益的行为，因此与通常意义上的产品定价有着本质的区别。事实上，公募基金等典型的代客理财银行产品在销售时，也会将历史收益率及排名作为客户购买的参考标准。与之类似，银行理财产品的"定价"行为带有较强的导向性作用，旨在向客户提示可能的收益以及潜在的风险，以便客户根据各自风险偏好选择特定预期收益率的银行理财产品。只是由于当前的监管制度尚有待完善，加之行政垄断所导致的银行市场势力的存在（罗裙，2003；赵旭，2011），银行理财产品的发行中存在寻租空间。在此情形之下，具有逐利动机的商业银行会通过操控银行理财产品收益率来谋求经济租金，这也是刚性兑付层出不穷的重要原因之一。商业银行的刚性兑付行为扭曲了这种定价行为的本质含义，成为商业银行追逐经济租金的工具。

第三，商业银行与投资者之间构成信托关系，作为一种正式契约（保本型）或非正式契约（非保本型），定价行为能够对商业银行的行为起到一定的限制作用。即商业银行对银行理财产品进行定价以后，事实上为银行理财产品所募集资金的投资运营确立了一个目标。为避免造成声誉损失，商业银行有更强烈的动机兑现预期收益率。为此，在经济利益最大化目标的支配下，商业银行会有动力提升自身的投资管理水平，最大限度地平衡银行理财产品的收益与成本，并根据外部环境以及自身结构的变化进行动态价格管理，借此最大限度地降低银行经营风险以及客户资金的违约风险。因此，定价行为变相地成为一种"激励契约"，能在一定程度上缓解双方之间的道德风险和逆向选择问题。

综上，对银行理财产品进行定价是有必要的，有必要对银行理财定价的各种要素进行研究。此举可引导理财定价智能化并相应改良其风险防范机制，对提高客户资金收益率、增加银行的业务收入、提高银行理财的抗风险能力等方方面面都有积极影响。因此，本书研究的侧重点在于：通过为商业银行机构发行银行理财产品确立合理的定价区间，以最大限度地保证银行理财产品资产端收益与资金端成本相匹配，并根据外部环境以及自身结构的变化进行动态价格管理，借此最大限度地降低银行经营风险以及客户资金的风险。

三、研究意义

（一）理论意义

目前关于银行理财产品定价的研究多从两个视角出发。第一，利用成熟的数理模型，对某类特定银行理财产品（主要是结构化银行理财产品）进行定价研究。这类研究多具有较强的针对性，往往会运用到较为复杂的数学工具，是现有研究中的主流。但该类研究存在一些有待商榷的地方。例如，主流的定价模型多是基于欧美发达国家市场特点设计的，这些国家的金融体系高度市场化，金融产品种类多、结构复杂。但我国金融体系的运行仍受到一定程度的干预，存在要素被扭曲的现象，并且金融市场尚不发达、金融产品结构单一，这就导致沿用西方成熟的定价模型可能并不符合目前国内的实际情况。尤其是对于我国银行业银行理财产品，其仍然对银行传统自营业务依赖性过强，独立性和专业性尚存在较大的提升空间。此外，该类研究多割裂了"单类"与"整体"之间的联系，导致研究的结论很难被推广。第二，基于较为宏观的定价策略，对银行理财产品的整体定价进行研究。该类研究主要是从银行理财业务整体层面，对其在面临竞争时的价格选择进行策略性概述。本书认为，此类研究聚焦的是"银行理财产品如何通过定价争取市场份额"，一定程度上与商业银行自身基本面是脱离的，并且不够精细化。本书旨在站在一个介于上述两者之间的视角，对银行理财产品的定价问题进行探讨。具体而言，存在如下一些理论意义。

首先，通过分析研究银行理财的定价影响因素，基于个体理财以及整体理财视角进行博弈分析，从中抽象出一些重要因素以确定银行理财产品的智能定价区间，从而作为银行理财产品智能定价综合模型的算法框架，在此基础上建立对应的智能信息系统，以实现银行理财产品定价的智能处理。

其次，针对虚拟资产池在实现一一对应时所遭遇的挑战，本书设计了银行理财产品的价格动态调整机制，包括资产池资产收益率智能调整运营机制以及资金池产品价格智能调整运营机制。

最后，构建银行理财相关风险预警机制以及风险防范体系，有利于进一步丰富有关银行理财业务风险控制的理论研究。

（二）实践意义

银行理财产品作为银行机构重要的中间收入来源，在利率市场化的大背景下其地位不言而喻。在我国银行业银行理财产品过往十余年的发展历程里，其发行定价的理论研究和实践操作呈现出某种脱节的迹象。一方面，国内外金融定价的理论研究已经相当深入和成熟，金融工程等技术越来越多地被采用；另一方面，由于我国银行产品设计能力相对较差，银行理财产品的结构单一，很多商业银行根本就没有建立起科学的定价原则以及相应的价格管理机制，而往往通过个人主观的决策或者多人会议讨论的形式，定出即期银行理财产品的销售价格，致使银行理财产品的发行定价缺乏客观的分析指导。这类并不科学的定价实际上损害了银行客户和商业银行本身的利益，为商业银行理财的长期健康发展埋下了不安全的隐患。本书通过研究银行理财的智能定价所建立的科学博弈模型以及虚拟资产池智能运营机制，将有助于提高理财资金的投资效率，增加银行的业务收入，并通过稳定理财资金的募集率来控制银行理财资金流的稳定性，配合银行理财风险预警模型，有效提高银行理财的抗风险能力。最终达到既提高银行理财市场竞争力又合理控制理财运营风险的实践目标。

第二节　国内外理财产品研究进展

银行理财产品出现以来，业界从业者和学术界都予以了高度关注。本节就研究命题涉及的我国银行理财产品发展进程及概况、银行理财业务发展的成因、理财相关的金融资产定价、银行理财产品定价及风险防范等相关问题进行文献梳理，作为后面研究的铺垫。

一、我国银行理财产品发展进程及概况研究

（一）我国银行理财业务发展的四阶段

回顾银行理财产品的发展之路，可以说与我国金融体系革新乃至改革开放的进程都休戚相关。可以明显地看到，因循着监管政策的演变路径，并且伴随着外部竞争环境的日趋激烈化，银行理财业的发展在各个时期呈现出差异化的特征，总体上经历了一个从无到有、从萌芽到蓬勃发展的历程（张栋，2012）。

1. 萌芽发展阶段

我国银行理财产品的萌芽始于改革开放之后。随着对外开放水平的不断提升，一些国外金融产品陆续被引入我国，银行理财业务正是其中之一。当时，我国金融市场主要提供的是存款储蓄和国债买卖业务，市场结构极为单一。直到1995年，招商银行才首次推出"一卡通"，实现了定活期、多储种、多币种、多功能于一卡。这可视为银行理财产品的萌芽，因为它是在当时单一的金融市场结构中，首次发行的以客户为中心的个人银行理财产品。在之后的1996年，中信银行率先在国内成立了私人银行部，开始在资管业务的发展道路上进行探索。

2. 初始发展阶段

随着我国改革开放进程的不断推进，金融市场也开始经历天翻地覆的变化，诸多改革举措一时间紧锣密鼓地推出。2000年，大额外汇存款的利率管制告别了历史的舞台。在此背景之下，中国光大银行、中国建设银行等各大商业银行闻风而动，在2002年前后推出了面向个人客户的外汇结构性存款业务。2003年，中国银行推出的"汇聚宝"外汇银行理财产品首次冠以"银行理财产品"的名称。自此之后，外汇理财市场日渐繁荣。与之相对的是，人民币银行理财产品则姗姗来迟，直至2004年7月才由中国光大银行首发"阳光理财B计划"。随后众多商业银行纷纷效仿，人民币银行理财产品的占比逐渐提高，2015年占比已经超过了98%。总体而言，2004年及之前的银行理财产品发行并未受到明文监管，以外币银行理财产品为主，具有发行规模小、产品平均期限长等特点。而以2005年为界，随着银监会对银行理财业务进行了规范和监

管，银行理财产品开始跃入高速发展的轨道。2005 年银行理财产品的发行规模相比 2004 年增长了 4 倍，平均期限明显下降。处于发展初期的银行理财产品投资方向、产品结构简单，银行主要是将投资金额门槛、流动性作为条件，将一些低风险投资的收益让渡给投资者，"预期收益型"的非结构化银行理财产品在此过程中成长起来并逐渐得到投资者的认可。

3. 多元化发展阶段

2006 年之前，商业银行推广银行理财产品主要是基于扩大存款规模从而扩大信贷规模的需求。因此，在这一时期的银行理财产品是一种"变相揽储"，银行理财产品的投资方向主要为固定收益型资产。一般而言，商业银行对这些传统优势的领域比较熟悉，具备较为专业的操作水准，风险小，收益也不高，但是在当时社会整体风险偏好较低的大背景下，能被部分普通大众所接受。2006 年以后，债市的低迷与股市的高涨对比鲜明，不甘于低收益的商业银行由此开始了新一轮的探索。自此，理财资金开始借道信托进入股市和产业投资，以基础建设项目投资为目标的银行理财产品以及集合了债券、股票、信托融资等组合的银行理财产品开始出现。此外，随着对外开放程度的不断提升，西方结构化银行理财产品以及 QDII（qualified domestic institutional investor，合格境内机构投资者）等双币银行理财产品也开始在我国出现。概括起来，2006 年之后商业银行在银行理财产品的类型、币种、内嵌结构设计等方面均迈出了重要一步，2006 年是银行理财产品多元化发展的一年。

2008 年开始，受美国次贷危机的影响，全球金融遭遇重创，我国经济也难以置身事外，之前以风险资产为标的的银行理财产品也受到了波及，部分呈现了零收益甚至负收益的状态。在此背景之下，社会大众的风险偏好降低，对保本型银行理财产品的需求增加。商业银行虽然也开始审慎地思考银行理财产品所面临的潜在风险，但并没有就此迎合客户的需求，加快设计保本型银行理财产品，而是将目光瞄准了风波过后的新一轮的理财业务竞争。从这个层面来看，当前商业银行理财产品虽然规模不断壮大，但风险控制意识及水平仍有待提高。毕竟银行理财产品的发展也应总体遵循经济发展态势。

4. 资产管理阶段

为了便于管理运营，越来越多的商业银行引入资产池理财管理模式。资产池银行理财产品是指将多个单一银行理财产品的募集资金整合，统一用于投资一个包含债券、回购、拆借、同业存款、票据、信贷资产等多元化资产包的银行理财产品。和单一银行理财产品相比，资产池银行理财产品具有运营高效、规模稳定、滚动发行、期限错配、分离定价等特点（肖立晟，2013）。但同时，资产池模式运作的不透明加剧了信用风险，同时普遍采用的期限错配容易导致流动性风险。2013年银监会对于资产池的"资产错配""期限错配"的特点提出整改规定，要求新发行的银行理财产品的资产负债必须"一一对应"，每个产品"单独管理、建账和核算"[①]。因此传统的银行理财资产池管理模式必须转型成资产负债"一一对应"的虚拟资产池管理模式。在银监会发文的引导之下，理财资金投向非标资产的比例显著萎缩，因过度追求高收益而潜藏的风险得到有效平抑。按照《8号文》的要求，众多银行开始尝试对资产池进行拆分，但大多流于表面形式，其真实效果并不理想[②]。但就长远的意义来讲，银监会发文表明监管机构想要通过疏堵结合的办法，逐步引导银行理财产品回归代客理财本源的意图。这在短期必将让商业银行遭遇阵痛，但对银行理财未来发展乃至整个资管体系的发展具有重要意义。

（二）我国银行理财业务发展的现行概况

经过十几年的发展，银行业银行理财产品市场无论是存续金额还是发行数量都实现了指数型的增长，其资产余额已占据国内资产管理行业中的最大规模。伴随着外部经济环境以及监管政策的不断变化，其市场结构也开始呈现出新的特征。下面将从发行数量及规模、发行主体数量及结构、基础资产配置情况、银行理财产品的兑付情况、银行理财产品的分类等五个方面介绍我国银行业理财业务的基本情况。

1. 发行数量及规模

银行业理财市场经过十几年的发展，规模已经达到一个相当高的体量。中国银监会相关数据表明：2005年人民币银行理财产品的数量仅为67只，2006年增长了近两倍达到183只。以2006年为分界，银行理财业务开始进入高速发展的轨道，2007年各商业银行共发行人民币银行理财产品1320只[③]。全国银行业理财信息登记系统显示，截至2015年底，全国银行业金融机构存续银行理财产品的总数为60 879只，账面余额23.50万亿元，相比2014年增长了56.46%[④]。在银行理财

---

① 《中国银监会关于规范商业银行理财业务投资运作有关问题的通知》（银监发[2013]8号），下面简称《8号文》。
② 资产池的拆分不仅涉及前台记账，还涉及核心系统建设、关联交易定价、托管账户拆分等问题。但银行大多采取了账面拆分的方法，对原有资产池和资金池的账户进行了进一步拆分，设立了多个虚拟账户。但多个产品间的损益依然可以通过关联交易的途径进行内部转移。
③ 本部分理财产品数据主要参考Wind数据库，以及国内各主要财经网站和媒体的相关报道。
④ 资料来源：全国银行业理财信息登记系统。该系统公布的银行理财数据比Wind数据库要全面一些，因而在个别数据上可能会存在一些差别。

产品的发行方面，2015年银行理财规模持续扩张，但由于受到了资产荒的影响，加之银行正处在"控风险，促转型"的过程中，银行理财产品发行数量及募集资金规模的增速有所下降（王辉，2016）。全年银行业金融机构共发行186 792只银行理财产品（15 566只/月），累计募集资金158.41万亿元，发行产品数和募集资金额分别比2014年提高3.48%和38.99%。2013～2015年银行业理财市场产品发行数量、发行规模、存续数量、存续规模如图1-1所示。

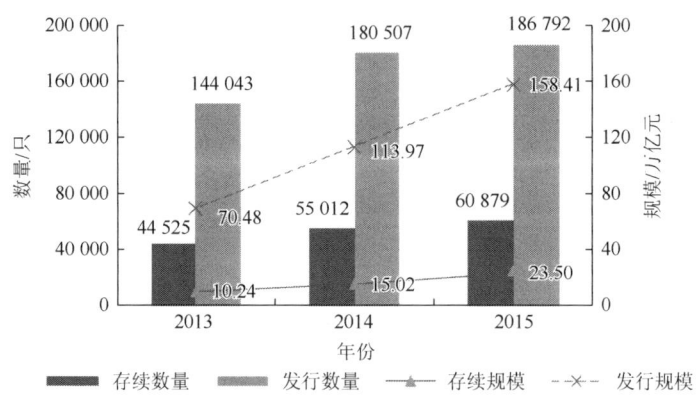

图1-1 银行理财产品数量与规模统计

资料来源：《中国银行业理财市场报告》（2013～2015年）

上述数据表明，在当前阶段，银行理财产品呈现出募集资金规模及发行数量双双扩大的局面，但发行数量及募集资金规模的增速有所下降。基于此可预计的是，未来一段时间内，规模持续扩张仍然是银行理财产品发展的主基调。这是因为：首先，居民理财意识逐渐加强，导致存款搬家的速度加快，目前银行理财产品余额占存款余额的比重为17.3%，仍存在较大的增长空间；其次，理财市场成为商业银行进行经营转型的重要载体，成为各银行争夺资金的主战场；最后，理财相对存款的收益率差仍处于高位。上述因素的存在决定了银行理财市场仍存在较为广阔的发展空间。

2. 发行主体数量及结构

随着人均收入的不断增长以及我国长期以来存在的通货膨胀压力的增大，大众投资者"理财意识"不断加强，银行理财的关注度和需求度就不断提升。根据Wind数据库以及《中国银行业理财市场报告》统计资料，2015年银行理财产品的发行主体数量已达465家，相比2014年增加了上百家，增长的上百家银行中，90%以上为农村商业银行（以下简称"农商行"）或农村信用合作社（以下简称"农信社"）。2015年各类型发行主体占比如图1-2所示。

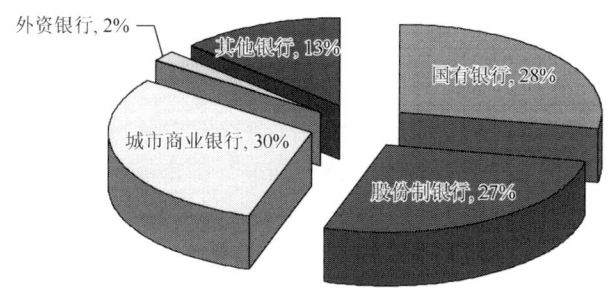

图 1-2 2015 年银行理财产品发行主体类型占比

资料来源：Wind 数据库

在发行主体结构方面，国有银行和股份制银行的市场份额加速萎缩，城市商业银行（以下简称"城商行"）及农商行迅速崛起成为近年来银行理财产品市场的一大显著特点，如表 1-1 所示。以城商行为例，从 2014 年开始，其发行产品的数量就已超过国有银行及股份制银行，2015 年更是将领先优势进一步扩大，发行产品数量占市场总量的 36.45%。城商行的加速崛起是有原因的。首先，在 2009 年史无前例的一揽子经济刺激计划中，地方政府"大干特干"的积极性遇到了融资瓶颈。作为地方政府重要的信贷资金提供方，缺乏存款资源的城商行亟须通过银行理财产品来"变相揽储"。其次，近年来国内商业银行发展同业理财模式的积极性非常高，在当前同业竞争加剧、同质银行理财产品相互挤兑的背景下，同业合作模式通常向下兼容，即大银行寻找小银行进行合作。最后，随着中国经济增长的中心逐步由一线城市向二三线城市转移，相应地带动了中小城市居民的理财需求。

表 1-1 2013～2015 年各类型银行机构发行数量及增速

银行机构	2013 年发行数量/只	2014 年发行数量/只	2015 年发行数量/只	2013～2014 年增速/%	2014～2015 年增速/%
国有银行	13 917	18 455	16 922	32.61	-8.31
股份制银行	13 360	17 579	15 864	31.58	-9.76
城商行	12 645	19 215	28 387	51.96	47.73
外资银行	1 501	1 526	1 426	1.67	-6.55
其他银行	3 069	8 473	15 290	176.08	80.46

资料来源：Wind 数据库

虽然城商行发展速度较快，但需要指出的是，由于城商行数量庞大，虽然其发行数量的占比逐年提升，但平均来看，单一银行的发行数量仍然较少，并且单个产品平均募集的资金规模与国有银行及股份制银行相去甚远。从图 1-3 可知，截至 2015 年底，股份制银行存续余额的市场占比为 42.17%，国有银行市场占比 36.89%，两类银行机构存续余额的市场占比总共为 79.06%，占市场的绝对主导地位。而 2013 年和 2014 年两类银行机构存续余额的市场占比总和分别为 88.60%、80.83%。可见虽然近年来国有银行及股份制银行的市场份额逐渐下降，但仍占据着绝对的优势地位，整个市场并非完全竞争市场（赵旭，2011）。但不容忽视的是，城商行和农商行凭借其在区域性、收益率和客户群体的独立性及稳定性方面的优势，已经开始对国有银行及股份制银行的市场地位造成了一定的冲击，其具有广阔的发展前景。

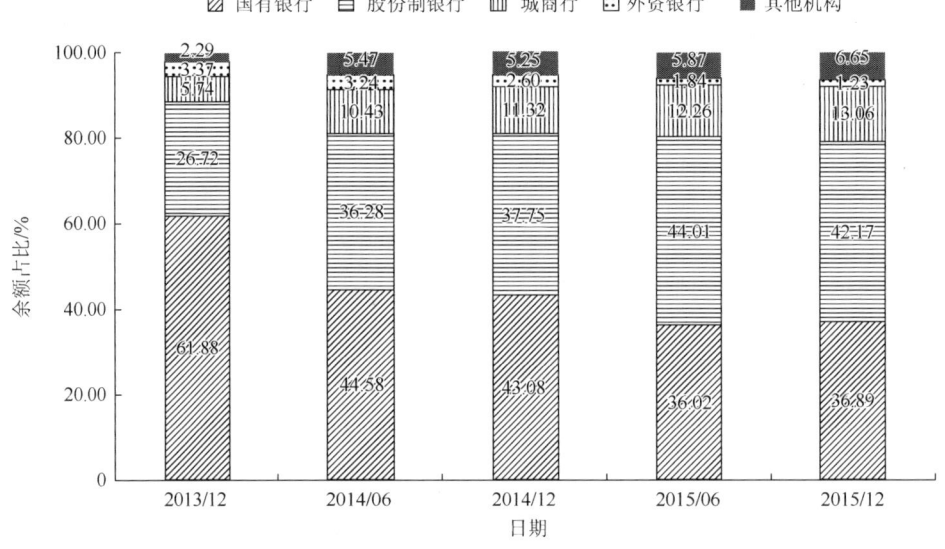

图 1-3　不同类型银行机构理财产品余额占比情况

资料来源：根据 Wind 数据库自绘

如表 1-2 所示，从单个发行主体排名来看，2015 年国有银行中发行量最大的是交通银行，全年发行银行理财产品 7425 只，接近之前三年蝉联发行量第一的中国建设银行发行数量的 2 倍，市场占比达 9.53%。城商行单个银行的平均发行数量大幅提升，而外资银行单个银行的发行量市场占比则非常低。

表 1-2　2015 年各类型银行机构单个主体发行数量排名

银行分类	名称/规模	第一名	第二名	第三名
国有银行	银行名称	交通银行	中国建设银行	中国银行
	发行规模/只	7425	3857	2491
	市场占比/%	9.53	4.95	3.2

续表

银行分类	名称/规模	第一名	第二名	第三名
股份制银行	银行名称	中国民生银行	招商银行	平安银行
	发行规模/只	3785	3532	2342
	市场占比/%	4.86	4.53	3.01
城商行	银行名称	南京银行	江苏银行	上海银行
	发行规模/只	2893	1710	1295
	市场占比/%	3.71	2.2	1.66
外资银行	银行名称	富邦华一银行	南洋商业银行	—
	发行规模/只	488	293	—
	市场占比/%	0.63	0.38	—
其他银行	银行名称	北京农村商业银行	上海农村商业银行	广州农村商业银行
	发行规模/只	599	419	408
	市场占比/%	0.77	0.54	0.52

资料来源：Wind 数据库

上述数据表明，当前银行业理财市场参与机构越来越多，并且呈现出国有银行和股份制银行的市场份额加速萎缩、城商行及农商行迅速崛起的特点。但总体而言，国有银行和股份制银行仍占据着绝对的市场主导地位。可以预见的是，这一格局在我国金融体系未实现重大变革之前很难得到实质性改变。

3. 基础资产配置情况

对于银行业理财业务，其理财资金投向一直备受关注，这也是当前银监会加以监管的重点。虽然各银行机构对理财资金投向的披露尚不够充分，但总体上以债券及货币市场工具为主。截至 2015 年底，全部银行理财产品标的资产余额 23.67 万亿元，共涵盖了 11 大类 72 小类资产。其中，前四大类资产（债券及货币市场工具、现金及银行存款、非标准化债权资产以及权益类投资）总占比达到 96.94%（图1-4）。其中，债券及货币市场工具资产配置比例为 50.99%，现金及银行存款占比为 22.38%，非标准化债权资产[①]占比为 15.73%（2014 年这一值为 20.91%，2013 年为 27.49%，下降明显），权益类投资占比为 7.84%。其他项占比为 3.06%[②]。而就对实体经济的支持一项而言，截至 2015 年底，比例为

[①] 非标准化债权资产是指未在银行间市场及证券交易所市场交易的债权性资产，包括但不限于信贷资产、信托贷款、委托债权、承兑汇票、信用证、应收账款、各类受（收）益权、带回购条款的股权性融资等。

[②] 其他项包括公募基金、金融衍生品、代客境外理财投资、QDII、理财直接融资工具、信贷资产流转项目、另类资产以及商品类资产等。

67.09%的资金通过配置债券、非标资产、权益类资产等方式投向了实体经济，这相比2014年增长了48.27%。

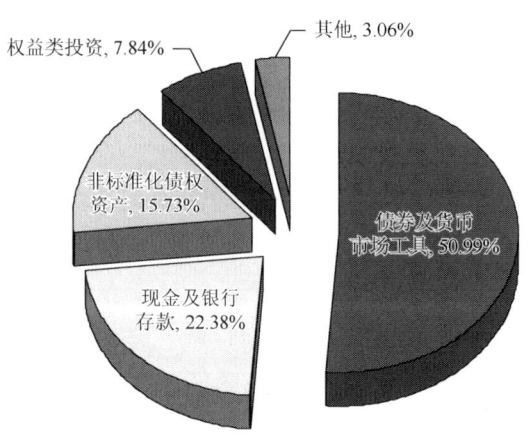

图1-4　2015年底银行理财产品各类型资产配置比例

资料来源：《中国银行业理财市场报告》（2015年）

如图1-5所示①，从更长的周期来看，各类型资产配置的情况会呈现出一些变化规律。例如，对于债券资产的配置，其在2008年以后的配置比例一直维持在24%～30%，总体比例保持稳定。2009年以后，监管层陆续出台规范银信合作的文件，使得以非标准化债权资产为代表的其他类资产比例逐渐挤压了信贷资产。而直到2013年，监管层也开始对非标资产进行规范后，其他类资产的占比增速变得较为缓慢。但之后的2015年，经济下行压力加大后的货币宽松政策，使得"资产荒"成为描述市场当前特征的一个新名词，各金融子市场相比以往都出现了新的特征。2015年的数次降息使利率类产品的收益率持续下滑至26.65%。而与之相对应的是，债券市场步入牛市。但是从图1-5可知，2015年债券资产配置的比例不升反降，由27.07%下滑至24.63%。究其原因，在于2015年上半年股票的"大牛市"分流了大笔资金，即便后半年理财资金对债券的大规模反攻也没能扭转全年整体下滑的趋势②。

---

① 该图数据来源于Wind数据库，与图1-4中的数据统计口径有所不同，但总体上数据的质量影响并不大。如在图1-4中非标准化债券资产是单独列示的，但在图1-5中则是并入了"其他"项中。

② Wind数据库资料显示，2015年股票类资产配置比例仅有2.1%，比2014年的1.82%小幅提升，但"其他"类资产的占比却从35.69%大幅提升至42.33%。事实上，由于受非标准化资产难觅的影响，其在理财产品中的真实比例已经严重下滑（图1-4显示仅为15.73%左右，2014年这一比例则为20.91%），因此"其他"类资产占比的提升应该有另外的诱因。事实上可以观察到，2015年股市的大涨很大一部分原因是场外配资，是"加杠杆"的结果。其中，一些银行借道信托、资管、基金子公司，通过伞形配资、参与定增等方式，将大笔资金投入股市。而在2015年6月开始的多轮股灾后，理财资金又悄然转向量化对冲等绝对收益产品的投资。这些产品大多被计入了"其他"类资产项下，又引致了"其他"类资产新一轮规模扩张。

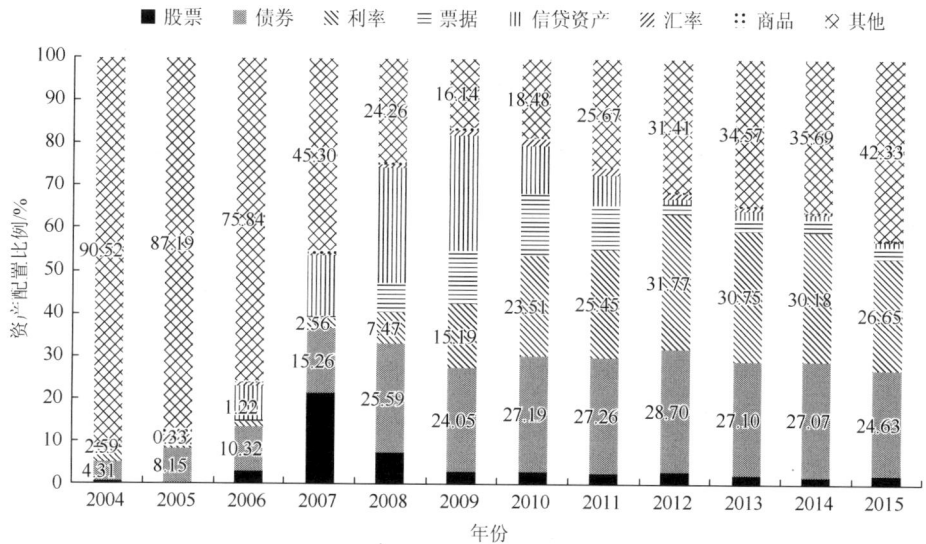

图 1-5 2004~2015 年银行理财产品各类型资产配置比例

资料来源：Wind 数据库

综上可知，银行理财产品基础资产的配置对外部环境的变化比较敏感，其资产配置类型受到多方面因素的影响，如监管政策、货币政策、宏观经济环境因素等。但总体而言，债券及货币市场工具是当前较为主流的配置方向，大部分理财资金通过配置债券、非标资产、权益类资产等方式流向了实体经济。而对于近年来饱受争议的"非标资产"，受到监管政策的影响，其占比正逐年下降。

4. 银行理财产品的兑付情况

银行理财产品的兑付情况是一个能反映市场健康程度的重要因素。《暂行办法》明确指出，在理财计划终止或进行投资收益分配时，商业银行应向客户提供投资收益报告。相关数据显示，2015 年银行理财产品兑付客户年化收益率为 4.69%，相比 2014 年有所下降。终止到期的银行理财产品中，有 44 只产品出现了亏损，占比仅为 0.04%，主要为外资银行发行的结构化银行理财产品[①]。图 1-6 显示了 2013~2015 年封闭式银行理财产品加权平均兑付客户年化收益率的走势。从图 1-6 中可知，封闭式银行理财产品兑付客户收益率呈现出"先稳后降"的格局。2014 年 11 月~2015 年 6 月，经过四次降息，1 年存款基准利率从 3%降至 2%，但银行理财产品的兑付客户收益率中枢并没有出现相应的下移，反而从年初就一直保持稳定。究其原因，一方面，银行理财产品的收益率下行有一定的滞后性，兑付客户收益率短期内难以调降；另一方面，受益于股票市场的高速上涨，银行理财产品通过结构化配资等途径绕道进入股市，在资

---

① 资料来源：《中国银行业理财市场报告》（2015 年）。

产端获取了较高收益,具有维持较高兑付客户收益率的能力。但在 2015 年 6 月之后,银行理财兑付收益率却逐渐下行。究其原因,一是央行又分别在 8 月和 10 月两次降息,连续的放水带动了银行理财兑付收益率的滞后下行;二是股市的异常波动以及随之而行的场外配资清理导致出现"资产荒",使得银行资产端收益率不堪重负。

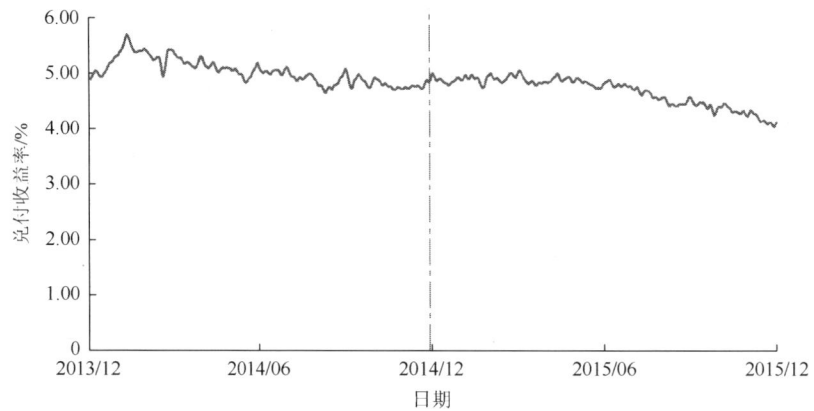

图 1-6 银行业封闭式理财产品加权平均兑付客户年化收益率走势

资料来源:《中国银行业理财市场报告》(2015 年)

由图 1-7 可知,银行理财产品的期限会对其兑付客户收益率产生显著影响,总体上呈现出期限越长、兑付收益率越高的规律,这符合流动性溢价理论的推断。

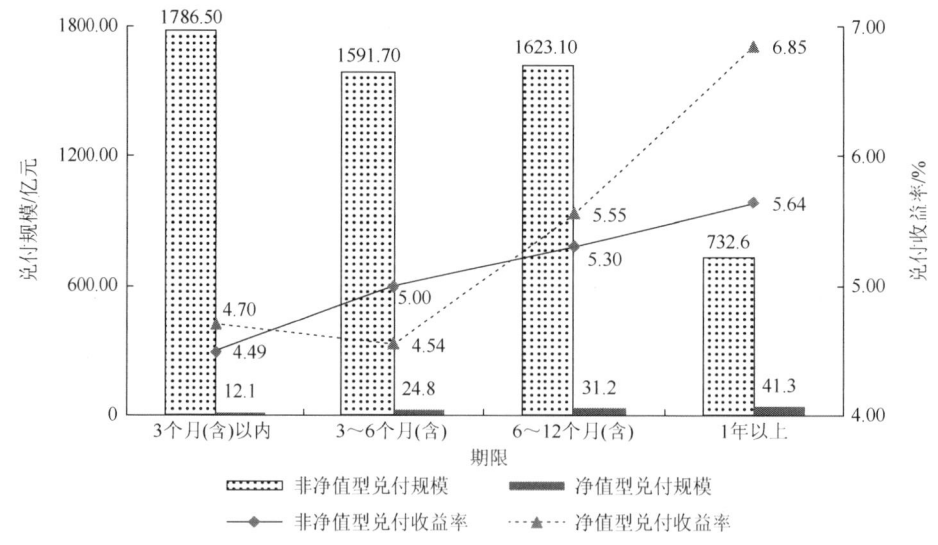

图 1-7 不同期限银行理财产品兑付收益情况

资料来源:《中国银行业理财市场报告》(2015 年)

其中，非净值型银行理财产品中，1年期以上兑付收益率最高，为5.64%；3个月（含）期以内兑付收益率最低，为4.49%。

由表1-3可知，投资者类型是影响银行理财产品兑付收益率的另一个重要因素。私人银行类产品因承担的风险更高，所以其各项银行理财产品兑付收益率均为最高。分项来看，封闭式非净值型银行理财产品中，机构专属类产品兑付收益率最低；封闭式净值型银行理财产品中，一般个人类产品兑付收益率最低；开放式非净值型银行理财产品中，银行同业类产品兑付收益率最低。

表1-3 2015年不同投资者类型银行理财产品兑付客户收益率情况（单位：%）

投资者类型	封闭式非净值型	封闭式净值型	开放式非净值型
一般个人类	5.04	4.51	3.65
机构专属类	4.11	5.00	3.57
私人银行类	5.53	5.84	4.73
银行同业类	4.80	4.83	3.23
合计	4.68	4.97	3.89

资料来源：《中国银行业理财市场报告》（2015年）

由表1-4可知，银行性质是影响银行理财产品兑付收益率的另一个重要因素。其中，封闭式非净值型银行理财产品中，城商行兑付收益率最高，外资银行最低。而对于封闭式净值型银行理财产品，城商行兑付收益率最高，股份制银行最低。对于开放式非净值型银行理财产品，农村金融机构兑付收益率最高，外资银行最低。由此可知，国有银行和股份制银行兑付客户收益率相对较低，这与其拥有的垄断实力不无关系（徐加根和陈恪，2011）。

表1-4 2015年不同类型银行业金融机构银行理财产品加权平均兑付客户收益率情况（单位：%）

银行类型	封闭式非净值型	封闭式净值型	开放式非净值型
国有银行	4.71	5.26	3.71
股份制银行	4.61	4.07	3.82
城商行	5.06	5.43	3.25
外资银行	3.51	4.21	2.89
农村金融机构	4.99	4.73	4.05
合计	4.68	4.97	3.89

资料来源：《中国银行业理财市场报告》（2015年）

综上可知，银行理财产品的客户兑付收益率受到多方面因素的影响，包括政策环境（货币政策、监管政策）、期限结构、投资者类型、发行机构类型等。从已有的数据来看，作为银行业理财市场的主导产品，2015年封闭式非净值型银行理财产品在经济下行压力加大、货币宽松政策加码、资本市场振荡等大背景下，其兑付客户收益率呈现出"先稳后降"的格局。考虑期限因素，银行理财产品大致呈现出期限越长、兑付收益率越高的规律，这符合流动性溢价理论的推断。考虑投资者类型，则会因风险偏好的不同导致兑付收益率呈现出一定的差异。

5. 银行理财产品的分类

银行理财产品存在诸多属性，包括币种、期限、风险、收益和本金保证情况、发售对象等。根据这些属性可以对银行理财产品的类型进行不同划分。

1）按运作模式划分

考虑期限特征，银行理财产品可分为开放式和封闭式银行理财产品。两类银行理财产品在运作模式上存在一定差异。开放式银行理财产品存续期相对较长，具有灵活申赎的特性，对市场变化极为敏感。投资者可在理财合同约定的时间内灵活进行申购和赎回（吴志坚，2013），其开放的频次有每天、7天、14天、1个月等。封闭式银行理财产品则是传统"资金池-资产池"运作模式下的主导产品，其目前在银行业银行理财产品市场上仍占据着一定的地位。此类产品在发行前就已对发行规模和运作时间有明确要求，产品起息与到期时资金均对接至银行的存款账户，投资者一旦购买不得在产品存续期间进行申购和赎回操作。到期后，便意味着该银行理财产品生命周期的终结。显而易见，在存续期间对接银行存款账户并且没有资金的进出[①]，这为银行对现金流进行控制大开方便之门。由图1-8和图1-9可知，2013～2015年，封闭式银行理财产品资金余额占比较高，但占比呈现出逐年下降的趋势。与之相反的是，开放式银行理财产品资金余额占比则逐年提升，2015年占比相对2014年提高了9个百分点，达到43.91%。同时其资金余额相比2014年底增长了5.08万亿元，增幅为96.95%[②]。而在产品发行方面，开放式银行理财产品累计募集资金115.55万亿元，占比为72.94%。封闭式银行理财产品累计募集资金42.86万亿元，占比为27.06%[③]。

[①] 存在紧急赎回的情况，但由于紧急赎回成本较高，仅有非常少数客户会使用紧急赎回功能。
[②] 资料来源：《中国银行业理财市场报告》（2015年）。
[③] 封闭式理财产品累计募集资金与开放式理财产品累计募集资金规模差距较大的一个重要原因是，开放理财产品具有灵活赎回的特点，其流动性相比封闭式理财产品具有明显的优势。这就造成全年所有开放周期内的累计申购金额中，存量资金再投资的比例不小。

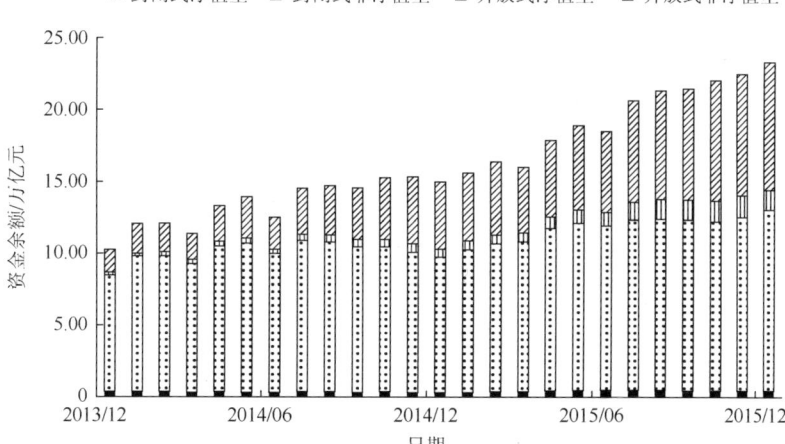

图 1-8 不同运作模式银行理财产品资金余额情况

资料来源:《中国银行业理财市场报告》(2015年)

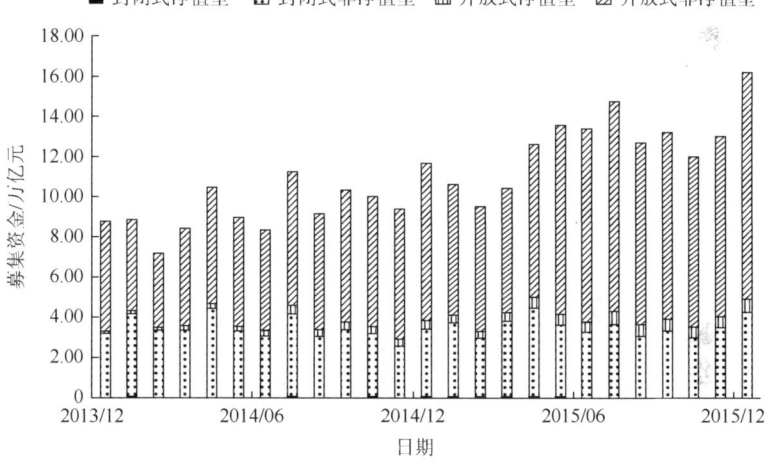

图 1-9 银行业理财市场募集资金情况

资料来源:《中国银行业理财市场报告》(2015年)

2)按产品期限划分

根据期限因素,银行理财产品一般可以划分为短期产品(3个月及以内)、中长期产品(3个月~1年)、长期产品(1年以上)。相关数据显示,2015年封闭式银行理财产品的加权平均期限为113天,相比2014年增加17天。如图1-10所示,其中短期银行理财产品募集资金占比为60.64%,长期银行理财产品募集资金占比为2.33%。

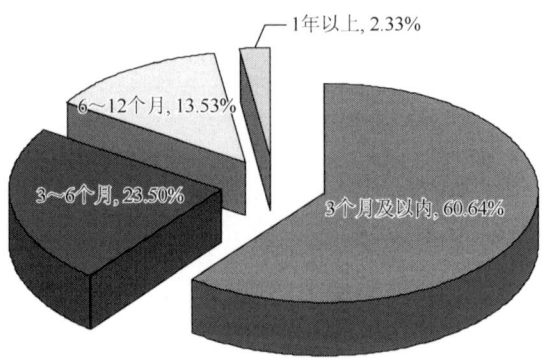

图 1-10 2015 年各期限银行理财产品募集资金占比
资料来源：《中国银行业理财市场报告》（2015 年）

考虑银行理财产品期限的周期变化规律，由图 1-11 和图 1-12 可知，银行理财产品短期化的趋势非常明显。这引致的一个后果是，期限错配的情况逐渐增多，依靠滚动发行继续进行资金周转成为各银行机构的通用做法。由图 1-11 可知，从 2008 年开始，1 个月以内期限的银行理财产品发行数量开始增多。这是因为，为应对金融危机的挑战，我国于 2008 年 11 月推出了"四万亿"经济刺激政策，这对我国金融体系产生了深刻的影响。"四万亿"经济刺激政策所诱致的经济结构性破坏以及信贷增速过快等问题，导致银行表内资金的供给和需求失衡，致使商业银行机构利用短期银行理财产品进行监管套利的动机格外强烈（苏薪茗，2014）。在此背景之下，作为变相揽储、满足监管指标的工具，短期银行理财产品的规模得以迅速膨胀。但自从 2011 年 9 月随着银监会加大了监管力度[①]，1 个月以内银行理财产品发行数量迅速回落，并在之后一直保持在低位水平，2015 年占比也仅为 5.77%。与之形成鲜明对比的是，2011 年以后 1～3 个月的银行理财产品发行水平迅速上升，发行占比始终维持在 60%上下，基本实现了对 1 个月以内银行理财产品的替代。因此综合来看，3 个月以内银行理财产品的总量自 2010 年以后始终维持平稳，变动较小。而 1 年以上的产品发行量自 2007 年之后开始大幅缩窄，2015 年仅占总产品数量的 1.03%。而由图 1-12 可知，2015 年发行的银行理财产品期限集中在 35 天、63 天、90～92 天、180～183 天、364～365 天。综上所述，银行理财产品短期化的趋势凸显。

---

① 2011 年银监会出台了《中国银监会关于进一步加强商业银行理财业务风险管理有关问题的通知》，银行发行短期和超短期高收益理财产品使变相高息揽储的行为受到极大的抑制。

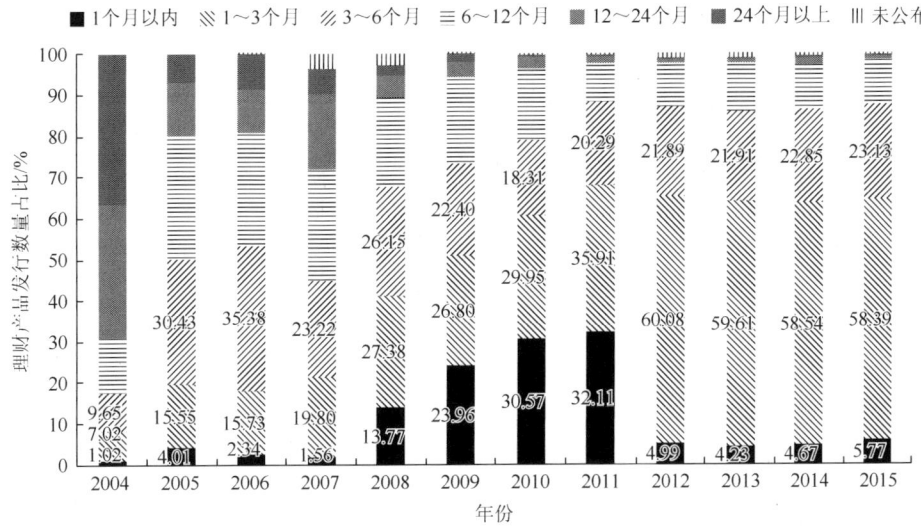

图 1-11　2004～2015 年各期限银行理财产品发行数量占比

资料来源：Wind 数据库

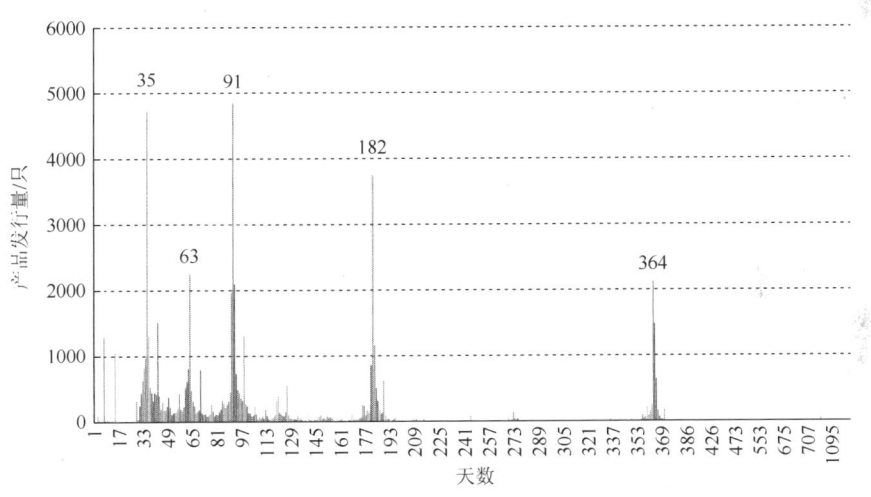

图 1-12　2015 年银行理财产品发行期限集中度

资料来源：华宝证券 2015 年资管年报

3）按银行理财产品的发售对象划分

依据该标准划分，银行理财产品可以分为一般个人类银行理财产品、机构专属类银行理财产品、银行同业类银行理财产品以及私人银行类银行理财产品。

第一，一般个人类银行理财产品发售对象为银行的自然人客户，是针对个人客户的资金保值增值、流动性以及安全性需求而设计的银行理财产品。2015 年，一般个人类银行理财产品累计募集资金、兑付客户收益的占比分别为49.53%和54.29%，在整个市场中占据着主导地位。但是由图1-13可知，2013~2015年一般个人类银行理财产品募集资金占比逐年下降。

第二，机构专属类银行理财产品发售对象为非金融机构法人，主要是在保障资金流动性的前提下，为机构的闲置资金提供保值增值服务。相比个人投资者，机构专属投资者单笔业务的资金规模较大，因而该类银行理财产品中有相当一部分为定制类产品。由于受到机构章程的限制，机构资金对流动性和安全性的要求较高，其购买的多为保本浮动收益类产品，收益率相对较低。尤其是对于上市公司，由于募集资金特定属性的要求，其选择的对公银行理财产品通常需要符合"并表"的条件。2015年，机构专属类银行理财产品累计募集资金、兑付客户收益占比分别为30.64%和27.51%[①]，已经成为银行理财产品市场的重要组成部分。从图1-13和图1-14中可以看到，近几年机构专属类银行理财产品的募集资金规模占比是逐年提升的。很重要的一个原因是当前我国经济面临较大的下行压力，实体企业的投资回报率降低。为改善经营状况，企业有更强的动机通过自有闲置资金来认购收益相对较高的银行理财产品。此外，上市公司的资质相对较好，基于对宽松货币政策不断加码的预期，一些上市公司甚至会通过加杠杆的形式放大投向银行理财产品的资金规模，试图博取更高的收益。这造成的一个负面效应是，宽松条件下释放的大量流动性并未进入实体经济中，而是大量流动性滞留在金融市场内部。

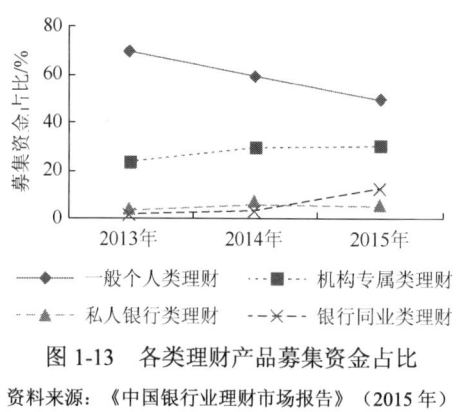

图1-13　各类理财产品募集资金占比
资料来源：《中国银行业理财市场报告》（2015年）

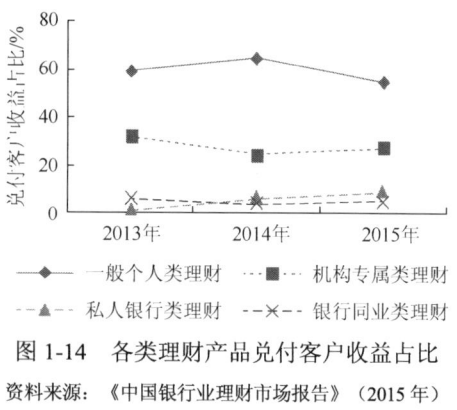

图1-14　各类理财产品兑付客户收益占比
资料来源：《中国银行业理财市场报告》（2015年）

第三，银行同业类银行理财产品主要募集对象为同业间的银行机构。由于针对银行机构的信用评级机制相对健全，加之当前我国银行机构普遍具有政府增信，在银行间做对手盘风险相对较小，业务较为稳健（王晓枫等，2015）。因而当处于宽松货币政策环境下时，银行资金出路难找，这促使资金在银行间出现"开环"和"闭环"的效

---

① 资料来源：Wind数据库。

应,这也是近年来该类银行理财产品募集资金规模逐年递增的原因。由图 1-13 可知,2013~2015 年银行同业类银行理财产品募集资金占比呈逐渐上升的趋势。2015 年,银行同业类银行理财产品累计募集资金、兑付客户收益占比分别为 12.77%和 5.04%。

第四,私人银行类银行理财产品是银行针对特定客户(主要是高净值人士)开发的高回报类产品。随着经济的持续增长,社会的财富积累效应逐渐凸显,高净值人士数量逐年增多。这部分人风险偏好相对较高,对特定银行理财产品的需求旺盛,这也使得中国逐渐成为亚洲最重要的私人银行业务市场(Meyer,2014)。私人银行类银行理财产品具有规模小、风险大、收益高的特征,能够满足部分高净值人士的理财需求。从图 1-13 和图 1-14 可知,2015 年私人银行类银行理财业务累计募集资金、兑付客户收益占比分别为 7.06%和 9.44%。

4)按收益和本金的保障情况划分

依据《暂行办法》,可根据客户获取收益方式的不同将银行理财产品划分为保证收益类和非保证收益类。两者的区别在于,商业银行是否会在理财合约中设置到期兑付的固定收益或承诺的最低收益。显而易见,保证收益类银行理财产品对银行而言意味着较高的投资风险,因而当前商业银行很少直接发行这类产品,而往往是通过结构设计来保证本金和收益,同时降低自身的投资风险。非保证收益类理财计划可进一步划分为保本浮动型和非保本浮动型。其中,保本浮动收益类银行理财产品保证本金支付,但之外的收益部分则取决于投资运行情况。非保本浮动收益类银行理财产品则并不保证本金支付,收益完全取决于投资运行情况。如图 1-15 所示,2015 年银行理财产品中非保本型产品规模上升,保本型产品规模下降。截至 2015 年底,非保本浮动收益类产品的余额约为 17.43 万亿元,占整个理财市场的比例为 74.17%,较 2014 年底上升 7 个百分点;保本浮动收益类产品的余额约为 3.64 万亿元,占整个理财市场的比例为 15.49%,较 2014 年底下降 6.2 个百分点;保证收益类产品的余额约为 2.43 万亿元,占整个理财市场的比例为 10.34%,较 2014 年底下降 0.8 个百分点。

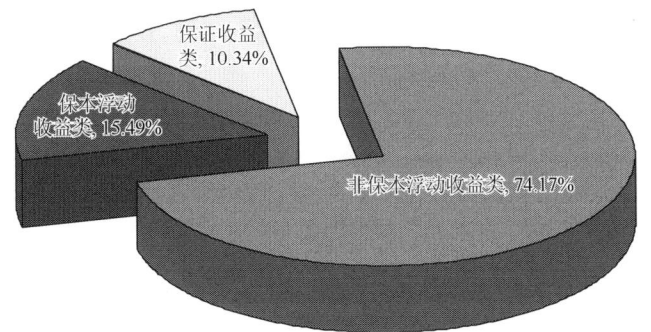

图 1-15 不同收益类型银行理财产品余额占比

资料来源:《中国银行业理财市场报告》(2015 年)

从更长的周期范围内来看，可知非保本型银行理财产品是发展的趋势所在。由图 1-16 可知，自 2009 年以来，对于非保本型理财产品和保本浮动型银行理财产品，其产品发行数量占比分别围绕 60% 与 20% 上下浮动。而保本固定型银行理财产品的产品发行数量占比则持续萎缩（除 2010 年有一点反弹外）。由此可知，非保本型银行理财产品成为银行业银行理财产品市场的主流，一定程度上有利于银行机构将表内的风险转移出去，促使其实现更为市场化的操作。但也应看到，虽然非保本型银行理财产品已成为市场主流，但在实际操作中，"刚性兑付"的痼疾依然难除，银行用自身头寸补损的现象依旧层出不穷。这严重扭曲了市场机制，引致了虚高的无风险收益率，使银行潜藏着巨大的流动性风险隐患。监管层对此已多次发文进行规范，但依旧任重而道远[①]。

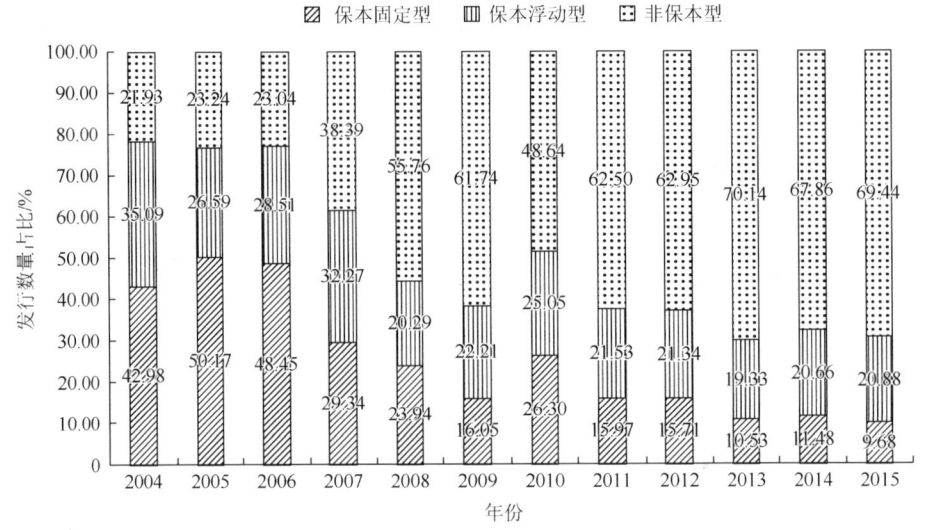

图 1-16 2004~2015 年不同收益类型银行理财产品发行数量占比

资料来源：Wind 数据库

5）按收益率挂钩标的和投资方向划分

按收益率挂钩标的和投资方向不同，银行理财产品有结构性和非结构性之分。其中结构性产品是一种组合产品，它将固定收益证券的特征与衍生产品特征进行了结合。通常的做法是：利用金融工程技术，将存款、债券等固定收益率产品与期权、互换、远期等金融衍生品进行组合，然后根据投资者的不同风险收益偏好

---

① 2014 年 12 月下发的《商业银行理财业务监管管理办法(征求意见稿)》中，意图通过引导商业银行发行开放式净值型理财产品与无期限错配的项目融资类理财产品，打破刚性兑付。

进行多样化的产品设计。结构性银行理财产品包含固定收益证券、基础资产和衍生合约三大基本要素，定价时一般对固定收益和期权部分进行分别定价。其中固定收益部分通过合适的利率进行贴现，期权部分则通常运用 Black-Scholes（B-S）定价模型求出解析解或运用蒙特卡洛模拟两种方式。实际中一般计算结构化产品的期望收益率并结合期权的结构设计来判断产品的吸引力。由于能够根据投资者的不同需求进行针对性设计，结构化银行理财产品几乎可以为各类风险承受能力的投资者提供风险与收益匹配的投资方案。由于是组合产品，结构性银行理财产品具有门槛低、收益稳定、抗压能力强等多种特点。近年来，结构性银行理财产品在我国也得到一定的发展，挂钩标的资产从最先的外汇，逐步扩展到利率、股票等，如图 1-17 所示。我国银行发行的结构性产品呈现出如下几个显著的特点：①挂钩标的资产中权益类产品占比相比美国市场明显偏低，随着券商和基金子公司加入竞争，挂钩权益类产品的结构性产品比重有望得到提升；②产品期限以 3～6 个月最为常见，这主要受制于投资者对挂钩标的资产预判期限的影响；③结构性产品中具有保本设计的产品占比超过 90%，可见国内结构性产品投资者的投资风格总体上偏保守。

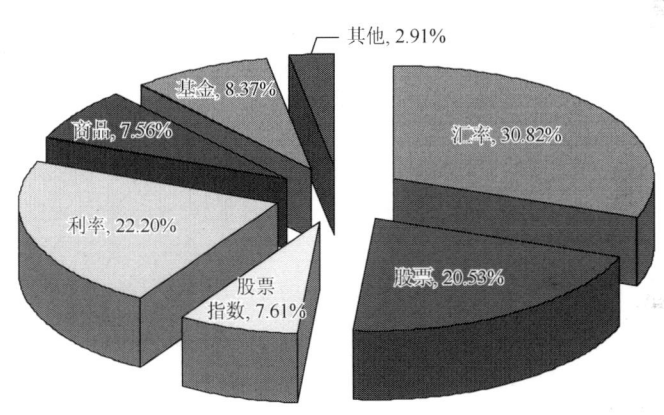

图 1-17　2004～2013 年银行结构性产品挂钩标的类型市场占比

　　结构性产品之外的均属于非结构性产品。一般而言，非结构性产品具有高收益、高风险、高门槛及低流动性的特点。非结构性产品主要包括：货币市场型产品、债券型银行理财产品、基金型银行理财产品、债权型银行理财产品、股票型银行理财产品、混合型产品、另类投资品等。

　　十多年来，我国银行理财业务从无到有，走出了一条快速扩张的发展道路。我国金融体系体制机制与国外存在较大的差异，导致我国银行理财模式与国外银行迥异。因此在进行文献综述时，本书首先对我国银行理财业务发展的动因进行了梳理、总结，以大致勾勒出其十多年来所涉及的理论与实践问题，这对本书后续的研究足以形成一种指引效应。在此基础上，本书进一步聚焦于银行理财产品定价领域，先从国内外金融定价研究领域着手，分别从基础金融定价和衍生品金融定价进行文献回顾；再从我国银行理财领域中的国内银行理财产品定价方面进行综述研究。

二、银行理财业务发展的成因

如前所述，十多年来我国银行理财产品业务取得了爆炸式的增长。这背后潜在的动因是什么？存在什么重大理论与实践问题？了解这些，对于弄清银行理财业务发展的来龙去脉颇有助益，对后面研究的展开具有一定的指引作用。目前聚焦银行理财业务发展动因的研究有很多。例如，孙从海（2011）运用经济学的基本原理对中国银行理财产品市场兴起的原因进行了分析，将之归结为监管套利、利率管制、金融产品同质化约束三大原因。本节将结合现有文献的研究，对我国银行理财业务发展的动因进行归纳总结。

（一）收入增长与"负利率"引致财富保值增值需求

现有研究中，收入增长与我国长期存在的负利率，被认为是银行理财产品快速发展的主要动因之一（苏薪茗，2014）。改革开放以来，我国国内生产总值以及人均国内生产总值平均增速超过9%，整个社会的财富积累效应逐渐凸显，居民的理财意识迅速提升，这为银行理财业务的发展奠定了重要的物质前提（王云魁等，2016）。回顾我国银行理财业务发展的进程可知，其正好诞生于我国经济增速较快的时期：2003~2007年。根据《福布斯2015年中国私人财富白皮书》研究结果，我国富裕阶层人数正以每年超过10%的速度增长，2014年已经达到1387.7万人。城乡居民收入的提升将改变人们对于金融产品和服务的需求结构，主流收入人群将由"60""70"年代人向"80""90"后转变，年龄层的变化不仅意味着社会中坚阶层的消费结构的变化，同时意味着教育水平、消费意识、消费习惯、风险偏好、信用意识等都在改变。上述因素的积累，推动了国民财富保值增值意识的快速觉醒。此外，随着个人资产和消费欲望的增加，以及受到持续负利率的影响[①]，加上逐渐社会化的金融交易和金融知识的普及也提升了客户对于金融产品的期望

---

① 费雪（Fisher）在解释"吉布森反论"的时候首次区分了名义利率和实际利率的概念。实际利率是指名义利率经过物价水平调整之后的利率，如果其值为负，则称为负利率。

收益率，一般的储蓄投资已经越来越难以满足居民的需求，人们对新的金融产品和服务的需求日趋旺盛。

长期以来，我国 M1（狭义货币供应量）增速高于国内生产总值增速。而依据弗里德曼在《美国货币史》中所揭示的观点，M1 增加会诱发通货膨胀，中间的传导时间大概是 12~18 个月。事实上，我国消费者价格指数（consumer price index，CPI）在不少的时间区间内跑赢 1 年期定存利率。存款负利率现状直接导致我国居民的储蓄热情受到影响。为提高自身的效用，居民的理性选择是减少储蓄，转而对闲置资金进行消费或投资。在此情形之下，迫使更多的居民开始考虑对自身财富进行重新配置（伍聪，2011）。根据凯恩斯的流动性偏好理论，人们持有货币的交易动机、预防动机与投机动机分别引致了对应的三种需求。在当前阶段，随着居民收入水平的不同提升，个人资产规模不断扩张，加之经济下行压力下的货币宽松预期，居民的投机需求逐渐增强。并且随着人口老龄化程度的不断加剧以及社会保障体系尚待完善，国民的预防动机也相当强烈，风险偏好较低。

综上可知，一方面我国大众有进行财富保值增值的迫切需求；另一方面其风险偏好又相对较低。那么有哪些投资渠道可以满足国民的投资需求呢？回顾我国近几十年的发展实际，可知除了银行存款，投资渠道主要有房地产市场和资本市场。其中，房地产市场在过去十年间备受热捧，但准入门槛较高，并且在经历了"黄金时代"之后，其投资收益下滑明显。而对于资本市场，股市的各项制度、机制不健全，使得在过去的十几年间，我国资本市场收益波动较大，融资功能过强，并未给广大投资者带来切实的"赚钱效应"；而债市准入门槛过高，并且对信用风险的定价机制尚未完全成形，投资者只能通过机构参与债券资产的配置。银行理财产品在收益和风险之间实现了一个较好的平衡，一方面其收益率高于银行存款利率，可满足资产保值增值的需要；另一方面其风险相比资本市场要小，可满足资金安全性的需要。因此，它的出现一定程度上平滑了中国金融市场投资风险收益曲线，填补了中低风险-中低收益投资工具部分空白。正是因为具有收益相对较高、收益波动相对较小的特点，银行理财日益成为满足投资者低风险投资偏好、实现资产保值增值的重要工具。

（二）利率市场化与金融脱媒倒逼银行转型

在传统凯恩斯主义理论中，利率干预是熨平经济波动、促进经济增长的重要手段之一。但是 20 世纪 70 年代各国低利率政策下货币数量的失控使传统凯恩斯主义理论饱受批评，致使主张经济自由的新古典主义一跃成为当时的主流经济思想。在新古典主义经济理论的指导下，发达国家开始进行大刀阔斧的利率市场化改革，由此这些国家迈入了长达20年的、以低通货膨胀为典型特征的经济稳健增长时期。第二次世界大战之后，许多发展中国家纷纷效仿欧美发达国家的做法，旨在通过利率及外汇管制实现金融赶超。但这种激进做法造成了严重的不良后果，储蓄不足、资源配置效率低下等负面效应让诸多发展中国家的经济遭受沉重打击。在此背景之下，金融深化理论应运而生（孟祥兰等，2015）。依据金融深化理论，政府的过度干预会导致金融市场要素扭曲，整个金融体系会呈现出严重的"金融抑制"现象（Jinjarak，2013）。"金融抑制"条件下的利率被人为压低或通货膨胀较高，会引致储蓄不足、资源配置效率低下等问题，整个经济的发展因而会受到抑制。如果推动金融自由化进程，那么金融机构便可以自身的投资率和储蓄率达到均衡状态，社会资源可得到有效配置，进而金融发展与经济增长能够形成良性循环（Shaw，1973；McKinnon，1973）。对于我国而言，由于利率管制可能会存在限制居民部分的财产收益、僵化银行之间的竞争、扭曲利率市场的信号等弊端（Porter et al.，2009），利率市场化改革能够凸显金融市场的"资金价格"的真实性，更为准确地反映资金的风险成本。1996年，我国开始正式启动渐进式的利率市场化改革。以2015年10月24日放开存款利率上限浮动区间为标志，宣告了我国利率市场化进程基本完成。但对于银行而言，利率市场化改革意味着银行负债端的资金成本提高，而纯贷款的收益率将下降，即存贷款息差可能缩小（Lardy，2012；Yang et al.，2014；金中夏等，2013；纪洋等，2015）。该局面致使银行以往依靠存贷差作为主要收入来源的模式难以为继，银行机构必须挖掘金融交易类业务以及其他中间业务作为重要的盈利来源，以作为对存款利率市场化的替代品来留住客户（Tan et al.，2016；江曙霞和刘忠璐，2016）。相比其他类型的金融机构，银行在理财业务上具有天然的优势，其资金来源广、成本低。在此情境之下，各大银行机构欲借理财业务进行转型的意图十分明显，这也是近年来银行理财业务快速发展的重要诱因之一。

从欧美国家的经验来看，利率市场化必然伴随着金融脱媒。所谓"金融脱媒"是指在金融管制的情况下，资金供给绕开商业银行体系，直接输送给需求方和融资者，完成资金的体外循环（Slovin，1973；Kosuke and Kalin，2015）。此外，随着科学技术的快速发展，资金供求双方的信息鸿沟也逐渐消解，使得融资渠道逐步多元化，加速了金融脱媒。甚至有学者认为，金融脱媒程度较高是2008年美国次贷危机的重要诱因（Fabio，2013）。金融脱媒必将会引致我国居民金融资产结构深层次的变化，具体表现在以下几个方面：一是居民存款比例下降；二是企业资金调配能力加强，不但对银行信贷的依赖程度趋弱，甚至会对银行机构的业务形成冲击（涂晓兵，2011）；三是银行的流动性风险加大；四是大量资金存在于银行体系之外，致使监管难度加大，货币政策的效果难以确定。当前阶段，金融脱媒所引发的效应已经开始显现出来，对于银行机构：一方面，其募集存款的难度加大，规模增速开始减缓；另一方面，由于融资渠道的日趋多元化，部分企业开始需求银行贷款以外的融资方式，银行贷款业务收入开始萎缩。资产和负债端的综合效果是银行机构流动性风险逐步增大，同时资产价格过度上涨。

综上所述，利率市场化和金融脱媒，使银行面临新的经营压力和市场竞争，其风险承担水平提高（黄晓薇等，2016）。面对更为激烈的竞争环境，商业银行不得不进行金融工具与金融产品的创新，推动经营模式和盈利方式的改革（刘义圣和郭志，2016）。而其中，发展中间业务成为现实可行的选择之一。银行理财业务也正是在这种情形当中诞生的，并逐渐成为银行重要的创新业务。各商业银行纷纷建立了适合各类客户的全谱系银行理财产品，一方面可与商业银行其他业务一起开展，从而降低成本，发挥范围经济效应；另一方面通过向客户提供更为全面的产品和服务，有助于提升客户黏性，解决存款流失的问题（盛方富，2013）。目前商业银行推出的各类银行理财产品就属于银行的表外业务，银行只是牵线搭桥、受托管理，并不承担投资的风险[①]。

（三）金融抑制诱发银行监管套利动机

在世界范围内，监管套利一直是危害各国金融系统稳定性的痼疾之一。监管套利是指市场主体利用制度间的差异性或制度内部的不一致性，为降低成本或获得利润而设计的一系列交易（Frank，1997；沈庆劼，2011；王晓倩，2015）。我国金融体系长期处于"金融抑制"的状态，利率被人为地压制，导致金融资源的供需严重失衡，民间金融和影子银行也因此兴起（王勋和Johansson，2013；王彦超，2014；赵秋运和林志帆，2015）。为了对冲宽松利率政策所引发的负面效应，央行制定了资本充足率、存贷比[②]、法定准备金率以及新增信贷目标等一系列严格的数量型监管指标，以规避信贷规模过度膨胀。在商业银行理财业务资产端规模扩张受制于监管政策约束的同时，其负债端的规模扩张主要依赖于价格。但表内所能容纳的信贷规模有限，加之商

[①] 张志前. 金融脱媒加速[EB/OL]. http://news.hexun.com/2013-11-21/159883657.html[2013-11-21].
[②] 全国人大常委会 2015 年 8 月 29 日表决通过关于修改《中华人民共和国商业银行法》的决定，删除实施已有 20 年之久的 75%存贷比监管指标，决定自 2015 年 10 月 1 日起施行。

业银行自身具有逐利性，因而部分学者认为，商业银行存在利用监管机制设计的弱点，可以通过产品创新以及利用会计处理手段等方式实现规避监管的套利行为（王晓倩，2015）。当前银行主要采用两大监管套利模式：一是针对监管制度的差异性，直接通过银行理财绕过监管指标以增加银行收入；二是理财业务作为表内业务的依附，为之提供辅助功能，从而间接提高收入或促使表内业务满足监管指标。

对于第一种模式，首先，应认真审视理财业务与银行机构传统业务在监管制度方面的差异。由于银行理财产品的资产负债并不进入银行的表内，理财负债无需缴存准备金，所募集的资金可全部进行投资，这相当于放大了资金的杠杆系数，促使商业银行资产端收益的提升。其次，银行理财投资所得信贷资产并不纳入存贷比考核的范畴，也无需计提风险准备，亦可借助收益权转让等形式绕过信贷规模控制指标。这就造成了将资金投放于"非标"债权性资产可使商业银行同时绕开贷存比、准备金和信贷规模控制等监管指标。最后，在上述数量监管型指标陆续取消的情形下，商业银行依然存在通过信贷资金出表以美化不良率、拨备覆盖率、资本耗用等指标的动机[①]。通过操作，银行资本耗用、不良总额下降，从而隐匿了风险水平，实现了监管套利。例如，随着新的《商业银行资本管理办法（试行）》的出台，商业银行面临更大的资本补充压力，但按照现行的会计核算方法，银行理财产品资本占用较少，这在一定程度上诱发了银行监管资本的套利动机（沈庆劼，2014；黄国平，2014）。综上，银行理财业务能在一定程度上完成商业银行表内所无法完成的金融市场业务（李苍舒，2015），这也使其成为商业银行进行监管套利的工具。

对于第二种模式，应认清银行理财业务与其他业务的关联性。本质上讲，银行理财是"受人之托，代人理财"的代客业务[②]。但是由于制度不完善等，一直以来银行理财业务与商业银行的自营业务并未实现完全分离，"风险隔离墙"尚有待进行建设。按照委托代理理论，由于信息不对称现象的存在，商业银行可能出现机会主义倾向。具体表现为，理财业务丧失独立主体地位，可能沦为银行粉饰自营业务监管指标的工具。例如，由于理财账户与银行账户通常是关联的，银行理财产品到期后资金会在客户的银行账户上存续，成为"存款"。所以一些银行为满足流动性以及存贷比等指标，会将银行理财产品的到期日特意设置在月末、季末等关键的考核时点，

---

① 银监会于2016年4月27日发布《中国银监会办公厅关于规范银行业金融机构信贷资产收益权转让业务的通知》（银监办发[2016]82号），就交易结构不规范不透明、会计处理和资本、拨备计提不审慎等问题，提出相应具体要求。其主要目的在于提升银行监管指标的真实性，压缩银行机构的监管套利空间。

② 《商业银行个人理财业务管理暂行办法》和《商业银行个人理财业务风险管理指引》明确界定了个人理财业务是建立在委托代理关系基础之上的银行服务，具体见"银监会有关负责人就发布《商业银行个人理财业务管理暂行办法》和《商业银行个人理财业务风险管理指引》答记者问"，银监会网站。

成为事实上的流动性管理工具①。又如,通过表外放贷并将资金留存在分行,可以增加季末银行存款,因此季末时点的放款需求明显强烈。

(四)竞争加剧刺激银行进行金融创新

在金融管制逐渐放松的大背景下,商业银行之间的竞争逐渐加剧,这对于维护金融系统的稳定性有诸多益处(Atkins,2016)。但伴随而来的是,银行理财之间的竞争也在增加,同时出现了很多替代型产品。从银行业内部看,改革开放以来,我国金融体系开放的程度逐步提升,银行数量不断增加。20世纪80年代中期,我国仅存四家大型国有商业银行。1987年金融体系开始步入管制的宽松期,股份制银行及城商行开始陆续成立,农商行数量更是于2016年3月达到1000家②。此外,随着加入世界贸易组织(World Trade Organization,WTO),我国金融体系对外开放的程度日益提高,外资银行也纷纷进入。而至2014年底,首批5家民营银行也开始试点成立。银行数量的持续增加导致银行业的集中度不断下降,同业竞争加剧(易纲和赵先信,2001;杨天宇和钟宇平,2013)。相关数据显示,当前我国前五大行集中度(41%)已经明显低于金融自由化改革之后的澳大利亚(90%)、荷兰(90%)、德国(90%)、英国(80%)、美国(60%)和日本(60%),也低于同时期的印度(50%)(黄晓薇等,2016)。在存贷比等监管指标的约束下,同业竞争加剧导致各银行的业绩压力逐渐加大,尤其是当考核时点到来时,各商业银行具有较强的揽储动机。在此背景之下,银行机构不得不进行金融创新。这直接推动了新的理财品种出现,也推动了财富管理和私人银行的发展。

从整个资管体系来看,在金融脱媒速度加快的大背景下,包括保险、基金、证券、信托等在内的资管业务快速崛起,导致参与金融竞争的市场主体越来越多,对于银行业可谓是不小的挑战。并且随着科技与金融的不断交融,传统金融机构常见的信息不对称、运行成本过高等问题得到极大缓解,致使互联网金融近几年来飞速崛起,也分流了一部分市场资金,日益向银行业核心业务渗透(张瑾和陈丽珍,2015)。此外,随着利率市场化进程的不断加快,以及囿于宏观经济下行压力的加大,银行

---

① 本书依据Wind数据库统计的2013~2015年的理财产品发行数据,发现2013年和2014年存在下半月的发行数量远远高于上半月的情形,并且在季末会产生叠加效应。但是2015年的每个月里,没有再出现这样的现象。尤其是在2015年8月存贷比取消之后,9月的时候,也没有看到月末和季末相叠加的这个效应,基本上前后半月的这个发行数量基本是趋同的。究其原因,主要还是因为监管政策发生了变化。2015年9月,央行就将存款准备金考核制度由早前的时点法改为平均法考核,即将存款准备金率公式的分子进行了优化调整。2016年6月更是进一步完善了考核方法,一是存款准备金制度分子分母项完成统一采用平均法,二是境外人民币业务参加计其缴存基数也一并调整为采用平均法。考核方法的变动有利于商业银行平滑资金波动,增强流动性缓冲能力,也较大程度上抑制了商业银行月末、季末冲存款的动机,这有利于促进市场流动性平稳、降低利率波动。

② 中国银行业监督管理委员会. 农村商业银行数量达1000家[EB/OL]. http://www.cbrc.gov.cn/chinese/home/docView/0D6AD6955ECA4AFDBA7F6C725C44BB6E.html[2016-04-27].

的资产质量、业务规模的扩张以及收益受到较大的冲击。这也导致银行的竞争压力逐渐加大，不得不谋求经营转型。商业银行盈利能力下降后，纷纷采取"以量补价"的策略，处于高速扩张期的理财市场恰好成为各银行争夺资金的主战场。这也是银行理财业务规模持续扩大、银行理财产品种类趋于多样化的重要诱因之一。

三、理财相关的金融资产定价

金融学主要关注的是在不确定性环境中如何进行资源最优化配置的问题，而资产定价则是金融学领域三大核心问题之一。金融定价最早源于固定收益类金融的定价，对于固定收益类金融的定价问题，目前国内外的研究都已经比较成熟，并且研究的范围开始由基础性固定收益类金融定价领域延伸至衍生品金融的设计和定价领域。以下将对相关研究进行综述。

（一）国外金融资产定价的相关研究

作为老牌的欧美发达经济体，美国在金融领域的开拓较早，是最先对固定收益债券进行研究的国家之一。经过长期探索，学者发现债券价格与预期收益率之间呈反比关系，因此利率能够在很大程度上影响债券的买卖，这也就构成了债券利率风险的主体。因此在进行购买决策时，投资者必须审慎地权衡潜在的利率风险，以避免造成重大损失。那么是否能够对债券的利率风险进行量化，从而指导投资者的购买决策呢？学者通过研究发现，偿还期限并不是影响债券利率风险的唯一因素，息票利率、市场利率、利息支付方式都是影响债券利率风险的因素。为此，Macaulay（1938）提出了一个能够综合反映上述四个因素的利率风险度量指标——"久期"（duration）。债券久期理论的出现开启了学者以数学符号表达金融思想的浪潮，也启发后来者对风险因素进行量化，而这构成了金融定价的一个重要方面。1952年，Markowits 提出了资产组合理论（modern portfolio theory，MPT），这构成了银行理财产品设计与运行的理论基础。该理论提出了经典的期望-方差（R-σ）分析，认为资产之间收益的波动并非完全相关，部分风险可在投资组合中进行分散。资产组合理论对金融领域后续的研究有着深远的影响，在目前较为成熟的金融定价理论中，几乎都有其身影。Malkiel（1962）系统地揭示了债券投资收益率、价格、期限之间的相互变动关系，构建起了传统债券定价理论的基础。在资产组合理论的基础上，Sharpe（1964）进一步对资产的预期收益率与风险资产之间的关系进行了探索，并尝试对风险进行定价，为此引入了夏普比率（SharpRatio $= (R - r_\mathrm{f})/\sigma$）这一指标，构建了经典的资本资产定价模型（capital asset pricing model，CAPM）。在该理论中，资产的风险包含特质风险和系统风险两大类，其中系统风险无法通过分散投资加以消除（Fama and French，1993）。资本资产定价模型的出现标志着对金融资产进行定价已成为可能，构成了现代金融市场价格理论的支柱。

随着金融市场的持续发展，金融产品的设计日趋复杂，具体表现为：其中还嵌入了各类权力类的条款。这就导致出现了许多新的金融产品种类（如可转换债券等）。与之对应的是，资产组合定价理论也在原有的基础上得到进一步发展，新的定价因素被纳入考虑的范围之内。典型的如期权因素，B-S 期权定价模型为这些新的债券提供了科学的定价方法（Black and Scholes，1973）。当在债券产品中嵌入某种期权后，实际上该产品就成为普通债券和某种期权的组合。B-S 期权定价模型是将期权的价格单独进行计算的，但在实际操作中，债券定价与期权定价往往难以严格区分开来，因此后来的学者开始对经典的定价模型进行修改。Merton（1974）因循了 B-S 期权定价模型的思路，在对公司债进行定价时，在公司资产价值服从几何布朗运动的假定条件下，将公司股票价值视为一份以公司资产价值为标的的欧式看涨期权。而为了解决给附加有期权的债券定价的问题，有学者在债券定价理论中又引入了期权调整框架，其中最为重要的就是期权调整利差（option-adjusted spread，OAS）。OAS 的引入使得只需在定价模型的折现率中加入 OAS，就可以直接得到加入期权的定价结果。但是带来的另一个问题是如何正确地计算期权调整利差本身。国内外许多学者都对其进行了研究，如 John（2000）相关的研究。

债券的风险管理问题与债券定价之间有十分紧密的联系，债券风险管理的许多测量都是依赖于对债券的科学定价。但与债券定价所聚焦的问题不同，债券的风险管理主要聚焦于在经济和市场环境发生变化的情况下，可能带来的潜在的损失。而在定价问题中已经用到的麦考利久期和其修正久期等金融指标，在债券的风险管理中同样也有十分重要的作用。此外，参数法也是比较早期的债券风险管理理论。该理论认为，债券的价格是多个相互独立的系统因素和时间因素的函数。但在实际研究中，关于相互独立的多个系统因素的假设是很难实现的，往往各个因素之间存在一定的线性关系，因此参数法需要有大量的金融数据的支持。这一点对于大量采取场外交易的债券或债券组合产品来说是难以实现的。自 20 世纪 90 年代以来，各种风险价值的测量方法已经比较成熟，风险矩阵、现金流图法等方法已经应用到了对债券各种风险价值的计算中。为了计算投资组合的风险，有些学者还从统计学中引入了逐步回归的方法，将投资组合总的风险价值加以分解，利用局部久期或者市场价值来得到不同风险的价值。这就为整体风险价值的建模提供了基础，首先建立可靠的定价模型，然后对每一个系统风险联合实现，利用定价模型重新计算投资组合中所有证券的价值。这样可以描绘出模拟价格和当前价格差异的柱状图，得到价格变化的实际概率密度。这种方法就是现在风险管理中最为常用的蒙特卡罗模拟。随着所引入的系统风险不断增加和复杂，蒙特卡罗模拟也越来越复杂，但是不可否认的是，这种方法已经成为当今债券风险管理中最为有效的方法之一。

(二) 国内金融资产定价的相关研究

近些年我国学者对于金融定价理论和实证也进行了由浅入深的研究。早期的研究多着重对国外一些定价理论及方法的基础性进行介绍，例如，马俊海和张维（2000）对蒙特卡罗模拟方法在各个方面的运用进行了介绍。戴金平和李治（2003）从归纳法和演绎法两个视角出发，系统地对已有的资产定价理论进行了对比分析。随着研究的不断深入，以及我国金融市场的不断发展，我国学者开始结合具体的情景进行资产定价研究，在已有的资产定价理论基础上进行新的推演，从而得到基本定价方程的特殊化和细致化形式（杨云红，2006）。例如，徐绪松和陈彦斌（2004）基于所构建的相对财富和习惯形成的效用函数，提出了一个特定的资本资产定价模型。张曙光和陈玲（2006）因循经典 B-S 模型思想，在其基础上设计了两种路径依赖重置期权，并运用风险中性定价方法对定价问题进行了研究。徐绪松等（2012）将横向代表性偏差和纵向代表性偏差分别引入投资组合模型，研究其对投资者投资组合决策的影响。周芳等（2013）则在现有理论的基础上，将流动性风险因素纳入考虑的范畴，从而得到两种形式的基于流动性风险的资本资产定价模型。张矢的等（2014）放松了资本资产定价模型中关于投资充分分散的假设，在 Merton "不完全信息假设下的资本市场均衡定价模型"的基础上，借鉴 Fama-French 三因素模型的建模方法，构建了一个更具普遍意义的定价模型，并运用中国 A 股 2005 年 1 月～2012 年 12 月的交易数据进行了实证检验。陈国进等（2015）构建了一个包含灾难风险与习惯形成的资产定价模型，并通过实证研究发现该模型能在一定程度上解释无风险利率之谜以及股权溢价特征。上述有益的研究尝试极大地推动了我国资产定价领域内的研究。

四、银行理财产品定价及风险防范研究

（1）银行理财产品定价。因我国银行理财发展时间至今不足 10 年，且市场需求的模式与国外银行理财也存在很大区别，如国外理财是客户需求驱动型，而我国银行理财是利率市场化下现行的银行业务，所以在银行理财产品方面以深入研究国内的文献为主。目前国内关于银行理财产品定价问题的研究多集中在结构化银行理财产品领域，且多基于国外成熟的资产定价理论及方法开展。例如，王杨等（2008）研究了一种与得利宝有关的银行理财产品的定价问题，通过数学推导得出其定价方程是一个完全非线性偏微分方程，最后给出了数值算法。任敏和陈金龙（2008）借鉴 B-S 期权定价方法，对单资产股票挂钩保本型结构性产品进行了定价，并进行了实证研究。陈金龙和任敏（2011）首先应用 Cholesky 分解方法

解决了结构性银行理财产品资产间的相关性问题，然后针对银行理财产品收益函数特点，利用蒙特卡罗方法对其进行了定价。崔海蓉等（2012）运用金融工程组合分解技术设计了一种创新型幂式双障碍银行理财产品。

（2）银行理财产品风险防范。商业银行理财产品迅猛发展，呈现出规模不断扩大、产品结构日益复杂、种类越来越多的发展局面，银行理财产品潜在的风险日渐显现。随着我国银行理财的各种相关要素研究的深入，理财风险的相关研究有了一些发展。林榕辉和郑泽星（2007）详细分析了影响人民币银行理财产品定价的主要因素，揭示了银行理财产品设计与风险控制的关键公式，最后基于以上的分析，提供了人民币银行理财产品创新的建议。周艳和刘凯（2007）对个人理财业务的风险进行解析，并提出防范的有效途径。刘楠楠（2010）对银行理财产品面临的风险进行了详尽的分析，并在此基础上提出了风险管理的一些建议。王雪和孙建坤（2010）通过对商业银行资产池类银行理财产品的内涵、现状、产生背景及运作模式进行逻辑分析，提出资产池类银行理财产品实质上是在金融脱媒大背景下，国内金融市场利率市场化的重要步骤，体现了存款投资化和贷款证券化的特点；同时深入分析了目前资产池运作中存在的主要风险及控制措施，并对国内商业银行资产池类银行理财产品未来的发展方向提出建设性意见。孙建坤和李艳丽（2011）对商业银行资产池理财模式进行研究，分析其特点和运营模式，并对资产池的风险管控提出建议。

五、国内外理财产品研究述评

目前，银行理财的研究文献中关于实务性和描述性研究较多，理论研究不足。有很多对于理财类别，包括客户类型、理财投资类型的介绍性文献，但是对于银行理财定价的理论文献并不算多。并且呈现局部性研究较多，整体性研究不足的现象。即很多文献针对某一类银行理财甚至某一个银行理财进行专题研究，但是很少以对国内银行理财的整体为对象进行研究。学科外研究逐步深化，学科内研究相对较弱。因为银行理财这门学科属于新兴金融领域，很多文献都是从传统固定收益领域延伸到理财领域，对其直接进行学科内研究的相对较少。国内研究滞后于国外研究。国内银行理财起步晚于国外，因此相关科学研究也滞后于国外的研究。

国外有很多针对不同类型银行理财产品定价研究的文献，以及许多关于不同的理财风险的文献，国内近年也有一些针对性的文献，但是尚未有人对以整个银行为个体的银行理财产品群组的定价进行系统研究。2013年3月25日，银监会下发《8号文》，规定银行理财必须做到一一对应。国内商业银行资产池类银行理财产品面临着整改的压力，未来的发展方向如何，涉及上万亿元人民币市值的银行理财产品的命运,很值得研究。研究银行理财的智能定价和创新改革后产生的风险管理的一系列问题,也是一个非常具有实际意义的课题。美国次贷危机说明,走在金融科技最前沿的国家、拥有最先进金融风险控制技术的国家依旧面临着巨大的风险控制危机,因此与时俱进地研究银行理财的风险控制、风险预警也是银行业务的重要环节。

第三节　研究目标及研究内容

一、研究目标

结合前面关于研究背景以及问题提出的阐述,本书拟对如下几个问题进行探索。

(1) 对影响银行理财产品智能定价的因素进行定性和定量分析。探索该问题旨在为下一步银行理财产品定价行为的博弈分析以及智能定价综合模型的构建打下基础。

(2) 构建银行理财产品智能定价模型。这是本书的核心问题之一。要实现银行理财产品的智能定价,必须要有智能信息系统的支撑,而构建智能信息系统则需要确立其算法框架。为此,该问题的解决首要通过博弈分析确立一些核心参数,在此基础上确定智能信息系统的算法。

(3) 创建银行理财资产池智能调整运营机制。该问题事实上是银行理财产品智能定价问题的延续,是定价过后对价格实施动态管理的过程。实现资产收益率以及银行理财产品价格的动态调整,是商业银行缓释风险、迎接挑战的重要手段。

(4) 构建银行理财产品风险预警及防范体系。针对银行理财产品可能面临的风险,建立银行理财产品风险预警机制,并构建对应的风险防范体系。这对于提升商业银行价值创造水平以及维护商业银行声誉具有一定的参考价值。

二、研究内容

与研究目标相对应,本书将在概述银行理财产品研究动因、提出问题、系统梳理和分析银行理财产品国内外研究进展,以及理财产品智能定价的相关理论学说这些铺垫性工作的基础上,重点研究以下几个方面的关联内容。

1. 银行理财产品智能定价的影响因素

这部分研究中,将运用 Wind 数据库的相关数据对银行理财产品定价影响因素进行深入探索,从个体银行理财产品("个体理财")及整体银行理财产品("整体理财")视角,系统总结、概括银行理财产品定价的影响因素。个体银行理财产品定价影响因素包括基础资产、理财成本费用、同业产品价格以及产品设计因素。整体银行理财产品定价影响因素包括资产因素、负债因素、外部环境因素以及其他因素。其中,资产因素是指与银行理财产品发行所募资金投资运营的收益和风险相关的一些因素,主要包括基础资产配置的结构、标的资产的风险溢价。负债因素是指与银行理财产品发售相关的一些因素,主要包括无风险利率、替代品竞争、产品和服务的创新力度等。外部环境因素是指影响银行理财产品发售以及募集资金的投资运营的一些制度及市场因素的综合,主要包括监管政策、利率、物价水平变动、汇率变动等。除了这些因素,银行理财产品的专属性也会对其定价产生一定的影响。

2. 银行理财产品智能定价模型

利用前面对 Wind 数据库中银行理财产品数据计量分析所获得的一些显著影响因素,从银行"个体理财"和"整体理财"两个视角,从负债端的募集资金定价以及资产端的资产定价两个方面出发,探讨银行理财产品的智能定价问题。基于博弈分析,抽象出来一些重要参数,采用随行就市定价法以及成本加成法确定银行理财产品智能定价区间,并以此为算法基础,构建银行理财产品智能定价综合模型。

这部分研究包括以下内容:①对银行理财产品定价进行回归分析,以发现理财产品定价影响因素之间的关系。②从银行"个体理财"和"整体理财"视角,对理财产品定价进行博弈分析,以期得出相关结论并抽象出一些重要参数;据此,采用随行就市定价法以及成本加成法来确定银行理财产品智能定价区间。③以前述研究成果为算法基础,构建银行理财产品智能定价综合模型。综合模型包括三大板块,即输入层、数据处理层和输出层。输入层既包括待定价银行理财产品的相关设计参数,也包括与系统参数设置相关的一些市场调研数据。数据处理层是实现银行理财产品智能定价的核心环节。要实现银行理财产品定价的智能运算,首先需要对核心算法中涉及的相关参数进行设置,然后需要将待定价银行理财产品的设计参数与之相匹配,最后遵循核心算法规则进行批量运算。智能定价综合模型的输出层包括银行理财产品入池指导利率以及发行指导利率,并且需要满足入池指导利率>发行指导利率这一条件。在确定智能定价综合模型的算法时,负债端定价决策的目标主要是吸收客户流入,塑造品牌影响力。而该决策目标与市场竞争行为紧密相关,表现为由于银行理财产品的无专利性和异质性较小,各家银行机构对市场均具有较大影响力。在此条件下,竞争对手的定价高低对客户的购买行为会产生较大的影响。因此在对资金池进行定价时，本书采用竞争导向定价策略中的随行就市定价法。而在资产端，其主要决策目标是覆盖负债端成本，保障资金安全，以避免产生兑付危机从而影响本银行机构的市场地位和品牌声誉。因此在对资产端进行定价时，本书采用成本加成定价策略。

3. 银行理财虚拟资产池智能定价系统运营机制

这一部分主要是在对一对一理财虚拟资产池模式进行理论阐述的基础上，进一步针对该模式的两端（"资金池"端和"资产池"端）在实现一一对应时所面临的挑战，分别设计基于智能定价系统的资产池资产收益率智能调整运营机制以及产品价格智能调整运营机制。其中，收益率智能调整运营机制旨在平滑资产池收益率，对冲可能出现的操作风险和违约风险。资金池智能定价产品价格智能调整运营机制则旨在得到一个能稳定加强成本控制的定价机制，通过这个机制对银行理财产品价格进行动态调整，引导客户购买不同期限产品，从而维持各银行理财产品结构的合理性。

这部分研究包括以下内容：①一对一虚拟资产池运作模型的研究。通过对一对一理财虚拟资产池模式进行理论分析，得出银行收益的主要构成部分；研究银行机构所获利差与资金成本、监管成本、期限利差、信用利差等所呈现的关系；在采用虚拟资金池-资产池理财模式的情况下，为避免产生银行利差为负的情况，确定银行理财产品定价所要采取的策略。②基于智能定价系统的资产收益率智能调整运营机制研究。即如何通过智能定价系统实现系统自动配置资产到不同收益率的产品中，通过高低搭配智能调节虚拟资产包中资产的到期收益率，从而形成良性循环的配置机制。当然，这有赖于建构智能信息系统。虚拟资产池资产收益率智能调整信息系统设计可由参数设置、资产自动买入、资产自动卖出、存续期监控与管理等多个模块组成，通过内嵌的算法实现收益率的智能调整。③基于智能定价系统的产品价格智能调整运营机制。主要是将成本、期限以及各期限银行理财产品的份额纳入考察的范围，研究提出积极应对市场不同变化的不同价格补偿机制，以及时做出合理的价格调整。当然，其研究的最终目的是期望找到有较好引导优势和不错的成本控制能力的机制，以实现对产品定价进行动态调整。

4. 银行理财运营风险预警及防范体系

这部分研究中，将参考我国相关监管政策以及巴塞尔协议搭建的全面风险管理体系框架，并结合作者的实际工作经验以及专家调查结果，对商业银行理财产品可能会面临的各类风险进行概括总结，在此基础上建立银行理财产品智能定价的风险预警机制，并构建对应的风险预警及防范体系。

这部分研究包括以下内容：①银行理财产品智能定价风险类型。从市场发展变迁的视角对各类风险进行梳理并凝练概况。②银行理财产品智能定价风险预警机制。综合利用多种方法（也包括专家咨询及实地调查等），科学构建银行理财风险预警指标体系，据此来进一步建立蓝、黄、橙、红四级风险预警机制。③银行理财产品智能定价风险防范体系。针对银行理财产品可能遭遇的各种风险，按照国家监管政策的有关规定，研究构建风险预警及防范体系。

第二章　理财产品智能定价理论分析

本书认为，银行理财业务是指商业银行为个人或机构客户提供的财务分析、财务规划、投资顾问、资产管理等专业化的金融服务。而银行理财产品则是以银行作为设计发行主体，在特定的产品合同约定下，将个人、机构的资金募集起来投资于金融市场或购买金融产品，获取的投资收益依据合约进行分配的金融产品。从这个界定中可以看出，银行理财业务属于代客业务，商业银行只拥有对客户资金的运营管理权，实际运营过程中所产生的风险由双方按照约定共同承担。本书所说的智能定价，则是基于当前银行理财产品多通过主观决策进行定价的弊端而提出的一个针对性概念。智能定价是指通过分析研究银行理财产品的定价影响因素，运用科学的理论建立银行理财产品智能定价模型，通过借助计算机技术实现定价模型的系统化，从而对银行理财产品发行定价进行指导。同时，针对市场及银行自身的即时状况，确立迅捷高效的应变机制，以实现对银行理财产品价格的即时反馈、动态调整。银行理财产品涉及资产池、虚拟资产池等相关概念。同时，智能定价也涉及生命周期、资产定价、人工智能与机器学习等相关理论学说。

第一节　理财产品及虚拟资产池

一、银行理财业务及理财产品

提及银行理财产品，不能不先述及银行理财业务。"银行理财业务"一词的出现最早可追溯到 1933 年。迄今为止，学界和业界并没有对之给出统一的定义。在西方一些国家，一般认为，银行理财业务是银行向客户提供的财务规划服务。具体而言，该服务是指银行机构通过对客户的各项财务情况（家庭收支、资产负债）、财务目标进行深入了解和分析，在专业化人员（律师、会计师、税务师等）的帮助下，为客户针对性地制订储蓄投资计划、税收规划等各类财务规划，并协助付诸实施。在该语义下，银行理财业务是一种综合性的金融服务，用以满足客户的综合财富管理需求（杨林枫和吴龙龙，2010）。与国外类似，我国官方对银行理财业务的界定也体现了全面财富管理的内涵。《暂行办法》中对"个人理财业务"的界定是，"商业银行为个人客户提供的财务分析、财务规划、投资顾问、资产管理等专业化服务活动"[①]。因循国内外对"银行理财业务"内涵的分析,本书认为,银行理财业务是指商业银行为个人或机构客户提供的财务分析、财务规划、投资顾问、资产管理等专业化的金融服务。

《暂行办法》依据管理运作方式差异将个人理财业务区分为理财顾问服务和综合理财服务,其中银行理财产品属于综合理财服务。按《暂行办法》的解释,在综合理财服务中,商业银行仅是接受客户的委托和授权,在合约规定的基础上进行投资和资产管理。投资运营中所产生的收益和风险,依据之前制定的合约进行分担。综上所述,本书认为,银行理财产品是以银行作为设计发行主体,在特定的产品合同约定下,将个人、机构的资金募集起来投资于金融市场或购买金融产品,获取的投资收益依据合约进行分配的金融产品。从上述界定中可以看出,银行理财业务属于代客业务,商业银行只拥有对客户资金的运营管理权,实际运营过程中所产生的风险由双方按照约定共同承担。

二、理财产品智能定价

在过往十年的发展历程里,很多商业银行对银行理财产品的发行定价缺乏客观的分析指导,仅仅通过个人主观的决策或者多人会议讨论的形式,定出即期银行理财产品的销售价格。这类并不科学的定价实际上损害了银行客户和商业银行本身的利益,对商业银行理财的长期健康发展埋下了诸多隐患。鉴于此,本书提出理财产品"智能定价"这一针对性概念。理财产品智能定价是指通过分析研究银行理财产品的定价影响因素,运用科学的理论建立银行理财产品智能定价模型,通过借助计算机技术实现定价模型的系统化,从而对银行理财产品发行定价进行指导。同时,针对市场及银行自身的即时状况,确立迅捷高效的应变机制,以实现对银行理财产品价格的即时反馈、动态调整。

三、资产池及虚拟资产池

传统的资产池银行理财产品是指将多个单一银行理财产品的募集资金整合,统一用于投资一个包含债券、回购、拆借、同业存款、票据、信贷资产和权益资产等多元化资产包的银行理财产品,如图 2-1 所示。资产池理财管理模式的出现

[①] 需要指出的是,机构理财和私人银行的理财是在银行理财业务后续发展中逐渐出现的,但监管法规并没有进行相应更新。但《暂行办法》和其他个人理财的监管规定大部分同样适用于机构理财和私人银行的理财业务。网址见 http://www.cbrc.gov.cn/chinese/home/docView/1625.html.

最初是为了银行便于管理运营银行理财产品，后来各家银行纷纷对资产池理财管理模式进行改良，但比之前并无本质上的变化。因为近年越来越多商业银行引入资产池理财管理模式，这种模式的优点和不足都日益凸显，监管部门也将资产池银行理财产品作为银行理财产品监管的重点，传统资产池理财管理模式面临着转型的发展趋势。

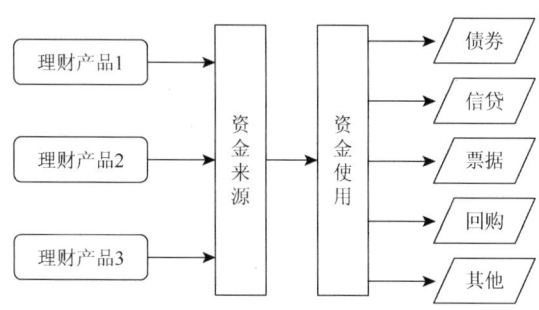

图 2-1　传统资产池运作模式

（一）资产池银行理财产品特点

和单一银行理财产品相比，资产池银行理财产品具有运营高效、规模稳定、滚动发行、期限错配、分离定价等特点。

（1）运营高效。运营高效是指相对于单一银行理财产品，资产池每日都可以发行新产品，无需像发行单一产品一样，需要有特定的资产才能做出相应发行计划。

（2）规模稳定。规模稳定是指资产池银行理财产品资金来源于不同客户渠道，银行理财产品的期限也各不相同，资产池内资金流向会相互抵消，资产池银行理财产品规模会比多个同类型单一产品更加稳定。

（3）滚动发行。滚动发行是指资产池银行理财产品中一个系列的产品可以连续发售或到期滚动续发，增加了理财资金的连续性，提高了资产池银行理财产品规模的稳定性。

（4）期限错配。期限错配是指资产池银行理财产品里的各款产品存续期限和资产池所投资的多元化资产包的平均剩余期限不完全相同。利用借短拆长的方式，使得资产池运营获得较大收益。这种期限错配一定程度上维持了银行理财承诺的较高预期收益率，延缓了负债端成本的降低，同时提高了整个社会的无风险利率（金融脱媒时代，刚兑的理财成为社会无风险资产），不利于降低实体经济的融资水平，且银行理财产品的短期化也无法与实体经济对长期资金的需求相匹配。

(5) 分离定价。分离定价是指各款银行理财产品收益的高低不与资产池所投资资产包的实际收益相匹配，而是结合市场实际情况，根据各款产品的期限等要素分离定价。这样突破了银行理财产品资金投资的实际收益决定银行理财产品客户收益的传统定价模式，提高了商业银行自身定价能力，促进了利率市场化的推行。

(二) 资产池银行理财产品的缺陷

和单一银行理财产品的风险相比，资产池银行理财产品面临着流动性风险和资产错配风险。其中流动性风险是指因为资产池银行理财产品的各款产品发行金额跟不上到期金额而产生的资产大于负债的风险。通常情况下可以通过融资的方式解决流动性的紧张，但遇到极端情况时，资产池可能需要被迫卖出大量资产，否则可能出现资金断裂。例如，一个包含三款银行理财产品的资产池内配有四只债券资产，债券的存续期限大于银行理财产品的存续期限，如果产品到期后没有新的产品发行，那么资产池就面临流动性风险。而资产错配风险是指由资产池银行理财产品的各款产品发行规模和资产池所投资的多元化资产包的资产规模不完全匹配而导致的错配风险。例如，一个包含三款银行理财产品的资产池内配有四只债券资产，一旦有一个债券出现违约，那么违约资产与产品资金无法一一对应，因此就产生了资产错配风险。

(三) 虚拟资产池

2013年3月25日银监会《8号文》的出台引起了银行理财业的巨大震动。《8号文》中，对银行理财资金的投向、风险拨备的指标提出了详细明确的要求。其中最引人瞩目的一条就是要求商业银行实现银行理财产品的资产和负债的一一对应，做到每个产品单独管理、建账和核算。随着监管机构对银行理财提出整改要求，传统资产池将面临转型成资产负债一对一的虚拟资产池合规理财模式。

一对一的虚拟资产池合规理财模式是将传统资产池运作模式中的"大池子"概念转换为低风险资产池运作模式的"子池子"概念。首先，在银行理财产品发行成功后，将每笔资金对应固定的资产，这样就能减少资产错配带来的一系列风险。其次，将产品的到期监控和资产的到期监控联动起来，做到真正的整体资产负债管理，进行有效的产品发行和资产配置规划，降低资产池的流动性风险（图2-2）。

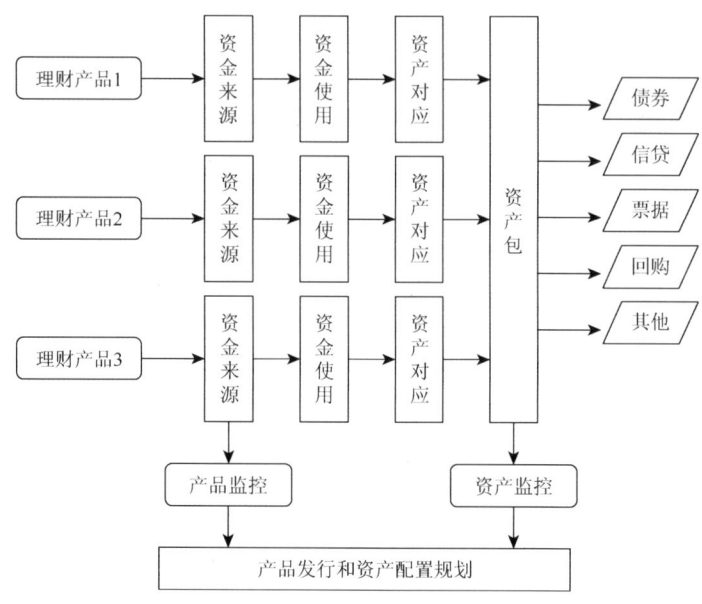

图 2-2 低风险虚拟资产池运作模式

第二节 理财产品智能定价理论说

本章首先介绍了银行理财业务及银行理财产品的相关概念,并对"智能定价"这一核心关键词进行了界定。本书认为,银行理财业务是指商业银行为个人或机构客户提供的财务分析、财务规划、投资顾问、资产管理等专业化的金融服务。而银行理财产品则是以银行作为设计发行主体,在特定的产品合同约定下,将个人、机构的资金募集起来投资于金融市场或购买金融产品,获取的投资收益依据合约进行分配的金融产品。从上述界定中可以看出,银行理财业务属于代客业务,商业银行只拥有对客户资金的运营管理权,实际运营过程中所产生的风险由双方按照约定共同承担。智能定价则是基于当前银行理财产品多通过主观决策进行定价的弊端而提出的一个针对性概念。智能定价是指通过分析研究银行理财产品的定价影响因素,运用科学的理论建立银行理财产品智能定价模型,通过借助计算机技术实现定价模型的系统化,从而对银行理财产品发行定价进行指导。同时,针对市场及银行自身的即时状况,确立迅捷高效的应变机制,以实现对银行理财产品价格的即时反馈、动态调整。

为便于本书后续研究的展开,下面对智能定价相关的理论进行归纳总结,包括生命周期理论、资产定价理论、人工智能与机器学习理论等。

一、理财产品定价的生命周期说

关于个人理财动机的阐述,最早可追溯到莫迪里阿尼(Modigliani)的经典书《效用分析与消费函数:对典型资料的解释》。莫迪里阿尼认为,消费者在不同年龄段的储蓄和消费行为,将取决于其一生的收入而非即时收入。在该书的基础之上,莫迪里阿尼不断进行完善,最终提出了生命周期理论。该理论的核心要旨是:作为一个理性人,其消费行为的唯一目标是实现效用最大化,为此其消费的原则是在一生中实现储蓄与消费相等。生命周期理论开创性地将边际效用分析方法运用到个人消费储蓄行为的研究中。基于凸性效用函数及理性人假设,个人将依据其效用曲线对当前消费和储蓄水平进行分配,以保证其整个生命过程中的消费水平平稳。生命周期理论构成了理财业务的理论基础,对于银行理财业务的发展意义重大。例如,Stoimenov 和 Wilkens(2005)探讨了德国市场上以股票为挂钩标的的银行理财产品的定价,得到产品的生命周期是影响定价的重要因数。

二、理财产品定价的资产定价说

作为现代金融经济学的核心内容,资产定价理论一直以来备受学界的关注,是研究最系统、成果最丰富的领域之一,由此形成了众多的金融产品定价方法。按照定价方法形成时逻辑推演过程的不同,可以将现有方法划分为两大类:演绎法和归纳法(戴金平和李治,2003)。其中,演绎法是一种自上而下的推演方法。其在一系列假设条件下,以精确的数理模型为基础,经过缜密的数学推导得出一个明确的定价公式或定价模型,主要用于精确定价。而与之不同的是,归纳法则是一种自下而上的推演方法,主要用以预测金融产品的价格变动趋势,即模糊定价。

(一)演绎型资产定价

演绎法在当前资产定价方法中占据着主导地位。顾名思义,该方法首先以一系列假设条件为前提条件,以相关的经济学理论为基础,然后经过严密的数学推导得出较为精确的定价模型或定价理论。由于该模型或理论的推导过程总是在较为理想化的假设条件下进行的,其具有一定的内在局限性。但是,该理论在假设条件所限定的范围内具有一般性,因此可以将之进行推广。因此,演绎法是一类自上而下、从一般到个别的推演方法。

现代金融理论均构筑在演绎法的基础之上。发展至今，基于演绎法的资产定价理论已经成为研究最系统、成果最丰富的领域之一，其中最重要的研究大多在 20 世纪 80 年代以前完成，包括一般均衡理论、资产组合理论、资本资产定价理论、渐进套利定价理论、跨期无套利定价、不完备市场中的投资与定价理论等。囿于篇幅，本书主要对与银行理财产品发展较为紧密的理论进行简单阐述。

Markowitz（1952）的资产组合理论构成了对银行理财业务进行组合管理的最基础理论。该理论阐述了将多种风险资产进行组合投资管理的优点：资产之间收益的波动并非完全相关，组合投资可分散部分风险。Markowitz（1952）用收益率的标准差（σ）来度量风险，认为一个投资者的投资组合选择可以简化为平衡投资组合的期望收益及方差，这即构成了经典的期望-方差（R-σ）分析。在资产组合理论中，并未涉及投资时间轴（investment horizon）的问题，同时还假定所有资产的收益都是波动的，这给后续研究留下了继续拓展的空间。

詹姆斯·托宾在资产组合理论的基础上，对无风险资产这一因素进行了考虑，从而得出了著名的"两基金分离定理"。该定理认为，在存在两个及以上共同基金的市场上，最优的投资组合在收益的期望和方差方面的表现并无二致，因而投资者便可依据自身风险偏好找到最适合自己的投资组合。风险偏好的重要性被注意到以后，Sharpe（1964）进一步尝试对风险进行定价，夏普比率（$SharpRatio = (R-r_f)/\sigma$）这一指标便应运而生。上述与投资组合相关的理论对银行理财业务发展的启示是，银行理财产品的非系统性风险可通过资产池或组合管理进行分散。

在前人研究的基础上，Sharpe（1964）和 Lintner（1965）等进行了系统的总结与分析，并提出了资本资产定价模型：

$$Er = r_f + \beta(r_m - r_f)$$

该模型的含义是，资产收益率（Er）与系统性风险 $\beta(r_m-r_f)$ 有关，而系统性风险与预期收益（r_m）线性相关。因此，β 系数可用以衡量资产的不可分散风险。与资产组合理论对波动性进行定价不同，取而代之的是资本资产定价模型直接对系统性风险进行定价，市场风险溢价就是 $Er-r_f$。因而在投资组合已经是高度分散化的情况下，通过该模型定价便无需分别考虑资产组合中每一个资产的情况，只需考察其系统性风险即可。这一进步对银行理财产品的研发意义重大，意味着产品开发者可依据投资者的风险偏好和收益预期要求，开发对应的系统性风险水平不同的产品。

自组合投资理论诞生之后，现代金融理论取得了迅速的发展。发展至今，资金的时间价值、资产定价理论和风险管理理论构成了现代金融理论的三大支柱。

这些理论对于银行理财产品的设计与发行具有重大的指导意义,例如,保本银行理财产品收益率应相对较低,短期限银行理财产品的收益率应低于长期限银行理财产品,可利用期权定价公式对结构化产品进行定价。

(二)归纳型资产定价

与演绎法相对的是归纳法,归纳法是一类自下而上、从个别到一般的推理方法。由于归纳法多依赖定性的方法进行判断,并且往往不够精确,在资产定价理论的发展过程中,以精确数理模型为基础的演绎法占据着绝对的主流地位,而以技术分析法为代表的归纳法则颇受排斥。但不可否认的是,演绎法中的数学推理过程对现实的模拟仍较为粗糙,这也致使其陷入理论形式上的完善、实际解决问题的能力备受质疑的困境。由于以定性分析为基础的归纳法能够提供价格之外的增量信息,可为决策提供重要的参考,其仍然有着很强的生命力。

技术分析法和人工智能是归纳法的主要代表。其中技术分析法目前仍被广泛应用于股市等资本市场的价格预测。其因循的核心逻辑是:历史将会不断地重复,因而过去的经验和规律有助于预测资产的未来价格走势。随着科学技术的不断发展,经验和规律捕捉的主体开始出现人工智能的身影,其实际上是技术分析法的一种延伸。该方法可通过专家系统、模糊逻辑、模拟仿真、定性推理等技术,在一定的规则、算法的设定之下,将定性知识转化为可轻松识别的、不同形式的信息,借此实现定性知识和定量知识的综合使用,从而提高信息的利用效率以及投资决策的弹性。

在我国银行理财产品定价的过程中,毋庸置疑,一方面应参考演绎型资产定价理论,遵循风险收益相对应、体现资金的时间价值等基本规则;另一方面应看到,由于当前我国金融市场尚不完善,投资者的风险意识也有待提高,商业银行发售银行理财产品不得不考虑市场份额因素。这也就造成其定价过程必然会受到竞争因素的干扰,传统的演绎型资产定价理论并不完全适用。但同时过度基于历史经验进行定价容易导致银行理财产品风险与收益不对应、与经济基本面相脱离,不利于理财业务的健康发展,因此全盘采纳归纳型资产定价理论也不可取。当前现实的选择是,对上述两种理论进行综合考虑,既应体现演绎型资产定价理论中的一些规律、原则,也应依据历史经验对银行理财产品进行定价。

三、理财产品智能定价的人工智能与机器学习说

人工智能(artificial intelligence,AI)发展的历史尚比较短,可视为计算机科

学的一个分支,是一门企图了解智能实质的综合性新学科。自古以来,人类就有关于智能机器的设想,希望机器能辅助人类甚至代替人类完成一些需要通过自我思维才能完成的各种工作。在此设想推动之下,古往今来许多学者进行了思考、尝试,但到目前为止尚未形成关于人工智能的统一理论。人工智能有不少分支,主要研究和应用领域有认知科学、机器学习、机器人学、人工神经网络等。从事人工智能研究方向和应用领域的学者,同样有着不同的方法来进行探索。而现有人工智能实现路径可以被归纳为六种主义:符号主义、连接主义、学习主义、行为主义、进化主义和群体主义。

本书认为,赋予机器以学习能力是设计人类智能本质的根本性问题。因为通过学习,可内在地发现规律、获取知识和经验,外在地适用环境并进行自我完善。对这一问题的解决或许意味着真正的人工智能的到来,但这也是一个非常困难的问题。尽管如此,学习仍然是人工智能中一个难以绕开的问题,是模式识别、计算机视觉、知识发现与数据挖掘、人工神经网络、专家系统等许多人工智能分支中的瓶颈问题和热点问题,因此学者多从应用的角度,研究适合于各自领域的机器学习方法。

(1)机器学习。在人工智能这一门新兴学科中,机器学习(machine learning)占据着举足轻重的地位。其作为人工智能的核心,应用范围遍布各大领域。在以往的智能系统中,由于普遍缺乏学习能力,其不能进行自我性能完善,不会主动获取知识和信息,此外还难以发现新的规律。机器学习关注的问题的是计算机如何模拟或实现人类的学习行为,这是使计算机具有智能的根本途径。其运行的原理是:依据生理学、认知科学等对人类学习机理的理解,建立人类学习过程的计算或识别模型,从而进行各种学习理论和方法的开发,用以解决特定的现实问题。

(2)机器学习系统的基本模型。面对一个特定的客观现象,要从本质上对其进行描述和解释,需要借助理论。而一般把学习看作建立理论、形成假设和进行归纳推理。机器学习系统的基本模式可用图2-3表示。该模型包括四个基本组成环节。其中,环境代表外界信息源,可以是工作对象,也可以是工作对象和外界条件。由于环境能够提供的信息水平难以达到执行环节所需信息的水平,需要通过学习将之转化为系统具有的知识,以解决信息水平差距的问题。知识库是系统具有的知识,其形式就是知识表示的形式,学习系统实际上就是对旧知识库的扩充和完善。学习环节的目的在于处理环境提供的信息,以改善执行环节的行为。执行环节是对学习环节的一种反馈。

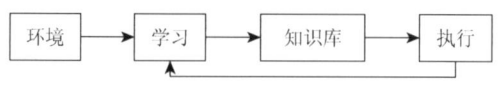

图 2-3 机器学习系统构成

（3）机器学习的基本策略。对机器学习的分类可以由下列几方面进行：学习策略、知识表示和应用领域。机器学习策略如表 2-1 所示。

表 2-1 机器学习的基本策略

策略	内容
记忆式学习	记忆式学习亦称为机械式学习。在该学习方式中，基本不存在信息变换。环境提供的信息是通过固化的评价和记忆以达到学习的目的。记忆式学习的过程是：执行机构每处理一个问题，系统对之及其解形成记忆。当相同问题再次发生时，系统便可自动进行解决
指导式学习	指导式学习也称为传授式学习。该方式下，学习环节对环境提供的信息可能存在语法层的变换。由于环境提供的信息过于抽象，需要对之进行实用化，将较高抽象水平的知识转换成较低抽象水平的知识，如此才能被执行机构利用。指导式学习一般包括请求、解释、实用化、归并和评价五个步骤
类比学习	类比学习是基于类比推理的学习方法，而类比推理是利用新问题与记忆中旧问题某些方面具有相似性，从而推出它们在其他相关方面也相似。类比学习是演绎学习与归纳学习的组合，其执行的基本过程是：先对不同领域的问题进行描述，确定具有相似性的公共子结构，然后再以此为基础进行类比映射
解释学习	解释学习是在知识库知识的指导下，通过对单个问题求解过程的分析，构造出其因果解释结构，并从中获取控制性知识以便用于指导以后类似问题的求解
归纳推理	归纳学习是指以归纳推理为基础的学习方法，是从足够多的事例中归纳出一般性知识的过程。根据学习过程中所使用的数据的不同特性，可将归纳学习方法划分为监督学习、非监督学习和强化学习三大类

资料来源：根据公开资料整理

第三章　银行理财产品智能定价影响因素分析

银行理财产品智能定价既要从单个银行发行的某一个体银行理财产品视角分析一些微观要素，也要从单个银行发行的全部整体银行理财产品视角考虑一些因素。个体银行理财产品是指具体的某类银行理财产品，这类银行理财产品有着共同的特性，可相互复制，定价因素较清晰简单。整体银行理财产品则是基于单个银行的整体视角，将单个银行的所有银行理财产品看作一个整体，定价时需要统筹考虑负债端和资产端的均衡问题，是一种博弈思维理念，同时还要考虑外部的诸多因素。

第一节　银行个体银行理财产品智能定价影响因素

"个体理财"是与"整体理财"相对的一个概念，是指单个银行的具体某类银行理财产品，这类银行理财产品有着共同的特性，可相互复制，定价因素较清晰简单。例如，按发售对象划分，银行理财产品可分为个人银行理财产品、机构银行理财产品、私人银行理财产品以及同业银行理财产品，上述四类银行理财产品均是"银行理财产品"这个"属"概念下的一个分支，因而均可分别视为"个体理财"。同样，按投资方向与收益率挂钩标的划分，银行理财产品可以分为结构化产品和非结构化产品，它们也各自分别属于个体银行理财产品。基于个体理财视角审视银行理财产品智能定价问题，则应针对各类产品的特点与市场实际，做出最有利于该类产品利益的决策，追求的是局部利益最大化。之所以存在"个体"和"局部"之分，是因为对于实施现代企业治理制度的银行机构而言，其规模庞大、结构复杂，其不同类产品的决策权可能分属不同的部门，难以实时做到协调统一，各部门在资源分配、内部考核和利润分配等诸多方面均存在一定的博弈，导致必然会存在帕累托改进的空间。对于个体银行理财产品智能定价的影响因素，其多偏重于一些与银行理财产品设计、运营相关的微观要素。

一、基础资产因素

基础资产（underlying assets）指的是衍生金融工具（如期权、互换）交易所依赖的资产。

商业银行在对银行理财产品进行定价时,基础资产的收益与风险是一个重要的参考因素。一般而言,基础资产收益较高,则相对应的银行理财产品定价就高。反之,基础资产收益较低,则相对应的银行理财产品定价就低。在对银行理财产品进行开发设计时,首要考虑的因素便是基础资产的收益与风险。目前商业银行理财产品的投资领域越来越广。其中,货币市场类产品是商业银行理财产品中最为常见的一类。具体而言,债券和利率型资产占比较大,如图 3-1 所示。不同类型银行理财产品所挂钩的标的资产有所差异,所面临的收益与风险也存在较大的区别。以下将针对固定收益型银行理财产品、净值型银行理财产品以及结构型银行理财产品的基础资产与其定价之间的关系进行说明。

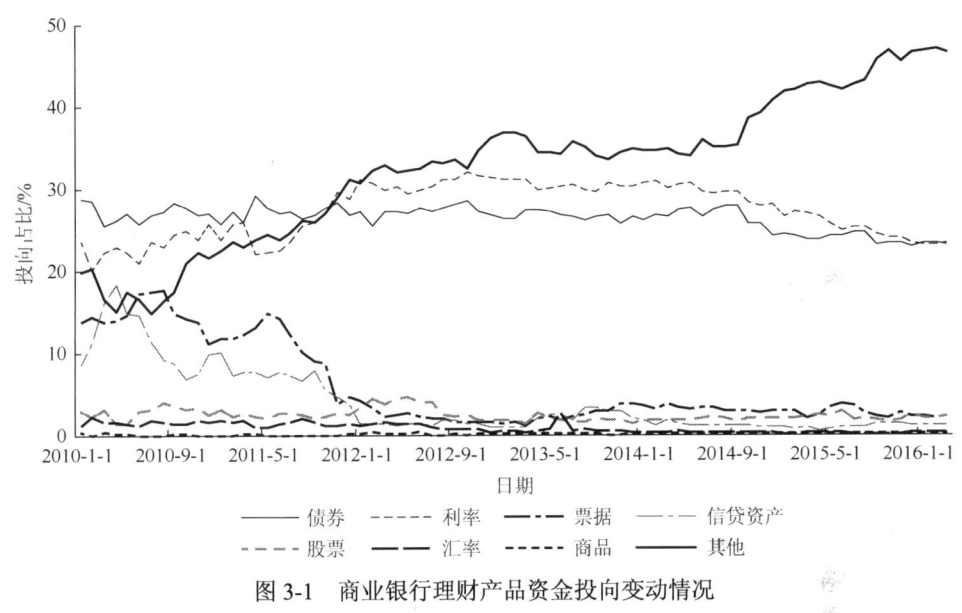

图 3-1 商业银行理财产品资金投向变动情况

资料来源:Wind 数据库

银行固定收益型银行理财产品一般会寻求较为稳健的投资方式,其所募集的理财资金的投向以货币市场为主,包括国债、金融债券及央行票据等。但这并不意味着所有固定收益类银行理财产品均属于本金和收益保证的,其基础资产同样会受到国家宏观调控、国际金融市场波动的影响。当然,固定收益型银行理财产品的基础资产往往直接或间接地受到国家信用的担保,因而其违约风险较小。根据收益与风险对称的原则,固定收益型银行理财产品的定价一般相对较低。

对于净值型银行理财产品,其价格可以像债券基金那样完全用市值法估值,也可以用 7 日年化收益率的方式来估值。这其中像类固定收益的非标、非公开定向债务融资工具（private placement note，PPN）、非公开债、各种配资的优先级、资产证券化（asset backed securitization，ABS）等，大多是持有至到期，这些都可以用成本法进行估值。此时其虽然号称"净值型产品"，但商业银行基于抢占市场份额的考虑，人为操纵净值的动机较为强烈，因此事实上其与固定收益型银行理财产品类似，银行也会对其成本与收益进行权衡，存在"隐性"定价行为。当然，如果净值型银行理财产品直接与沪深300、中证500等指数进行直接挂钩，则完全是市场定价。综上，考虑到净值型产品的产品特性，原本是估值决定产品价格，但综合考虑挂钩资产的特点，可将净值型银行理财产品划分为货币类净值产品、债券类净值产品、偏股型净值产品以及混合型净值产品。各种类型产品的资金投向存在较大差异，其中货币类净值产品所募集资金的投向以国债、央行票据等短期货币工具为主，收益和风险均较低；债券类净值产品风险和收益均中等；偏股型净值产品收益和风险均最高；混合型净值产品的收益和风险则与各类的资产占比有关。

对于结构型银行理财产品，其常见的基础资产为利率、汇率、股票、股票指数、商品（如石油和黄金）或上述资产的组合等。挂钩标的基础资产种类是结构化产品的核心因素之一，从投资者的角度看，其在选择结构型产品时首先会对挂钩资产进行筛选，一般会选择较为熟悉并且对未来走势有较为明确判断的资产类别。从发行方的角度看，不同的挂钩资产由于涉及不同的对冲工具，对冲的成本会有较大的区别，特别是对冲工具不足的资产类别，将明显提高产品的成本。

综上可知，银行理财产品的定价与其基础资产的风险和收益休戚相关。但需要指出的是，当前银行理财产品的运作尚难以实现资产负债的一一对应，仍未脱离传统资金池运作模式的藩篱，致使单个银行理财产品所募集资金投向的基础资产组合并不透明。即便对于与特定基础资产挂钩的结构型银行理财产品，其投资组合的复杂性使其难以准确界定基础资产收益与银行理财产品智能定价之间的关系。因此，基础资产的收益与风险状况对银行理财产品的定价会产生影响，但是这种影响程度因资金投资运营的不透明性而变得扑朔迷离。

二、理财成本费用

一般而言，商业银行公布的银行理财产品预期收益率是在扣除了相关费用之后的净收益。这导致大部分投资者只关心收益率的数字，而忽略了银行在运作相关产品时产生的手续费。一般来说，这一费用多为固定费率，但也存在另外收取浮动费率的情况。一般而言，银行理财产品的费率高低取决于是否保本、标的资产类型以及运营管理的复杂程度。对于非净值型银行理财产品，其产品费用主要由申购费、赎回费和管理费组成，部分银行理财产品还在合约中规定了超额收益业绩报酬。上述费用都是投资者在投资银行理财产品时需要负担的成本,因此产品费用越高,投资者能够获得的真实收益率就越低。其中,申购费和赎回费是支付给销售机构的;管理费是支付给参与投资管理的机构的,可包括信托管理费、投资顾问费等。虽然从法理上讲,银行理财业务属于代客业务,理财的收益就应该归投资人所有,银行仅能获得管理费以及可能存在的增值服务费。但需要注意的是,监管政策不完善、银行理财产品管理的不透明,导致投资者虽名义上只需支付固定比例的费用,但实际上投资产生的超额收益大多被商业银行作为业绩报酬或者浮动管理费所隐匿[①]。由于监管机构并没有对理财产品的收费进行一刀切,各大银行均是自主决定产品费用,收费标准之间存在一定的差别。当前,大多数非净值型银行理财产品的综合费率在0.2%~0.6%,而净值型银行理财产品的费率则在1%~2%(闫沁波和汪楠,2015)。

三、同类产品价格

当前阶段,我国商业银行理财产品同质化比较明显,加之银行理财市场的参与主体越来越多,导致客户对预期收益率的变化非常敏感。如果银行理财产品价格相比同业低了,则将导致市场份额被蚕食,在激烈的市场竞争中处于不利地位。另外,如果银行理财产品定价过高,则有可能导致资产端收益难以覆盖资金端成本,使商业银行承受较大的经营风险。在此情形之下,很多商业银行机构不得不采用"跟随策略"对银行理财产品进行定价。此举导致商业银行机构难以根据自身产品特点进行灵活调整,往往为了避免客户流失而不断提升银行理财产品的预期收益率。综上,当前在对银行理财产品进行定价时,同业产品价格是不容忽视的一个因素。

四、产品设计因素

在银行理财产品同质化严重的今天,银行理财产品的设计因素是形成差异化竞争和差异化收益表现的最重要的因素。当前阶段,外部环境因素对银行理财产品收益率的基础性影响几乎是一致的,而产品设计因素则内在地对产品收益率构成一定影响。随着理财业务的蓬勃发展,银行理财产品的创新不断涌现。产品设计因素主要包括发行银行、产品委托期限、发行对象、提前终止权、募集金额等。表3-1是招商银行发行的一款人民币银行理财产品的概况。

---

① 证券时报网. 理财产品超额收益个人无份 不赚钱却承担损失[EB/OL]. http://Ruaixun.stcn.com/2013/1022/10831892.shtml[2013-10-22].

表 3-1　招商银行高净值专享-招银进宝之鼎鼎成金 14912 号理财计划概况表

名称	招商银行高净值专享-招银进宝之鼎鼎成金 14912 号理财计划（代码：314912）
理财币种	人民币
本金及理财收益	本理财计划不保障本金及理财收益。招商银行购入资产组合正常处置或持有到期的情况下，在扣除托管费、销售费等相关费用后，本理财计划预期最高到期年化收益率为 4.10%，超出最高年化收益率部分的收益作为银行的投资管理费；否则根据资产组合实际出让或处分的情况计算投资者应得本金及理财收益（如有，下同）
理财期限	59 天
认购起点	1 元为 1 份，认购起点份额为 5 万份，超过认购起点份额部分，应为 1 万份的整数倍
提前终止	本理财计划有可能提前终止
申购/赎回	本理财计划成立后不开放申购与赎回
认购期	2016 年 06 月 13 日 10∶00 至 2016 年 06 月 16 日 17∶00
登记日	2016 年 06 月 16 日为认购登记日，认购资金在认购登记日前按活期利率计算利息，该部分利息不计入认购本金份额
成立日	2016 年 06 月 17 日，理财计划自成立日起计算收益（如有，下同）。（如遇节假日将顺延至下一工作日。）
到期日	2016 年 08 月 15 日，实际产品到期日受制于银行提前终止条款。（如遇节假日将顺延至下一工作日。）
发行规模	规模上限 0.984 2 亿元，本理财计划规模下限 0.0 亿元
收益计算基础	实际理财天数/365
本金及理财收益支付	到期一次性支付
托管人	招商银行股份有限公司
托管费率	0.02%/年
销售费率	0.02%/年
收益计算单位	每 10 000 份为 1 个收益计算单位，每单位收益精确到小数点后两位
清算期	认购登记日到成立日期间为认购清算期，到期日（或理财计划实际终止日）到理财资金返还到账日为还本清算期，认购清算期和还本清算期内不计付利息
购买方式	在理财计划认购期内，请高净值客户携带本人身份证件和招商银行一卡通到招商银行营业网点或通过招商银行网上个人银行专业版、大众版办理认购
单笔认购上限	单笔投资者认购上限为 1 亿元和本理财计划规模上限（如有）的较小值
节假日	中国法定公众假日
对账单	本理财计划不提供对账单
税款	理财收益的应纳税款由投资者自行申报及缴纳

资料来源：招商银行官网

(1)发行银行。不同规模和性质的商业银行对银行理财产品收益率具有不同的影响作用。我国的商业银行大致分为以下三类:第一类是五大国有控股银行;第二类是全国性股份制商业银行,该类银行的业务遍及全国并持续扩张,但规模相比国有银行要小;第三类是地方性商业银行,包括城商行或农商行。该类银行的业务主要聚焦于某些地区或者某些城市,规模相对较小,但数量巨大。对于上述不同类型的银行,其信用水平存在一定差异。一般而言,先天具有行政垄断优势,五大国有银行以及股份制银行规模较大、信用水平较高。因而投资者在购买这类银行发行的银行理财产品时,承担的风险相对较低,相应的就必须承受更低的收益率。反之,地方性商业银行信用水平相比国有银行及股份制银行有一定的差距,作为风险的补偿,其发行的银行理财产品需提供更高的收益率。由本书第一章的研究结论可知,当前银行业理财市场参与机构越来越多,并且呈现出国有银行和股份制银行的市场份额加速萎缩、城商行及农商行迅速崛起的特点。但总体而言,国有银行和股份制银行仍占据着绝对的市场主导地位。在客户兑付收益率方面,城商行和农商行相对较高,国有银行和股份制银行的兑付客户收益率相对较低。

(2)产品委托期限。产品委托期限即银行理财产品发行所募集的货币资金投入的时间跨度。一般而言,由于存在着货币的时间价值,预期收益率应与委托期限成正比。此外,委托期限越长,货币丧失流动性的时间也越长,使得对市场进行预判的难度明显增加,将产生风险溢价(risk premium),因此其预期收益率也应该更长。而委托期限越短,市场经济形势的短期变化也相对越小,其面临的风险也就相对越小,所以预期收益率也应该更低。目前发行的银行理财产品期限为7天到3年。

(3)发行对象。一般而言,不同的投资者类型具有差异化的风险偏好以及理财需求。当前阶段,银行理财产品主要发行的对象有个人、机构、同业以及VIP客户。其中,由于受到机构章程的限制,机构资金对流动性和安全性的要求较高,更偏向于保本浮动收益类产品,定价相对较低。而对于银行同业,由于信用评级机制相对健全,加之当前我国银行机构普遍具有政府增信,在银行间做对手盘风险相对较小,这也导致其对应银行理财产品定价相对较低。对于VIP客户,其资产规模以及风险偏好则相对较高,致使其对应的银行理财产品收益率定价相对较高。个人银行理财产品最为常见,资金来源稳定,理财成本相对较高。

(4)提前终止权。顾名思义,它是指投资者或商业银行可以在委托期限结束之前单方终止合约的权利。设置提前终止权的积极意义在于:增强了理财资金的流动性,扩大了投资者的投资选择和投资灵活性,同时有利于商业银行进行市场竞争。但在实际操作中,提前终止权多是单方面属于商业银行,因而一些银行在面临外部风险时，为进行"刚性兑付"而触发提前终止权，而为之付出的成本极小（张歆，2015），这对投资者而言是不公平的，有可能导致其投资机会的错失。从银行理财产品定价的角度来说，无论是投资者还是商业银行拥有提前终止权，依据 B-S 公式，这个权利应该具有一定的价值。具体表现为：当投资者拥有提前终止权时，其理财投资收益应略微下降；当商业银行拥有提前终止权时，其给出的银行理财产品预期收益率应相应上浮。

（5）募集金额。募集金额是指银行理财产品计划募集金额。为了完成高目标的募集金额，发行银行通常会通过提高银行理财产品预期收益率的方式吸引更多的资金流入。尽管起始阶段发行银行宣传的只是预期收益率，但从相关统计数据来看，当前阶段我国银行理财产品预期收益率与最终兑付收益率高度吻合，因此可近似认为募集金额与银行理财产品实际收益率成正比。但也应注意，募集金额越高，越有利于对理财资金进行分散管理从而降低风险，但会削弱整体产品的收益率。鉴于我国银行理财产品刚性兑付的存在，本书倾向于认为更高的募集金额会带来更高的银行理财产品收益。

（6）保本率。当前阶段，我国商业银行理财产品在本金保护方面的特征非常明显。之所以会出现这种情况，主要有以下几点原因。第一，社会整体风险偏好较低，银行理财产品客户群体的整体也不例外。这类群体对本金的保护要求极高，促使银行在设计产品时加大了本金保护的力度。第二，我国银行理财业务发展的历史尚不够长，投资者的风险意识有待培育，通过本金 100%保护甚至最低收益保障的形式，更利于产品的推广和募集。第三，货币基金和互联网金融产品的冲击越来越大，银行理财产品如果不能实现本金保护，将面临较大的资金分流压力。

（7）其他。对于一些正处于发展当中的创新型银行理财产品，其定价还会受到一些特定因素的影响。例如，对于结构化银行理财产品，参与率和内嵌期权结构设计是两个很重要的因素。其中，参与率是指结构化产品中期权部分相对于挂钩资产的变动情况，是投资者实际可以得到的收益率比例，例如，参与率为 80%，则挂钩资产价格上升 30%，投资者便可以得到 30%×80% = 24%的回报。一般来说参与率与保本率成反比，保本率越高，可以动用的资金用于参与买卖挂钩资产的比率越低，参与率也随之降低。此外，当期权部分挂钩资产波动率较大时，一般也适当下调参与率，因为较高的波动率必然会使期权价格上升。参与率的设定可以得到较为直观的理解：$C_T = \alpha \max(S_T - K, 0)$。其中，$C_T$ 为期权价格，α 为参与率，S_T 为标的资产价格，K 为执行价格。从国内已经发行产品的结构化产品的保本情况可以看出，超过 90%的产品保本率都达到了100%，说明国内投资者在投资结构化产品时对于本金保障的要求较高，而固定收益投资部分的收益率存在上限，因此只能在结构化产品设计时降低购买期权部分的金额，参与率是其中最简单且最常用的一种方式。除了参与率，内嵌期权结构设计也可以降低期权权利金，对产品发行方来说，较低的权利金能够给其带来更多的产品设计空间。当然，产品发行方也不能为降低期权权利金而设计极为复杂的期权品种，因为产品的易懂性是其能够吸引投资者的基本要素。内嵌期权的创新设计种类不胜枚举，但是从已经发行的结构化产品呈现出的投资者偏好、国内期权产品对冲工具的现状及当前整体的市场环境来看，商业银行在结构化产品的内嵌期权设计上存在多重限制因素，其采用的设计结构目前主要有价差期权和障碍触碰期权。其中，价差期权是用两个或多个相同类型的期权构成的一种复合期权。以最为常见的牛市价差期权为例，其构建方式是买入一个基于股票价格且执行价较低的看涨期权，同时卖出一个基于相同股票且执行价较高的看涨期权。障碍碰触期权是指事先设定一个或者几个障碍值，在未触碰到障碍值时期权的现金流与常规期权类似，但当触碰到障碍值后现金流会突然改变，改变后的现金流由事先约定。障碍触碰期权一般分为美式和欧式两种，美式障碍触碰期权是指在期限内只要任意某个时间点触碰障碍值即生效，而欧式障碍碰触期权是指期限末是否触碰障碍值。

第二节　银行整体银行理财产品智能定价影响因素

整体理财是指单个银行的理财业务的合集，其子集包括个人理财业务、公司理财业务以及同业理财业务。之所以提出"整体理财"的概念，是基于以下考虑：对于个人理财业务、公司理财业务以及同业理财业务，其具有各自鲜明的特点，在进行运营决策时遵循各自的逻辑与方法，以追求局部利益最大化。但是对银行整体而言，其运营决策时需要统筹的关系更多，在监管层面所受到的限制更为错综复杂。因此，有时个体银行理财产品追求局部利益最大化的行为并不符合银行整体的利益诉求。这就要求我们从银行整体视角审视银行理财产品的定价行为。例如，从成本角度来看，一般个人理财业务成本最高，而同业理财业务成本最低（与市场资金的价格正相关），公司理财业务的成本则介于两者之间。那么银行在发售银行理财产品时，为何不全部以同业理财销售来获得利益最大化呢？这是因为，同业银行理财产品的受众非常有限，可能仅有几家银行作为客户，然后每个客户购买 3 亿~50 亿元的产品。这就导致一旦客户流失，银行理财产品规模将迅速缩水，银行将面临很大的流动性管理风险。而与之相比，个人理财业务具有客户分散、产品余额稳定等特点，能在一定程度上规避银行理财产品规模波动导致的流动性管理风险。又如，银行理财产品对于银行机构而言具有变相揽储、维系客户等多方面的作用。因而在某些时候，银行机构会主动给客户让利。典型的一个例子是在竞争激烈的外币理财领域，实际上其并不直接给银行贡献利润，而是在与之相关的产品和服务领域给银行带来一定的收益。对于上面所列示的两个例子，如果基于个体银行理财产品视角去考虑是非理性的，但基于整体银行理财产品视角加以审视则会得出相反的结论。因而有必要基于整体银行理财产品视角对银行理财产品的定价问题做进一步探讨。对于整体银行理财产品智能定价的影响因素，多偏重于一些宏观的、外部的因素，这些因素会对商业银行整个理财业务的定价行为产生系统性的冲击，与商业银行理财业务的整体战略规划以及发展目标休戚相关，商业银行不得不对之加以重视。

一、资产因素

基于整体银行理财产品视角，资产因素是指与银行理财产品发行所募资金投资运营的收益和风险相关的一些因素，主要包括基础资产配置的结构、标的资产的风险溢价。

（1）基础资产配置的结构。银行理财资金的投向与银行理财产品的定价休戚相关。要想覆盖负债端成本，商业银行必须找到合适的投资渠道进行资产配置。从本书第一章的研究中可知，基础资产配置的结构时刻处于变动之中，这是监管政策限制以及资金逐利性的综合体现。例如，2014 年以来 A 股市场走牛之后，商业银行有了实体经济以外的高收益资产对接，导致大量银行理财资金通过信托、资管、基金子公司等渠道绕道进入股市。而在经历了 2015 年"去杠杆"后，银行理财资金的避险情绪则又提升。当前阶段，股灾之后打新等固定收益产品收益下降，债券市场违约事件频发，社会整体存在"资产荒"的困境，迫使银行降低风险偏好，这对其银行理财产品的定价产生重要影响。此时，发掘新资产、寻找新投向成为商业银行开展理财业务时面临的首要问题。

（2）标的资产的风险溢价。风险一直是影响产品价格的重要因素之一，也是现代金融学关注的重点问题之一。按照风险溢价的思想，收益与风险必须相匹配。因此，当投资期望获得较高的收益时，其投资行为必然内在地具有较大的风险。银行理财产品所面向的客户群具有不一致的风险偏好，因而银行在设计银行理财产品时，须根据风险偏好的高低选择不同类型的标的资产。例如，利率、票据、信贷、债券资产风险较低，因而以之为标的资产的银行理财产品预期收益率一般也较低；而汇率、商品、股票、非标资产等风险相比较高，以之为标的资产的银行理财产品将会设置较高的预期收益率。值得注意的是，由于我国银行理财业各项体制机制仍有待完善，商业银行在设计银行理财产品时不一定遵循风险溢价思想。由此导致的结果是银行理财产品的设计不能涵盖全风险谱系，劣币驱逐良币的现象泛滥。

二、负债因素

基于整体银行理财产品视角,负债因素是指与银行理财产品发售相关的一些因素,主要包括无风险利率、替代品竞争、产品和服务的创新力度等。

(1)无风险利率。随着经济的发展和社会的进步,居民的资产保值增值意识显著提升。在"负利率"长期存在的大背景下,银行理财产品因其收益相比银行存款要高、风险相比资本市场要小,从而成为社会大众进行投资的重要选择之一。对于银行理财产品的定价,无风险利率是一个显而易见需要重点考虑的问题。传统意义上,受到管制限制的存款利率代表着无风险利率。投资者在选择银行理财产品时,会对同期限存款利率与银行理财产品收益率之间的差异比较敏感,在设定期望投资收益率时,往往会在同期存款利率上增加一个风险溢价。但随着利率市场化进程的加快,以及银行理财产品和互联网货币基金的持续发展,对于大多数投资者来说,几乎没有风险的可随时支取的互联金融产品收益率被主观视为短期无风险利率,是其资金机会成本的重要参考标准。而对于另一些投资者而言,有银行或国家背书的"刚性兑付"银行理财产品收益率,则被当作中长期无风险利率的比较基准,一定程度上承担了价格发现的功能。银行机构在对银行理财产品进行定价时,社会的无风险利率是重要的考量因素。无风险利率较高时,将会极大地提高理财资金的机会成本,进而对银行理财产品的定价形成压力,迫使银行机构提供银行理财产品的预期收益率。

(2)替代品竞争。在银行理财产品发展的初期,其作为储蓄替代品,一定程度上缓解了利率市场化之前的资本定价矛盾。但随着利率市场化进程的不断推进、金融脱媒环境下互联网金融的加速崛起,以及银行大额存单的不断扩大发行,银行理财产品已经不能仅仅作为储蓄替代品,其面临着更为激烈而广泛的替代品竞争。同时,当下银行理财处于向资产管理产品转型的进程中,投资者思想意识也在发生着潜移默化的改变,银行理财产品将面临产品再选择的压力。此外,随着大众资管意识的持续进步,股市、债市以及其他投资途径也成为越来越多投资者的选择,这也在一定程度上挤压了同质性银行理财产品的份额,对其定价产生了较大的压力。

(3)产品和服务的创新力度。正如前所述,银行理财产品的设计因素会对其定价产生重要影响,在此不再赘述。在银行理财产品发展的十余年中,商业银行逐渐形成了以产品为中心的理念。这导致其银行理财产品辨识度不高且客户的体验也一般,同质化严重。在定价过程中,若其同类银行理财产品价格低于对手商业银行机构或其他替代性产品,则可能导致客户流失。但反之,定价过高又会使商业银行面临较大的偿付压力,甚至会可能引致违约风险。在此情形之下，商业银行要想在定价环节掌握主动权，尽可能规避潜在的违约风险，需要借助产品和服务的创新。具体而言，商业银行通过综合分析存款目标市场的经济发展情况、人口分布情况、社会文化背景、法律法规、生产消费条件，特别是通过对目标客户的收入状况、消费习惯、现金流结构、储蓄动机、心理特征等进行分析，掌握客户的目标函数，在充分细分的基础上进行产品设计。从而产品内涵将不断得到丰富，产品的差异化、辨识度及与客户的契合性将不断得到改善。

三、外部环境因素

纵观我国银行理财产品的发展历程，可知外部环境因素是银行理财产品得以发展的基本动因和基本条件。基于整体银行理财产品视角，外部环境因素是指影响银行理财产品发售以及所募集资金的投资运营的一些制度及市场因素的综合，主要包括监管政策、利率变动、物价水平变动、汇率变动、货币供应量和经济发展水平等。

（1）监管政策。监管政策的变化会对银行理财产品的定价产生重要影响。自2005年以来，国家陆续出台监管政策对银行理财业务进行规范，而这会对银行理财产品的运作模式、资金投向等诸多因素形成制约。当然，监管政策的变化对银行理财产品定价的影响可能会存在一定的时滞性，并且由于受到其他影响因素的制约，这种影响可能并不明显。例如，对于债券资产的配置，其在2008年以后的配置比例一直维持在24%~30%，总体比例保持稳定。2009年以后，监管层陆续出台规范银信合作的文件，使得以非标为代表的其他类资产比例逐渐挤压了信贷资产，银行理财产品的预期收益率开始逐渐上升。而自从2011年9月银监会加大了对理财业务风险管控的力度之后[1]，商业银行通过发行短期限、高收益银行理财产品进行变相高息揽储的行为受到极大的抑制，1月期以内银行理财产品的发行数量大幅下降，并由此引致银行理财产品收益率的下降。到2013年3月，为了规范理财资金流向高收益率非标资产，监管层出台了银监会《8号文》，致使理财资金流向非标资产的比重大幅下降，银行理财产品收益率随即下行，并于当年5月达到最低。而在2016年7月的理财新规后，银监会对理财监管又有新动作，主要表现为两点：一是对表外理财计提风险资本，控制表外信贷规模；二是由中央国债登记结算有限责任公司发起，经财政部、银监会同意设立的银行业理财登记托管中心有限责任公司（下称"理财登记托管中心"）正式成立，未来有望成为银行理财产品最重要的托管机构。这一系列政策的出台引起了银行理财产品收益率

---

[1] 《中国银监会关于进一步加强商业银行理财业务风险管理有关问题的通知》。

的又一轮下行。综上可知，监管政策对银行理财产品收益率的影响是非常复杂但不容忽视的因素。2005年至今国家出台的监管政策如表3-2所示。

表3-2 银行理财业务监管政策

发布日期	政策文件	要点
2005/9/24	《商业银行个人理财业务管理暂行办法》（银监会[2005]2号）	标志着银行理财业务正式规范化。提出了开展银行理财业务的原则，界定了银行理财业务的概念、分类，建立了银行理财业务的管理、监管以及风控框架
2005/9/24	中国银行业监督管理委员会关于印发《商业银行个人理财业务风险管理指引》的通知（银监发[2005]63号）	指出商业银行应当对个人理财业务实行全面、全程风险管理。应包括法律风险、操作风险、声誉风险等主要风险，也应包括理财计划或产品包含的相关交易工具的市场风险、信用风险、操作风险、流动性风险以及商业银行进行有关投资操作和资产管理中面临的其他风险
2006/4/17	中国人民银行、中国银行业监督管理委员会、国家外汇管理局关于发布《商业银行开办代客境外理财业务管理办法》的通知（银发[2006]121号）	规范商业银行从事代客境外理财业务，包括业务准入管理、投资购汇额度与汇兑、资金流出入管理、信息披露与监督管理
2006/6/13	中国银监会办公厅关于商业银行开展个人理财业务风险提示的通知（银监办发[2006]157号）	提出银行理财产品的名称应恰当反映产品属性；设计应强调合理性；风险揭示应充分、清晰和准确；高度重视理财营销过程中的合规性管理；严格进行客户评估，妥善保管理财业务相关记录；加强对理财业务市场风险的管理；采取有效方式及时告知客户重要信息；妥善处理客户投诉，减少投诉事件的发生；严格理财业务人员的管理
2006/6/21	中国银监会办公厅关于商业银行开展代客境外理财业务有关问题的通知（银监办发[2006]164号）	提出商业银行递交的与代客境外理财业务相关的内部控制制度，应主要包括：理财业务管理的相关制度、外汇投资或交易管理的相关制度、市场风险管理制度、监管部门要求的其他制度
2007/5/10	中国银监会办公厅关于调整商业银行代客境外理财业务境外投资范围的通知（银监办发[2007]114号）	不得投资于商品类衍生产品、对冲基金以及国际公认评级机构评级BBB级以下的证券；投资于股票的资金不得超过单个银行理财产品总资产净值的50%；投资于单只股票的资金不得超过单个银行理财产品总资产净值的5%
2007/11/28	中国银监会办公厅关于调整商业银行个人理财业务管理有关规定的通知（银监办发[2007]241号）	发行保证收益性质的银行理财产品由批准制改为报告制
2007/12/11	中国银监会办公厅关于开展商业银行个人理财及电子银行业务自评估工作的通知（银监办通[2007]285号）	结合本行业务发展战略和经营投资策略，对个人理财和电子银行业务的经营效益、风险管理、内部控制和操作流程等方面开展自评估
2008/4/3	中国银监会办公厅关于进一步规范商业银行个人理财业务有关问题的通知（银监办发[2008]47号）	履行代客资产管理角色，健全产品设计管理机制；建立客户评估机制，切实做好客户评估工作；规范产品宣传材料，加强产品宣传与营销活动的合规性管理；充分履行银行责任，切实做好信息披露；建立客户投诉处理机制，妥善处理客户投诉；严格理财业务人员管理，提高理财从业人员素质

续表

发布日期	政策文件	要点
2008/10/23	中国银监会办公厅关于进一步加强商业银行代客境外理财业务风险管理的通知（银监发[2008]259号）	设计和销售代客境外银行理财产品必须严格做到成本可算、风险可控、信息充分披露；做好自身摸底清查，严密监测市场风险；密切关注交易对手，防范交易对手风险；积极采取有效措施，全面防范法律风险；加强与客户沟通，妥善处理客户投诉；建立与监管部门高效顺畅的沟通机制
2008/12/9	中国银监会办公厅关于进一步加强信托公司银信合作理财业务风险管理的通知（银监发[2008]297号）	制定应急预案，各信托公司应当逐笔梳理银信合作银行理财产品，对现有银信合作理财业务进行摸底和后评价，加强对有关产品的风险分析和后续管理。建立银信合作理财业务重大事项报告制度
2009/4/28	中国银监会办公厅关于进一步规范商业银行个人理财业务报告管理有关问题的通知（银监办发[2009]172号）	商业银行发售理财计划实行报告制
2009/7/6	中国银监会关于进一步规范商业银行个人理财业务投资管理有关问题的通知（银监发[2009]65号）	建立健全相应的内部控制和风险管理制度体系；确定理财资金的投资范围和投资比例；理财资金用于投资单一借款人及其关联企业银行贷款，或者用于向单一借款人及其关联企业发放信托贷款的总额不得超过发售银行资本净额的10%
2009/12/14	中国银监会关于进一步规范银信合作有关事项的通知（银监发[2009]111号）	信托公司作为受托人，不得将尽职调查职责委托给其他机构；银信合作银行理财产品不得投资于银行理财产品发行银行自身的信贷资产或票据资产
2009/12/23	中国银监会关于规范信贷资产转让及信贷资产类理财业务有关事项的通知（银监发[2009]113号）	应严格遵守资产转让真实性原则。转出方将信用风险、市场风险和流动性风险等完全转移给转入方后，方可将信贷资产移出资产负债表，转入方同时将信贷资产作为自己的表内资产进行管理
2010/8/5	中国银监会关于规范银信理财合作业务有关事项的通知（银监发[2010]72号）	银信合作银行理财产品不得投资于银行理财产品发行银行自身的信贷资产或票据资产
2010/12/3	中国银监会关于进一步规范银行业金融机构信贷资产转让业务的通知（银监发[2010]102号）	银行业金融机构转让信贷资产应当遵守洁净转让原则，即实现资产的真实、完全转让，风险的真实、完全转移
2011/1/13	中国银监会关于进一步规范银信理财合作业务的通知（银监发[2011]7号）	将银信理财合作业务表外资产转入表内；对商业银行未转入表内的银信合作信托贷款，各信托公司应当按照10.5%的比例计提风险资本
2011/8/28	商业银行理财产品销售管理办法（银监发[2011]5号）	规范宣传销售文本管理、产品风险评级、客户风险承受能力评估、销售管理、销售人员管理、销售内控制度
2013/3/25	中国银监会关于规范商业银行理财业务投资运作有关问题的通知（银监发[2013]8号）	商业银行应实现每个银行理财产品与所投资资产（标的物）的对应，做到每个产品单独管理、建账和核算；理财资金投资非标准化债权资产的余额在任何时点均以银行理财产品余额的35%与商业银行上一年度审计报告披露总资产的4%之间孰低者为上限
2014/7/10	中国银监会关于完善银行理财业务组织管理体系有关事项的通知（银监发[2014]35号）	银行应按照单独核算、风险隔离、行为规范、归口管理等要求开展理财业务事业部制改革，设立专门的理财业务经营部门，负责集中统一经营管理全行理财业务

续表

发布日期	政策文件	要点
2016/7/28	《商业银行理财业务监督管理办法（征求意见稿）》	对银行理财业务分类管理，分为基础类理财业务和综合类理财业务；不得直接或间接投资于本行信贷资产及其受（收）益权。不得直接或间接投资于本行发行的银行理财产品；不得直接或间接投资于除货币市场基金和债券型基金之外的证券投资基金；不得直接或间接投资于境内上市公司公开或非公开发行或交易的股票及其受（收）益权；不得直接或间接投资于非上市企业股权及其受（收）益权

资料来源：根据公开资料整理

（2）利率变动。利率可视为资金的时间价值，几乎对所有的金融产品都有着重要影响。利率能够调节资金供求情况和流动性，进而对社会资金的使用成本形成影响。市场上存在多种利率，其对银行理财产品收益率产生的影响各不相同。一般而言，贷款基准利率对信贷类银行理财产品的收益率有着较大的影响。具体表现为，当贷款利率下调时，采用浮动利率贷款的银行理财产品的收益将会下降。观察图 3-2 的数据可以发现，基准利率向银行理财产品预期收益率的传导效率还是比较高的，并呈现出一定的"风险溢价"，除了 2013 年后半年钱荒带动的市场利率上升扰动，其预期收益率的变动趋势与基准利率的变动基本吻合。此外，贴现率与再贴现率对票据类银行理财产品的收益率存在较大影响。而对于债券与货币市场类银行理财产品，央票利率、债券回购利率等对其收益影响显著。而在银行发行的部分结构性理财产会与同业拆放利率挂钩，因此同业拆放利率的变化（Shibor 和 Libor）也会影响其收益。

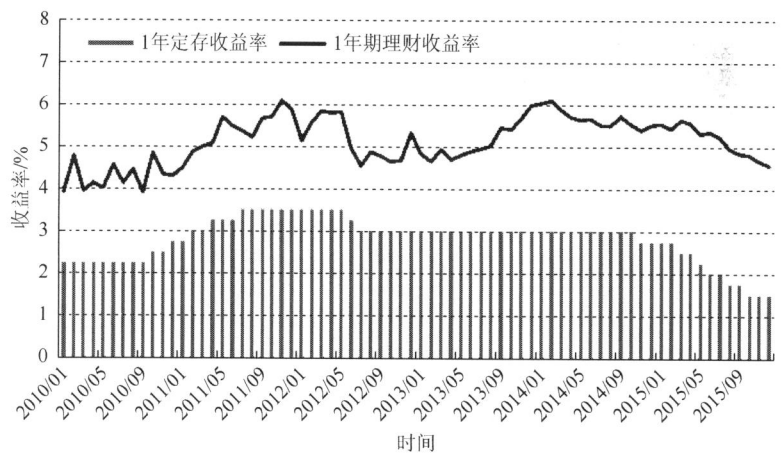

图 3-2　2010～2015 年银行理财产品收益率与 1 年期定存收益率

（3）物价水平变动。一般利用 CPI 或者生产者价格指数（producer price index，PPI）来衡量物价水平的变动情况，其中 CPI 最为常用。中央政府进行宏观调控的重要目标之一便是保持物价水平处于一个合理的区间之内（吕捷和王高望，2015）。按照西方经济学理论，当 CPI 处于 2%~3%时可认为通货膨胀水平较为温和，而当超过 5%时，是比较严重的通货膨胀。物价水平会对居民的投资储蓄行为产生较大的影响。较高的物价水平意味着货币价值或购买力下降，此时出于资产保值增值的需要，居民会寻求能够跑赢通货膨胀的投资渠道。在过去的十几年里，银行理财产品因其高收益和稳健性，逐渐成为居民对抗通货膨胀的利器。一般而言，银行理财产品与通货膨胀预期的周期轮动关系密切，通货膨胀预期强，则银行理财产品发行数量多。有理由相信，银行理财产品的定价会受到 CPI 的影响。

（4）汇率变动。随着全球经济一体化的逐步加强，金融市场全球化和自由化的程度也提高，汇率日益成为对我国金融体系和经济发展产生构成重要影响的因素之一（何诚颖等，2013）。资本市场与外汇市场构成了具有互动关系的系统，这一点在我国近年来资本市场上表现得尤为明显。每逢美联储在加息问题上表现出"鹰派"姿态，包括我国在内的全球资本市场即面临着动荡。对于汇率与资产价格的关系，国内外学者均展开了研究。李成等（2010）认为，资产价格与汇率的波动间存在紧密的联系。而张中华（2007）和张兵等（2008）则认为，市场化程度较高、逐利性动机强烈的国际资本流入会引致两方面的后果：国内资产价格上涨和国外资产价格下跌。这种影响并非是单向的，当国内资产价格开始上涨时，会导致国际资本进一步流入，由此形成自我强化的循环效应。同样，当国际资本开始大规模撤出时，则会造成国内资产价格大幅下降（姚余栋等，2014）。对于银行理财产品而言，一方面，汇率会影响到我国与国际资本间的流动（封福育，2015），加剧金融市场的波动，进而影响到银行理财产品投资标的的收益，从而对银行理财产品的定价产生影响。另一方面，银行理财产品中，有一部分属于汇率挂钩型以及 QDII 产品，这类产品的收益必然会与汇率波动紧密相关，发行银行和投资者不得不考虑汇率波动的风险。

（5）货币供应量。近年来，"货币供应量"日益成为全民比较关注的一个特殊名词，它是指维持一国的社会经济运转所提供的货币存量，该货币存量能够发挥流通和支付功能，主要包括经济社会现金、存款等各种金融资产（陈继勇等，2013）。按照流动性划分，货币供应量可划分为三个层次：第一，M0，也称为狭义货币供应量。它是指流通中的现金。第二，M1。它在 M0 的基础上进一步拓展了货币供应所包含的范围，在经济社会中除流通中的现金，还包括企业、集体、机关团体的存款。第三，M2，就是通常所说的货币供应量。它是在 M1 基础上，进一步将单位或个人的存款纳入其中，称为广义货币供应量，衡量社会总需求和整体通货膨胀水平。在现有的理论和实践经验中，货币供应量被认为能够促进经济发展、金融市场发展。虽然货币政策往往并不直接作用于金融市场，但货币供应量变化会较快地向金融市场传递，从而影响整体市场的表现。例如，经济发展出现过热现象导致央行收紧银根，此时市场的流动性开始降低，商业银行争夺市场资金的动机更加强烈，因此很多银行会提高银行理财产品收益率、吸引更多投资。综上，货币供应量负向影响银行理财产品收益率。

（6）经济发展水平。在经济持续发展、居民理财意识日益增强的今天，银行理财产品因具有高收益性及稳健性，而成为储蓄的重要替代品。对于经济发展水平与银行理财产品智能定价之间的关系，可以从以下几个方面理解。一是经济发展水平决定了社会财富的积累，从而对银行理财产品负债端资金的供给产生影响。二是社会的持续进步以及居民生活水平和文化素质显著提高，将会对其风险偏好以及资产保值增值的方式产生影响。三是处于不同经济发展的阶段，国家会针对性地进行宏观调控，这也会对社会无风险利率以及银行理财产品的定价产生影响。

四、其他因素

除了以上一些因素，银行理财产品的专属性也会对其定价产生一定的影响。专属银行理财产品是指针对具有特殊意义的事件、时间和人物设计的银行理财产品，共有三种主要形式：事件专属理财、时间专属理财及人物专属理财。

（1）事件专属理财。事件专属理财主要是针对某重大事件发行的银行理财产品。例如，中国建设银行"利得盈5.12灾后重建理财1号"，即是以汶川地震为事件专属发行的银行理财产品。

（2）时间专属理财。由于在节假日期间股市、债市休市，市场上的闲置资金很难找到投资途径，于是近年来大部分商业银行理财"逢节必傍"，在特殊的节假日推出相关专属银行理财产品，如端午节、教师节、国庆节、中秋节。一般而言，专属银行理财产品期限短、收益高，因而成为商业银行用来积累人气、开拓市场的利器。

（3）人物专属理财。当前阶段，商业银行的银行理财产品设计更加个性化和多元化，女性特色产品、情人节特殊定制、家庭集体理财等都顺应了未来银行理财产品的发行趋势。这类银行理财产品一般会在常规银行理财产品之上上浮点收益，或赠送一些纪念品。

第四章　银行理财产品智能定价模型

正如本书前面分析的，银行理财产品智能定价受诸多因素的影响。在"个体理财"视角和"整体理财"视角上，又都存在着负债端和资产端的定价博弈问题。这就需要在前面分析的基础上，抽象出一些重要的参数放入博弈模型进行分析，从而为银行理财产品智能定价综合模型算法的确定提供一些科学的参考依据。由于当前商业银行固定期限类银行理财产品大多采用资金池-资产池理财管理模式，而该模式下的资金池与资产池之间各自独立，银行理财产品的利息收入与资产的实际资本利得并不直接挂钩，呈现出分离定价的特点。资金池是多个单一银行理财产品的募集资金整合，资源可能来源于个人、企业、社会团体、同业机构等。资产池则是所募集理财资金进行投资选择后形成的多元化资产包。本章将根据资金池-资产池模式运营的特点，从负债端的募集资金定价以及资产端的资产定价两个方面出发来探讨银行理财产品的智能定价问题，并在此基础上建构银行理财产品智能定价综合模型。

第一节　银行理财产品智能定价影响因素的计量分析

本书第三章中基于银行"个体理财"视角以及银行"整体理财"视角分别对银行理财产品智能定价的影响因素进行了归纳、分析。但上述研究主要还是偏向于定性描述。本节将基于 Wind 数据库中公布的银行理财产品数据，对上面所涉及的影响因素进行计量分析，以进一步佐证银行理财产品智能定价的影响因素。

一、数据来源和变量选择

数据来源和变量选择离不开银行理财业务的实际需求。根据作者多年的工作经验，银行理财定价实际操作步骤有六步：第一步，理财头寸管理员计算出银行理财的拟发行规模，并根据不同客群、不同期限和不同产品定位等要素进行发行规模分类；第二步，理财市场分析人员按要求读取市场近期的对标理财产品的要素特征，包括但不限于发行主体、发行规模、发行价格、销售区域、销售客户属性和产品期限等；第三步，定价人员根据前两步获取的数据进行模型试算得到初步定价；第四步，定价经理在初步定价的基础上，结合银行各部门的战略进行调整得出拟报批定价；第五步，业务人员将拟报批定价按银行内部流程上报审批；第六步，经过多轮审批后，理财产品的定价完毕，进入销售发布环节。

本书选取的银行理财产品涉及 423 家银行，包括各种类型的银行发行的不同种类的银行理财产品。银行理财产品数据全部来自于 Wind 数据库金融终端，发行起止时间为 2013 年 10 月 8 日到 2015 年 1 月 31 日。此外，本书中涉及的宏观经济数据来源于 CSMAR 数据库。在对数据进行回归分析之前，本书首先通过 Excel 软件对收集的银行理财产品数据进行了预处理，共筛选出 61 808 款具有完整数据的银行理财产品。由于银行理财产品有预期最高收益率和预期最低收益率两个收益率指标，遇到这种情形，本书选取预期最高收益率作为银行理财产品价格变量，与只有一个预期收益率的银行理财产品一起统计，在后面的实证分析中用 Re 表示。原因如下：第一，银行卖出银行理财产品主要是通过宣传预期收益率高低，而投资者买卖银行理财产品最主要也是基于预期收益率状况。因此，预期收益率实际上起到了价格信息传递的作用。第二，从银行理财产品实际收益率与预期收益率的对比情况来看，预期最高收益率与实际收益率吻合的程度较高，因而预期最高收益率具有更高的可行性和代表性。鉴于数据的可得性，上面提到的一些因素将不会纳入回归分析。为克服统计分析中离群值的影响，本书对部分变量进行了 Winsorize 处理。计量分析通过 Stata11.0 完成。

二、模型设定

由上述内容可知，对于个体银行理财产品智能定价的影响因素，多偏重于一些与银行理财产品设计、运营相关的微观要素。而对于整体银行理财产品智能定价的影响因素，多偏重于一些宏观的、外部的因素，这些因素会对商业银行整个理财业务的定价行为产生系统性的冲击。为全面、综合地探讨银行理财产品智能定价的影响因素，本节将基于要素的整合视角，将影响银行理财产品智能定价的宏观、微观要素纳入统一分析框架中，利用回归模型对其进行分析。经过对数据的初步观察以及参考其他学者的研究结果，为检验银行理财产品智能定价的影响因素，本书构建如下检验模型：

$$\text{Re} = \beta_0 + \beta_1 \sum G_i + \beta_2 \sum Z_i + \sum \text{Month} + \varepsilon \quad (4\text{-}1)$$

其中，Re 为银行理财产品预期收益率；$\sum G_i$ 为个体理财定价影响因素；$\sum Z_i$ 为整体理财定价影响因素；$\sum \text{Month}$ 为月份的虚拟变量；ε 为随机扰动项；β_0、β_1、β_2 为常数系数。模型中各变量的具体含义见表 4-1。

表 4-1 变量定义与计量一览表

变量类别	变量名称	变量定义或计算方法
因变量	Re/%	银行理财产品预期收益率
个体理财定价影响因素	Bank/%	发行银行，按银行性质将所有银行划分为国有商业银行、股份制银行、城商行以及外资银行四类。其中国有商业银行对应"1"，股份制银行对应"2"，城商行对应"3"，外资银行对应"4"
	currency	币种，其中本币银行理财产品赋值为 0，外币银行理财产品赋值为 1
	Term/天	产品期限
	Ratio/%	保本比例
	Cp/%	同类产品价格，按发行银行类型、期限、收益类型等因素选定对标银行理财产品，取其平均值作为同类银行理财产品价格
	Amount	募集金额，取对数
	Object	发行对象，分为个人、机构以及 VIP 三类
	area	发行地区，发行地区为全国赋值为 0，其他赋值为 1
整体理财定价影响因素	CPI/%	消费者价格指数
	M2	货币供应量，取对数
	rf/%	1 年期银行存款利率
	Loan	贷款增加量，取对数
	Shibor/%	上海银行间同业拆放利率
	nadebt/%	国债月平均收益率
	Shang/%	上证指数月平均收益率
	hulw	互联网金融发展指数
	hb	货币基金指数
控制变量	Month	月份

表 4-2 报告了参与回归分析的主要变量的相关系数矩阵。由表 4-2 可知，部分变量之间的相关系数较大（如 CPI 与 M2、hulw、hb 等之间的相关系数均在 0.7 以上），这预示着如果所有的变量均进入回归方程，可能会存在较为严重的多重共线性问题。

三、描述性统计分析

在进行回归分析之前，本书首先对主要变量进行描述性统计分析。全体样本的变量描述性统计分析结果见表 4-3。由表 4-3 可知，样本银行理财产品的平均预期收益率为 5.25%，平均产品期限为 116.85 天。

表 4-2 变量相关系数矩阵

变量	Re	Ratio	Term	rf	CPI	Loan	Amount	Shibor	Cp	nadebt	Shang	M2	area	hulw	hb	currency
Re	1															
Ratio	−0.5603*	1														
Term	0.1872*	−0.0837*	1													
rf	0.0154	−0.0139	−0.0049	1												
CPI	0.0584*	−0.0337*	−0.0091*	**0.5967***	1											
Loan	0.0447	−0.0045	0.0018	−0.2653*	−0.3145*	1										
Amount	0.1234*	−0.1115*	−0.0961*	0.0375*	0.0468*	0.0068	1									
Shibor	0.1989*	−0.0374*	−0.0122*	−0.1182*	0.2881*	0.0578*	0.0311*	1								
Cp	0.6005*	−0.2452*	0.1558*	0.0282*	0.0861*	0.0671*	0.1428*	0.2503*	1							
nadebt	−0.0061	0.0403*	0.0043	−0.1143*	−0.5044*	0.2259*	−0.0367*	−0.4382*	−0.0087	1						
Shang	−0.1199*	0.0343*	0.0088*	−0.5196*	−0.4260*	−0.2287*	−0.0517*	−0.2349*	−0.1769*	−0.0027	1					
M2	−0.1453*	0.0621*	0.0092*	−0.5177*	−0.7088*	0.2442*	−0.0598*	−0.5613*	−0.2053*	0.6517*	0.5068*	1				
area	−0.0093*	0.0013	0.0033	0.0440*	0.0530*	−0.0095	0.0222*	0.0097*	0.0028	−0.0311*	−0.0358*	−0.0403*	1			
hulw	−0.0954*	0.0318*	0.0105*	**−0.8207***	**−0.8237***	0.1158*	−0.0600*	−0.0802*	−0.1450*	0.4415*	**0.5901***	**0.8530***	−0.0638*	1		
hb	−0.0950*	0.0231*	0.0141*	**−0.7351***	**−0.7758***	0.1060*	−0.0517*	−0.2394*	−0.1448*	0.4983*	**0.6301***	**0.7887***	−0.0505*	**0.8770***	1	
currency	−0.3871*	0.1486*	0.1613*	0.0129*	0.0114*	−0.0064	−0.2761*	−0.0128*	**−0.7378***	0.0035	−0.0011	−0.0034	−0.0412*	−0.0168	−0.0129	1

* 表示显著

注：加粗表示相关系数较高

表 4-3　全体样本的变量描述性统计

变量	mean	p50	sd	min	max	N
Re	5.25	5.35	0.77	1.16	15.5	61 808
Ratio	34.68	0	48.21	0	107.2	61 808
Term	116.85	90	104.86	2	3 653	61 783
rf	2.96	3	0.09	2.75	3	61 808
CPI	2.09	2.3	0.64	0.8	3.2	61 808
Loan	8.95	8.96	0.35	8.26	9.6	61 808
Amount	11.32	10.82	1.18	4.61	19.52	61 808
Shibor	4.74	4.38	0.91	3.57	7.66	59 519
Cp	5.23	5.3	0.52	1.95	6.5	60 758
nadebt	0.28	0.32	0.47	−1.57	0.68	61 808
Shang	0.04	0.01	0.06	−0.05	0.19	61 808
M2	13.98	14	0.04	13.88	14.03	61 808
hulw	153.14	140.3	51.49	85.1	262.3	54 533
hb	127.84	125.1	15.13	100	152.8	54 533

注：mean 是均值；p50 是 50 分位数；sd 是方差；N 是数量

按银行理财产品发行币种来看，分币种的变量描述性统计如表 4-4 所示，可知本币、外币银行理财产品在预期收益率、产品期限等要素方面存在一定差异。具体而言，本币银行理财产品的预期收益率相比外币银行理财产品要高，而产品期限则相对较短。

表 4-4　分币种的变量描述性统计

变量	本币银行理财产品					外币银行理财产品				
	mean	sd	min	max	N	mean	sd	min	max	N
Re	5.3	0.66	2.1	15.5	60 453	2.77	1.05	1.16	5.6	1 355
Ratio	33.61	47.86	0	107.2	60 453	82.53	38.6	0	104	1 355
Term	114.31	102.76	2	3 653	60 428	229.81	132.08	7	549	1 355
Amount	11.37	1.12	10.31	19.52	60 453	9.15	1.35	4.61	16.12	1 355
Cp	5.28	0.34	3.35	6.5	59 403	2.71	0.53	1.95	5.42	1 355

按银行理财产品发行区域来看，分发行地区的变量描述性统计如表 4-5 所示，可知两组样本在各个要素方面的差异非常小。

表 4-5 分发行地区的变量描述性统计

变量	发行地区为全国					发行地区为某区域				
	mean	sd	min	max	N	mean	sd	min	max	N
Re	5.25	0.79	1.16	15.5	47 639	5.24	0.67	1.2	10	14 169
Ratio	34.65	48.31	0	106.8	47 639	34.8	47.89	0	107.2	14 169
Term	116.66	104.92	2	3 653	47 622	117.47	104.67	7	1 096	14 161
Amount	11.3	1.17	4.61	18.42	47 639	11.37	1.2	4.61	19.52	14 169
Cp	5.22	0.54	1.95	6.5	46 877	5.23	0.41	1.95	6.5	13 881

按发行对象来看，分发行对象的变量描述性统计如表 4-6 所示，可知发行对象为 VIP 的银行理财产品预期收益率最高，个人银行理财产品其次，机构银行理财产品预期收益率最低。

表 4-6 分发行对象的变量描述性统计

变量	发行对象为个人				发行对象为机构				发行对象为 VIP			
	mean	min	max	N	mean	min	max	N	mean	min	max	N
Re	5.27	1.16	15.5	42 443	4.97	3	9	4 083	5.32	1.6	8.3	2 778
Ratio	33.99	0	107.2	42 443	41.32	0	105.8	4 083	30.32	0	106	2 778
Term	118.47	2	3 653	42 421	92.68	3	1 096	4 083	112.93	7	798	2 775
Amount	11.24	4.61	18.42	42 443	12.7	10.82	19.52	4 083	11.83	8.99	17.73	2 778
Cp	5.21	1.95	6.5	41 400	5.21	3.14	6.5	4 083	5.18	1.95	6.09	2 771

四、回归分析

表 4-7 报告了银行理财产品收益率影响因素的回归结果。需要注意的是，由于前面所涉及的几个变量 Shang、M2、hulw、hb、rf 与其他变量存在较为严重的共线性问题，在进行回归时被删除。其中模型（1）是未控制月份情况下的回归结果，模型（2）为控制了月份情况下的回归结果。为了减小极值的影响，同时检验估计结果的稳健性，本书对全体样本数据进行了中位数回归，结果如第三列（模型（3））。模型（1）～模型（3）系数的标准误均为修正了异方差和序列相关后的 White-Huber 估计量。

由回归结果可知，模型（2）和模型（3）的结果基本一致，表明回归结果较为稳健。其中，保本比例 Ratio 与预期收益率 Re 负相关，符合风险溢价原理，这与朱宏泉等（2016）的研究结论一致。而产品期限 Term 则与预期收益率 Re 正相关，这符合资金时间价值理念以及流动性溢价原理。募集金额 Amount 与预期收益率 Re 正相关，表明较高的募集金额有助于提高银行理财产品实际收益率。同类产品价格 Cp 与预期收益率 Re 正相关，表明很多商业银行机构在对银行理财产品进行定价时，可能采用"跟随策略"。上海银行间同业拆放利率 Shibor 与预期收益率 Re 正相关，表明银行理财产品预期收益率与货币市场利率联动较强，毕竟货币市场是理财资金的主要投向之一。同样，债市也是理财资金的主要投向之一，而回归结果正好显示国债月平均收益率 nadebt 也与预期收益率 Re 正相关。消费者价格指数 CPI 与预期收益率 Re 负相关，可能的原因在于通胀预期强，银行理财产品发行数量多，从而流入银行理财市场的资金较为充沛，在供需关系的作用下导致银行理财产品预期收益率下降。在其他变量方面，股份制银行虚拟变量 Bank_d2 的回归系数显著为负，表明其银行理财产品收益率相比国有商业银行要低。城商行虚拟变量 Bank_d3 回归系数显著为正，表明其银行理财产品收益率相比国有商业银行要高。外资银行虚拟变量 Bank_d4 回归系数也显著为负，表明其银行理财产品收益率相比国有商业银行要低。上述结论与本书第一章中列示的《中国银行业理财市场报告》（2015 年）中的部分结论基本一致。而对于发行地区 area，全国和非全国样本的收益率变量值 area_d2 回归系数并未显现出显著差异。在发行对象 Object 方面，发行对象为机构的虚拟变量 Object_d2 的回归系数显著为负，而发行对象为 VIP 的虚拟变量 Object_d3 的回归系数显著为正，这同样与本书第一章的统计分析结论一致。此外，对于币种，变量 currency_d2 的系数显著为负，表明外币银行理财产品的收益率相比本币银行理财产品要低。

表 4-7 银行理财产品收益率影响因素的回归结果

变量	模型（1） OLS	模型（2） OLS	模型（3） QR
Ratio	−0.006***	−0.007***	−0.007***
	(−131.02)	(−132.32)	(−186.07)
Term	0.001***	0.001***	0.001***
	(25.54)	(28.76)	(39.30)
Amount	0.019***	0.017***	0.026***
	(10.49)	(9.57)	(16.67)
nadebt	0.093***	0.033***	0.038***
	(19.23)	(3.77)	(4.10)
Shibor	0.075***	0.082***	0.083***
	(27.16)	(18.70)	(22.75)
Cp	0.594***	0.510***	0.419***
	(64.75)	(44.05)	(51.09)
CPI	−0.017***	−0.099***	−0.102***
	(−5.05)	(−11.26)	(−11.07)

续表

变量	模型（1） OLS	模型（2） OLS	模型（3） QR
Bank_d2	−0.072***	−0.056***	−0.103***
	(−11.32)	(−8.49)	(−19.92)
Bank_d3	0.020***	0.046***	0.175***
	(3.45)	(7.36)	(36.59)
Bank_d4	−0.065*	−0.120***	−0.186***
	(−1.80)	(−3.30)	(−9.02)
	(−5.17)	(−5.50)	(1.46)
area_d2	−0.004	−0.003	−0.008
	(−0.85)	(−0.79)	(−0.35)
Object_d2	−0.273***	−0.273***	−0.209***
	(−34.49)	(−34.42)	(−30.68)
Object_d3	0.043***	0.044***	0.064***
	(5.65)	(5.95)	(8.11)
currency_d2	−0.001	−0.219***	−0.471***
	(−0.03)	(−6.06)	(−19.25)
_cons	1.731***	2.252***	2.455***
	(37.82)	(33.23)	(47.70)
Month	不控制	控制	控制
N	58 726	58 726	58 726
r^2	0.576	0.579	—
r^2_a	0.576	0.579	—
F	3 855.007	2 389.589	

*、***分别表示显著性水平为 0.1、0.01

注：括号中数值为回归系数的 t 值；由于篇幅所限，月份虚拟变量并没有列示在表中；_cons 为常数项；r^2 为方差项；OLS 是线性回归；QR 是中位数回归

综上可知，无论是个体理财定价影响因素还是整体理财定价影响因素，其对银行理财产品的定价确实存在显著影响。因此在对银行理财产品进行定价时，应对上述因素进行统筹考虑。

第二节　基于个体理财视角的银行理财产品智能定价博弈

依据《暂行办法》提出的"商业银行应对理财计划的资金成本与收益进行独立测算"要求，针对资金池-资产池理财模式具有分离定价的运营特点，可知银行理财产品的定价大致可分为两个部分：第一，确定资金端的募集资金价格（在银

行理财产品的说明书上披露），即确定银行理财产品发行指导利率；第二，对所募集资金的投向进行选择，即对投资标的进行定价，确定入池指导利率，以保证到期偿付银行理财产品说明书上规定的收益率。以下将利用博弈论的相关思想，针对上述两个部分的内容进行探讨。

一、负债端的定价博弈

如前所述，负债端的定价博弈旨在为银行理财产品发行指导利率的确定提供参考。鉴于当前银行理财市场呈现出显著的寡头垄断格局，本节将参考经典Bertrand模型来分析银行间个体银行理财产品的智能定价问题。在该模型中，Bertrand将价格作为企业竞争的决策变量（侯晓辉等，2011；高蓓和章元，2010；Etro and Rossi，2015）。为简化问题分析，本书只考虑一个有两家银行的市场，其提供差异化的同类银行理财产品用以吸引理财资金流入，整个行业竞争格局为双头寡占。对于银行机构而言，其以利润最大化为追求目标，这就意味着社会福利并不在本书的考虑范围之内。为募集更多的资金来追求利润最大化的目标，银行机构需要确定某类银行理财产品的"价格"（即产品说明书上规定的预期收益率，本书主要考虑利率型银行理财产品）。不同种类银行理财产品"价格"的确立是相互独立的决策过程，也就是说，这里探讨的是一个局部均衡的问题。参考Purroy和Salas（2000）提出的模型，本书作如下设定：

$$D_i = \gamma + \alpha r_i - \beta r_j \quad (i,j=1,2,i \neq j, \alpha > \gamma, \alpha > \beta) \tag{4-2}$$

其中，D_i为银行机构通过发售某类银行理财产品所募集到的资金量；r_i为资金的"价格"，即理财说明书上规定的预期收益率；γ、α、β为常数系数。可以看出，任何一家银行机构预期收益率上升都会吸收到更多的理财资金，而对手银行机构预期收益率的提高则会导致本机构该类理财资金流失，且本机构预期收益率上升增加的理财资金量大于对手银行机构预期收益率提高导致的自己银行理财资金减少量。需要注意的是，与一般的需求曲线相比，银行理财产品的需求曲线是向上的。

进一步简化模型，同时为了不失一般性，本书对两家银行通过发售银行理财产品所能募集到的资金进行"标准化"处理（等式两边同时除以常数α），从而得到与Saha和Sensarma（2004）提出的利率竞争模型类似的式子：

$$D_i = r_i - \theta r_j \quad (i,j=1,2,i \neq j, 0 < \theta < 1) \tag{4-3}$$

其中，θ为两种银行理财产品的替代程度，越接近1表明产品替代性越强（异质性越小）。银行理财产品的异质性可能体现为理财币种、期限、挂钩资产、付息周期、委托金额、信用等级等要素的组合。由于γ相对于α非常大，为简化问题分析，本书省略了γ/α项。事实上，γ/α项具有一些很有意思的特征，本书将在

下面内容中对存在 γ/α 项的扩展利率竞争模型进行分析。在上述条件下，容易得到银行机构的支付函数，如下：

$$\pi_i(r_1,r_2) = (R_i - r_i)(r_i - \theta r_j) \quad (i,j=1,2, i\neq j, R_i > 0, 0 < \theta < 1) \quad (4\text{-}4)$$

其中，R_i 为银行机构 i 募集到的理财资金进行投资后获得的收益率，是资产端的某类银行理财产品的整体收益率。式（4-4）对 $r_i(i=1,2)$ 求一阶条件可得

$$\begin{cases} \dfrac{\partial \pi_1(r_1,r_2)}{\partial r_1} = R_1 - 2r_1 + \theta r_2 = 0 \quad (0<\theta<1) \\ \dfrac{\partial \pi_2(r_1,r_2)}{\partial r_2} = R_2 - 2r_2 + \theta r_1 = 0 \quad (0<\theta<1) \end{cases} \quad (4\text{-}5)$$

进一步对 $r_i(i=1,2)$ 求二阶条件，可得

$$\begin{cases} \dfrac{\partial^2 \pi_1(r_1,r_2)}{\partial r_1^2} = -2 < 0 \quad (0<\theta<1) \\ \dfrac{\partial^2 \pi_2(r_1,r_2)}{\partial r_2^2} = -2 < 0 \quad (0<\theta<1) \end{cases} \quad (4\text{-}6)$$

从而易知 (r_1^*, r_2^*) 为极大值点，表达式如式（4-7）所示：

$$\begin{cases} r_1^* = \dfrac{2R_1 + \theta R_2}{4-\theta^2} \quad (0<\theta<1) \\ r_2^* = \dfrac{2R_2 + \theta R_1}{4-\theta^2} \quad (0<\theta<1) \end{cases} \quad (4\text{-}7)$$

进一步将式（4-7）代入式（4-4），可以求得银行机构的均衡利润，如式（4-8）所示：

$$\begin{cases} \pi_1^* = \dfrac{(-R_1\theta^2 + 2R_1 - \theta R_2)^2}{(4-\theta^2)^2} \quad (0<\theta<1) \\ \pi_2^* = \dfrac{(-R_2\theta^2 + 2R_2 - \theta R_1)^2}{(4-\theta^2)^2} \quad (0<\theta<1) \end{cases} \quad (4\text{-}8)$$

以下将对式（4-7）和式（4-8）进行分析。

推论 4-1 对于银行机构发售的银行理财产品，其价格（产品说明书上的预期收益率）与本机构所募集资金的投资收益率呈正相关关系，与对手银行机构所募集资金的投资收益率亦呈正相关关系；此外，银行理财产品的异质性越小，其价格越高。

构造函数 $r_1^*(R_1,R_2,\theta) = \dfrac{2R_1 + \theta R_2}{4-\theta^2}(0<\theta<1)$，分别对 $R_i(i=1,2)$、θ 求一阶条件得

$$\begin{cases} \dfrac{\partial r_1^*}{\partial R_1} = \dfrac{2}{4-\theta^2} > 0 \\ \dfrac{\partial r_1^*}{\partial R_2} = \dfrac{\theta}{4-\theta^2} > 0 \qquad (0 < \theta < 1) \\ \dfrac{\partial r_1^*}{\partial \theta} = \dfrac{R_2\theta^2 + 4R_1\theta + 4R_2}{(4-\theta^2)^2} > 0 \end{cases} \quad (4\text{-}9)$$

由式（4-9）可知，银行理财产品的价格（预期收益率）对本机构所募集资金的投资收益率、对手银行机构所募集资金的投资收益率以及产品异质性程度求偏导数后，其系数均大于 0。由于银行机构 1 和银行机构 2 的决策过程具有对称性，对银行机构 2 均衡利率的一阶条件进行讨论也能得到同样结论。综上可知，推论 4-1 是成立的。

推论 4-2 对于银行机构发售的银行理财产品，其均衡利润与本机构所募集资金的投资收益率呈正相关关系，与对手银行所募集资金的投资收益率呈负相关关系。此外，银行理财产品的异质性越小，其均衡利润越低。

已知
$$\pi_1^* = \frac{(-R_1\theta^2 + 2R_1 - \theta R_2)^2}{(4-\theta^2)^2} \quad (0 < \theta < 1)$$

构造函数：
$$f(R_1, R_2, \theta) = \left| \frac{-R_1\theta^2 + 2R_1 - \theta R_2}{4-\theta^2} \right| \quad (0 < \theta < 1) \quad (4\text{-}10)$$

以下针对函数 $f(R_1, R_2, \theta)$ 的一些性质进行探讨。

（1）当 $-R_1\theta^2 + 2R_1 - \theta R_2 \geqslant 0$，即 $R_1 \geqslant \dfrac{\theta R_2}{2-\theta^2}$ 时，可以得到

$$\begin{cases} \dfrac{\partial f}{\partial R_1} = \dfrac{2-\theta^2}{4-\theta^2} > 0 \\ \dfrac{\partial f}{\partial R_2} = \dfrac{-\theta}{4-\theta^2} < 0 \qquad (0 < \theta < 1) \\ \dfrac{\partial f}{\partial \theta} = \dfrac{-R_2\theta^2 - 4R_1\theta - 4R_2}{(4-\theta^2)^2} < 0 \end{cases} \quad (4\text{-}11)$$

由式（4-11）可知，当 $-R_1\theta^2 + 2R_1 - \theta R_2 \geqslant 0$ 时，函数 $f(R_1, R_2, \theta)$ 对 R_2 和 θ 求一阶条件后的系数均小于零，而对 R_1 求一阶条件后的系数大于零。将该结论扩展到 π_1^*，可知银行理财产品的均衡利润与本机构所募集资金的投资收益率呈正相关关系，与对手银行所募集资金的投资收益率呈负相关关系，并且产品异质性越小，均衡利润越低。

（2）当 $-R_1\theta^2 + 2R_1 - \theta R_2 < 0$，即 $R_1 < \dfrac{\theta R_2}{2-\theta^2}$ 时，在此情况下，由于 $R_1 - r_1^* = R_1 - \dfrac{2R_1 + \theta R_2}{4-\theta^2} = \dfrac{-R_1\theta^2 + 2R_1 - \theta R_2}{4-\theta^2} < 0$，银行机构 1 以高于所募集理财资金投资收益率的价格发行银行理财产品，取得的利润是负的，在短期内是一种非理性行为。但由于银行理财业务经过十几年的发展，其理财账户已经积累了一定的收益，不排除在某些时间点，银行机构基于营销或维持理财整体规模的需要，以高于所募集理财资金投资收益率的价格发行银行理财产品。这可以视为银行在追求长期或整体利益最大化过程中产生的短期非理性偏离。在这里，本书不再针对这种特殊情况进行讨论，而默认银行机构发售银行理财产品满足 $R_1 - r_1^* \geqslant 0$ 的条件。

同样，由于银行机构 1 和银行机构 2 的决策过程具有对称性，对银行机构 2 均衡利润的一阶条件进行讨论也能得到同样结论。综上所述，推论 4-2 是成立的。

二、资产端的定价博弈

从理财的制度原理上评判，银行理财产品仅仅是募集资金进行投资管理和运用的交易载体。商业银行发行和销售银行理财产品的目的就是根据交易结构的设计与安排，在一定的时间和范围内募集确定规模的资金进行投资运用，并以为受益人获取投资运用的收益为目的。因此，银行机构通过发售不同类型、不同期限以及不同收益率的银行理财产品募集资金后，需要对所募集资金进行投资运营，将资金投向符合要求的投资标的，这构成了银行理财业务的核心环节。资产池的整体投资收益率除了覆盖负债端成本，可能还会存在利差空间。考虑到银行机构所投资的标的资产具有较高的投资门槛，并且银行机构投资行为的规模效应凸显，可认为其对市场具有较大的影响力。基于此，本节将同样考虑一个有不同产出的寡头竞争的简单模型，其中仅存在两个"对称"的银行机构且有线性成本，其利用从投资者受众募集到的理财资金，通过各类投资组合持有资产，在资产到期后卖出资产获取最终收益。这个过程可以近似简化为：银行机构以特定成本（主要为理财募集资金成本）去生产"资产"这类特殊产品[①]，在资产到期后以之前规定的价格卖给需求方从而获得利润（利差）。"资产"这类产品面临的是连续非递增的需求函数 $Q(\cdot)$，其成本函数满足式（4-12）：

$$C_i(q_i) = cq_i \quad (C_i > 0) \tag{4-12}$$

---

① 用资金去锁定一个远期合约，但是对于风险资产，该远期利率是浮动的。为简化问题讨论，本书在这里主要讨论利率性理财产品，即这里需要确立的价格，事实上是一个远期利率。

其中，c 为边际成本，表示银行机构从持有到卖出 q_i 单位资产所耗费的成本，主要为募集理财资金所付出的成本。

假定每个"资产"产品 i（由银行机构 i 生产）面临的一个反需求函数为

$$P_i(q_1,q_2) = \max\{0, M - q_i - bq_j\} \quad (i,j=1,2, i \neq j, M>0, |b|<1) \quad (4\text{-}13)$$

式（4-13）中，参数 b 是"资产"产品 i 对"资产"产品 j 的交叉价格弹性，反映的是两产品的替代程度；M 为常数项。需要注意的是，银行机构用以购买标的资产的资金本质上不存在任何的区别，但由于各银行机构运营能力存在差异，其所设计的资产投资组合也存在较大的区别，其能够承受不同的期限错配风险以及收益波动风险，我们也认为银行机构生产的"资产投资组合"产品是有差异的。上述公式的内涵是：需求方对每个"资产投资组合"产品的需求不是独立的，但也不是毫无区别的。当 $b=0$ 时，表明两"资产投资组合"产品的需求是独立的，当 $b=1$ 时，表明两"资产投资组合"产品的需求是完全替代的。一般而言，b 可正可负，满足 $|b|<1$ 的条件。即 q_i（即相同"资产投资组合"产品卖出的数量）的改变对"资产投资组合"产品 i 的直接效应比替代产品 q_j 导致的交叉效应更为显著。

对式（4-13）求反函数得到相应的需求函数：

$$Q_i(p_1,p_2) = \max\left\{0, \frac{M}{1+b} - \frac{1}{1-b^2}p_i + \frac{b}{1-b^2}p_j\right\} \quad (4\text{-}14)$$

$$(i,j=1,2, i \neq j, M>0, |b|<1)$$

在式（4-14）中，若 $b>0$，则"资产投资组合"产品被视为部分替代的，等于说，它们中任一价格的上升将导致其他"资产投资组合"产品需求量的增加。另外，若 $b<0$，则表明"资产投资组合"产品是互补的。

根据式（4-14），该博弈的支付函数为

$$\pi_i(p_1,p_2) = (p_i-c)\max\left\{0, \frac{M}{1+b} - \frac{1}{1-b^2}p_i + \frac{b}{1-b^2}p_j\right\} \quad (4\text{-}15)$$

对式（4-15）求一阶条件，得到下面的导出式：

$$\begin{cases} \dfrac{\partial \pi_1(p_1^*)}{\partial p_1} = \left(\dfrac{M}{1+b} - \dfrac{1}{1-b^2}p_1^* + \dfrac{b}{1-b^2}p_2^*\right) - \dfrac{1}{1-b^2}(p_1^*-c) = 0 \\ \dfrac{\partial \pi_2(p_2^*)}{\partial p_2} = \left(\dfrac{M}{1+b} - \dfrac{1}{1-b^2}p_2^* + \dfrac{b}{1-b^2}p_1^*\right) - \dfrac{1}{1-b^2}(p_2^*-c) = 0 \end{cases} \quad (4\text{-}16)$$

将式（4-16）中的两式合并，即得到统一的表达式：

$$\frac{\partial \pi_i(p_1^*,p_2^*)}{\partial p_i} = \left(\frac{M}{1+b} - \frac{1}{1-b^2}p_i^* + \frac{b}{1-b^2}p_j^*\right) - \frac{1}{1-b^2}(p_i^*-c) = 0 \quad (4\text{-}17)$$

进一步对式（4-15）求二阶条件可得

$$\frac{\partial \pi_i^2(p_1^*, p_2^*)}{\partial p_i^2} = -\frac{2}{1-b^2} < 0 \qquad (4\text{-}18)$$

容易求出极大值点 (p_1^*, p_2^*)，表达式如（4-19）所示：

$$p_1^* = p_2^* \frac{M(1-b)+c}{2-b} \quad (|b|<1) \qquad (4\text{-}19)$$

推论 4-3 银行机构卖出持有资产的价格（即所募集资金的投资收益率）与所募集资金成本正相关，与资产异质性也呈正相关关系。

将均衡价格 p_i 写成参数 b、c、M 的函数，则有

$$p_i(b,c,M) = \frac{M(1-b)+c}{2-b} \qquad (4\text{-}20)$$

因为只有满足 $p_i - c > 0$ 时，银行机构在资产到期后卖出资产才有利可图（即存在利差），所以有

$$p_i - c = \frac{M(1-b)+c}{2-b} - c = \frac{(M-c)(1-b)}{2-b} > 0 \qquad (4\text{-}21)$$

由于 $|b|<1$，可知 $M-c>0$。

对 b、c、M 分别求偏导可得

$$\begin{cases} \dfrac{\partial p_i(b,c,M)}{\partial b} = \dfrac{c-M}{(2-b)^2} < 0 \\ \dfrac{\partial p_i(b,c,M)}{\partial c} = \dfrac{1}{2-b} > 0 \quad (|b|<1) \\ \dfrac{\partial p_i(b,c,M)}{\partial M} = \dfrac{1-b}{2-b} > 0 \end{cases} \qquad (4\text{-}22)$$

由式（4-22）可知，$p_i(b,c,M)$ 的变动方向与 b 的变动方向相反，而与 c、M 的变动方向一致，从而推论 4-3 成立。需要特别指出的是，$p_i - c > 0$ 这一条件在局部的短期决策中不一定成立。这是因为，银行机构可能会出于营销的需要，通过发行较高成本的银行理财产品来变相揽储和扩大品牌影响力。

推论 4-4 "资产投资组合"的可替代性越高，则银行机构理财资金投资所产生的均衡利润越少。

由式（4-19）可知，均衡价格 $p_1^* = p_2^* \dfrac{M(1-b)+c}{2-b}$。则由式（4-15）可知，银行机构理财资金投资所产生的均衡利润为

$$\pi_i(p_1^*, p_2^*) = (p_i^* - c) \frac{(M - p_i^*)}{1+b} = \frac{-p_i^{*2} + p_i^*(c+M) - cM}{1+b} \qquad (4\text{-}23)$$

最大均衡收益为

$$\pi_i(p_1^*, p_2^*) = (p_i^* - c)\frac{(M - p_i^*)}{1+b} = \frac{(M-c)^2(1-b)}{(2-b)^2(1+b)} \quad (4\text{-}24)$$

令

$$f(b) = \frac{(M-c)^2(1-b)}{(2-b)^2(1+b)} \quad (4\text{-}25)$$

则

$$\frac{\partial f(b)}{\partial b} = \frac{-(M-c)^2(-2b^3 + 6b^2 - 6b + 4)}{(b^3 - 3b + 4)^2} \quad (4\text{-}26)$$

继续令

$$\varphi(b) = -2b^3 + 6b^2 - 6b + 4 \quad (4\text{-}27)$$

$$\frac{\mathrm{d}\varphi(b)}{\mathrm{d}b} = -6b^2 + 12b - 6 \quad (0 < b < 1) \quad (4\text{-}28)$$

容易得知，$\lambda(b) = -6b^2 + 12b - 6$ 为开口向下、对称轴为 $b=1$ 的函数，且在 $b \in (0,1)$ 上单调递增，其在 $b=1$ 处取极大值。

因为 $0 < b < 1$，所以 $-6 < \lambda(b) = \frac{\mathrm{d}\varphi(b)}{\mathrm{d}b} < 0, 0 < b < 1$，$\varphi(b)$ 在 $b \in (0,1)$ 上单调递减，其取值范围为 $2 < \varphi(b) < 4$。

因为 $\varphi(b) > 0$，$M - c > 0$，所以进一步可知：

$$\frac{\partial f(b)}{\partial b} = \frac{-(M-c)^2(-2b^3 + 6b^2 - 6b + 4)}{(b^3 - 3b + 4)^2} < 0 \quad (4\text{-}29)$$

综上可知，当 $b \to 1$ 时，"资产投资组合"有越来越好的替代性（即异质性更少），此时均衡价格和边际成本将基本一致，对于银行机构而言，这会导致利润为零。相反地，当 $b \to 0$ 时，"资产投资组合"的异质性程度越高，则获得的均衡收益也就越大。

第三节　基于整体理财视角的银行理财产品智能定价博弈

在个体银行理财产品的资产端定价博弈中，本书只是单纯地考虑标的资产的价格决策机制，并没有对其限制条件做过多的探讨。这是因为，对于个体银行理财产品，其唯一的决策目标便是追求各自利润最大化。但这对于银行整体而言，可能仅仅实现了一种局部的均衡，并没有实现整体利益的最大化。事实上，银行机构在发售银行理财产品、对所募集资金进行投资运营时，会受到监管政策、市场竞争以及自身战略选择等诸多因素的限制。为此，本节将在本章第二节研究的基础之上，施加更为严格的限制条件，用以模拟在银行机构整体视角之下的银行理财产品价格决策机制。本书认为,基于整体理财视角审视银行理财产品智能定价问题的决策目标是追求整体利益最大化,必要条件则是保持对外部环境变动的敏感性,确保银行理财产品负债端和资产端规模与结构的合理性,从而能有效平滑风险、提升银行机构的品牌溢价,进而增进银行机构的整体收益。因循前面的思路,本书仍然从资金定价以及资产定价两方面着手进行分析。其中,资金定价博弈将市场流动性以及信息不对称等因素纳入分析范围;而资产定价博弈则在施加容量约束的条件下重新进行分析。

一、基于市场预期的资金端定价博弈

正如本书第三章所言,整体银行理财产品的定价除了受到资产端、负债端一些因素的影响,还与央行货币政策的紧松程度、市场上流动性状况以及自身的品牌声誉紧密相关。如果银行机构不对这些因素加以认真审视,并制定科学合理、迅捷高效的反应机制,则有可能遭受外部性风险的冲击,从而对银行机构的市场地位产生较大的负面影响。本节将从银行整体视角出发,在考虑外部性因素影响的基础上,对银行理财产品资金端的定价过程进行博弈分析。

同样,假设市场上仅存在两个银行机构 1 和 2,对两家银行通过发售银行理财产品所能募集到的资金进行"标准化"处理,从而得到与 Saha 和 Sensarma(2004)提出的利率竞争模型类似的式(4-30):

$$\begin{aligned} D_1 &= r_1 - \theta r_2 \quad (|\theta| \leqslant 1) \\ D_2 &= r_2 - \theta r_1 \quad (|\theta| \leqslant 1) \end{aligned} \quad (4\text{-}30)$$

其中,θ 为两种银行理财产品的替代程度,越接近 1 表明产品替代性越强。对式(4-30)进行进一步的扩展,得到式(4-31):

$$\begin{aligned} D_1 &= \varepsilon + r_1 - \theta r_2 \quad (|\theta| \leqslant 1) \\ D_2 &= \varepsilon + r_2 - \theta r_1 \quad (|\theta| \leqslant 1) \end{aligned} \quad (4\text{-}31)$$

式(4-31)中,常数项 ε 代表标准化后的自发性理财资金流入[①]。该常数可认为与市场上的流动性、银行机构的品牌声誉相关。当处于宽松货币政策条件下时,市场流动性越充足,则自发性理财资金流入越大。同样,当银行机构具有良好的品牌声誉时,自发性理财资金流入也就更大。本书在此处引入不完全信息,假定银行机构 2 具有完全信息优势,知道市场上自发性理财资金流入的高低,而银行机构 1 则不具备这样的优势。为简化分析,假设银行所能募集到的自发性理财资金存在两种

---

① 相当于本章第一节中的 $\varepsilon = \dfrac{\gamma}{\alpha}$。

可能：高自发性理财资金流入 ε_H，银行机构 1 以 p 概率预期其出现；低自发性理财资金流入 ε_L，银行机构 1 以（$1-p$）概率预期其出现。

在上述假设条件下，容易得出银行机构 1 的支付函数为

$$\pi_1(r_1, r_2) = p(R_1 - r_1)(\varepsilon_H + r_1 - \theta r_{2H}) \\ + (1-p)(R_1 - r_1)(\varepsilon_L + r_1 - \theta r_{2L}) \quad (|\theta| \leq 1) \quad (4\text{-}32)$$

其中，R_1 为银行机构 1 募集到的理财资金进行投资后获得的收益率；r_{2H} 和 r_{2L} 分别为银行机构 1 的对手银行机构 2 在高自发性理财资金流入、低自发性理财资金流入时确定的利率。

对式（4-32）整体求一阶条件可得

$$r_1 = \frac{R_1 - p\varepsilon_H - (1-p)\varepsilon_L + p\theta r_{2H} + (1-p)\theta r_{2L}}{2} \quad (i, j = 1, 2, i \neq j, |\theta| \leq 1) \quad (4\text{-}33)$$

而对于银行机构 2，当市场处于高自发性理财资金流入情境时，其利润最大化的条件为

$$\max \pi_{2H}(r_1, r_2) = (R_2 - r_2)(\varepsilon_H + r_2 - \theta r_{2H}) \quad (|\theta| \leq 1) \quad (4\text{-}34)$$

当市场处于低自发性理财资金流入情境时，银行机构 2 利润最大化的条件为

$$\max \pi_{2L}(r_1, r_2) = (R_2 - r_2)(\varepsilon_L + r_2 - \theta r_{2L}) \quad (|\theta| \leq 1) \quad (4\text{-}35)$$

由此得到银行机构 2 在 ε_H 和 ε_L 出现时的反应函数分别为

$$r_{2H} = \frac{R_2 - p\varepsilon_H + p\theta r_{1H}}{2} \quad (|\theta| \leq 1) \quad (4\text{-}36)$$

$$r_{2L} = \frac{R_2 - \varepsilon_L + \theta r_{1L}}{2} \quad (|\theta| \leq 1) \quad (4\text{-}37)$$

解出贝叶斯纳什均衡利率值为

$$r_1^* = \frac{2R_1 + \theta R_2 - (2+\theta)[p\varepsilon_H + (1-p)\varepsilon_L]}{4 - \theta^2} \quad (|\theta| \leq 1) \quad (4\text{-}38)$$

$$r_{2H}^* = \frac{4R_2 + 2\theta R_1 - \theta(2+\theta)(1-p)\varepsilon_L - [(p-1)\theta^2 + 2p\theta + 4]\varepsilon_H}{4 - \theta^2} \quad (|\theta| \leq 1) \quad (4\text{-}39)$$

$$r_{2L}^* = \frac{4R_2 + 2\theta R_1 - \theta p(2+\theta)\varepsilon_H - [p\theta^2 + 2(1-p)\theta + 4]\varepsilon_L}{4 - \theta^2} \quad (|\theta| \leq 1) \quad (4\text{-}40)$$

以下将对式（4-38）～式（4-40）进行分析。

推论 4-5 无论自发性理财资金流入是高或低，不具有信息优势的银行机构 1 银行理财产品发售的均衡价格均随着自发性理财资金流入的增加而下降；另外，不具有信息优势的银行机构 1 预期 ε_H 出现的概率越大，其确定的银行理财产品发售的均衡价格就越低。

构造函数：

$$r_1^*(p, \varepsilon_H, \varepsilon_L) = \frac{2R_1 + \theta R_2 - (2+\theta)[p\varepsilon_H + (1-p)\varepsilon_L]}{4 - \theta^2} \quad (0 < \theta < 1) \quad (4\text{-}41)$$

对其求一阶偏导可得

$$\begin{cases} \dfrac{\partial r_1^*}{\partial p} = \dfrac{-(2+\theta)(\varepsilon_H - \varepsilon_L)}{4-\theta^2} < 0 & (|\theta| \leqslant 1) \\[2mm] \dfrac{\partial r_1^*}{\partial \varepsilon_L} = \dfrac{-(2+\theta)(1-p)\varepsilon_L}{4-\theta^2} < 0 & (|\theta| \leqslant 1) \\[2mm] \dfrac{\partial r_1^*}{\partial \varepsilon_H} = \dfrac{-(2+\theta)p\varepsilon_H}{4-\theta^2} < 0 & (|\theta| \leqslant 1) \end{cases} \quad (4\text{-}42)$$

由式（4-42）可知，r_1^* 对 p、ε_L、ε_H 的一阶段导数均小于零，可知推论 4-5 成立。推论 4-5 启发我们，当市场流动性趋松时，商业银行机构有较强的动机降低其银行理财产品的预期收益率。

推论 4-6 无论自发性理财资金流入是高还是低，不具有信息优势的银行机构 1 预期 ε_H 出现的概率 p 越大，具有信息优势的银行机构 2 确定的银行理财产品发售的均衡价格就越低。

对 r_{2H}^* 和 r_{2L}^* 的表达式求一阶偏导可得

$$\begin{cases} \dfrac{\partial r_{2H}^*}{\partial p} = \dfrac{\theta(2+\theta)\varepsilon_L - (\theta^2 + 2\theta)\varepsilon_H}{4-\theta^2} < 0 & (|\theta| \leqslant 1) \\[2mm] \dfrac{\partial r_{2L}^*}{\partial p} = r_{2L}^* = \dfrac{-\theta(2+\theta)\varepsilon_H - (\theta^2 - 2\theta)\varepsilon_L}{4-\theta^2} = \dfrac{-\theta^2(\varepsilon_H + \varepsilon_L) + 2\theta(\varepsilon_L - \varepsilon_H)}{4-\theta^2} < 0 & (|\theta| \leqslant 1) \end{cases}$$

（4-43）

由式（4-43）可知，r_{2H}^* 和 r_{2L}^* 的值随 p 的增加而单调递减，从而易知推论 4-6 成立。推论 4-6 启发我们，在一个存在信息不对称的市场中，银行机构可以利用自身的信息优势从其他对手银行机构的反应中获益。例如，当不具有信息优势的银行机构以较大概率预期市场将会出现流动性趋松的情况时，不论该市场预期是否兑现，作为对不具有信息优势银行机构竞争行为的一种反应，具有信息优势的银行机构均会下调其银行理财产品的均衡价格，从而获益。

二、容量约束下的资产端价格博弈

如前所述，整体理财的决策目标是：在保持对外部环境变动的敏感性、确保银行理财产品负债端和资产端规模与结构的合理性前提下，追求整体利益最大化。银行理财产品的结构因类型划分的标准不同而存在较大差异，并且结构的合理性是一个较为模糊的概念，所以本节将着重探讨容量（规模）约束小的资产价格竞争问题。事实上，本书在后面章节的分析中会涉及对机构合理性的探讨。

假定有两个银行机构 1 和 2，对其进行一个两阶段的博弈。在第一阶段，两个银行机构独立地（同时）选择各自利用所募集理财资金进行资产配置的容量 $K_i(i = 1, 2)$。K_i 可以认为是市场流动性、监管政策、公司战略以及未来市场预期的函数[①]。在准确地观察到对手的容量之后，在第二阶段，银行机构再一次独立地选择各自的资产价格 $R_i(i = 1, 2)$（指的是所募理财资金进行投资后获得的收益率）。给定银行机构 i 在第一阶段决定的容量 K_i（持有的资产容量），在第二阶段银行机构配置的资产产量 $q_i(i = 1, 2)$ 必须满足 $q_i \leq K_i$。

假定银行机构的需求函数是线性的，满足：

$$P_i(Q) = \max[M - dQ, 0] \quad (M, d > 0) \tag{4-44}$$

其中，Q 表示产品价格的数量。

银行机构的成本函数为

$$C_i(\cdot) = C_i(K_i) + \tilde{C}_i(q_i) \tag{4-45}$$

其中，$C_i(K_i)$ 为容量成本函数；$\tilde{C}_i(q_i)$ 为生产成本函数，假设容量成本函数和生产成本函数均为线性的：

$$C_i(K_i) = cK_i \quad (c \geq 0) \tag{4-46}$$

$$\tilde{C}_i(q_i) = \tilde{c}q_i \quad (\tilde{c} \geq 0) \tag{4-47}$$

并且 $c + \tilde{c} < M$。

假定可允许的容量选择的范围（第一阶段）和价格（第二阶段）是有上限的。对于每个 $i = 1, 2$，有

$$K_i \leq \frac{M}{3d} \equiv \bar{K} \tag{4-48}$$

$$p_i \leq M \tag{4-49}$$

需要注意的是，容量选择上限 $\bar{K}$ 与初始的在总成本为零时的古诺均衡产品一致（在目前的博弈模型中，古诺均衡产量为 $\frac{M - c - \tilde{c}}{3d} < M/3d$）。另外，关于价格 M 的上限简单地反映了银行机构不应该提出高于（它们已经能肯定）没有需求时的那个点的价格。

博弈的策略空间 s_i 用笛卡儿积 $[0, \bar{K}] \times G_i$ 来定义，其中：

$$G_i \equiv \{g_i : [0, \bar{K}] \times [0, \bar{K}] \to [0, M], p_i = g_i(K_1, K_2)\} \tag{4-50}$$

其中，G_i 表示个体理财的定价。式（4-50）可以解释为定价法则的结合，它是可观察到的容量的函数。为了完成对这个博弈的刻画，我们需要定义支付函

[①] 例如，根据前面的研究可知，2015 年理财产品投资非标债权类资产的占比为 15.73%。而依据银监会《8 号文》，银行理财投资非标资产上限额度取银行上年度资本金 4% 和银行理财余额 35% 的孰低者。因此，监管政策将会对理财产品的规模形成制约。

数 $\pi_i \leqslant s_1 \times s_2 \to \mathcal{R}, i = 1, 2$。在定义支付函数之前，首先假定每个产品的购买方支付意愿（或称为购买产品获得的效用）高于被提出的最高价格 p_i。为定义支付函数，我们需要将策略组合分成两类。

（1）如果 $s = (s_1, s_2) = ((K_1, g_1(\cdot)), (K_2, g_2(\cdot)))$ 使得 $p_i = g_i(K_1, K_2) < p_j = g_j(K_1, K_2), (j \neq i)$，那么：

$$\pi_i(s) = \min\left[\frac{M - p_i}{d}, K_i\right](p_i - \tilde{c}) - cK_i \quad (4\text{-}51)$$

$$\pi_j(s) = \min\left\{\max\left[\frac{M - p_i}{d} - K_i, 0\right], K_j\right\}(p_j - \tilde{c}) - cK_j \quad (4\text{-}52)$$

式（4-51）和式（4-52）阐述的意思是：当某个银行机构 i 单方提出最低价格时，将导致银行机构 i 吸收等于容量 K_i 的所有需求，即 $\min\left[\frac{M - p_i}{d}, K_i\right]$，并且获取式（4-51）中的利润。因此，若 $K_i > \frac{M - p_i}{d}$，则银行机构 i 的容量并没有受到约束限制，并且该银行机构提供整个主要需求（相应地，银行机构 $j(j \neq i)$ 没有获得任何剩余需求）。

反之，若 $K_i < \frac{M - p_i}{d}$，则银行机构 i 被迫用完自己的需求，留下一些不能满足的剩余需求，即 $\frac{M - p_i}{d} - K_i$。一旦银行机构 j 的容量约束被计算在内，就会产生式（4-52）规定的利润。

（2）如果 $s = (s_1, s_2) = ((K_1, g_1(\cdot)), (K_2, g_2(\cdot)))$ 使得 $p_i = g_i(K_1, K_2) = p_j = g_j(K_1, K_2), (j \neq i)$，那么：

$$\pi_i(s) = \min\left\{\frac{M - p_i}{2d} + \max\left[\frac{M - p_j}{2d} - K_j, 0\right], K_i\right\}(p_i - \tilde{c}) - cK_i \quad (4\text{-}53)$$

$$\pi_j(s) = \min\left\{\frac{M - p_j}{2d} + \max\left[\frac{M - p_i}{2d} - K_i, 0\right], K_j\right\}(p_j - \tilde{c}) - cK_j \quad (4\text{-}54)$$

式（4-53）和式（4-54）阐述的意思是：当两个银行机构都提出相同的价格（$p_i = p_j$）时，它们都有资格同等地分享各自引致的市场需求。因此，给定容量约束 K_i，如果总需求的一半为 $\frac{M - p_i}{2d}$，那么银行机构 i 也能服务那一部分引致的剩余需求 $\frac{M - p_i}{2d} - K_j$，给定它的容量 K_i 是可行的。

综上，令 $s^* = (s_1^*, s_2^*) = ((K_1^*, g_1^*(\cdot)), (K_2^*, g_2^*(\cdot)))$ 为上述两阶段博弈的纯策略子博弈均衡。该均衡具有如下一些特征。

推论 4-7 给定任何 $(K_1, K_2) \in (0, \bar{K}]^2$，$p_1^* = g_1^*(K_1, K_2) = p_2^* = g_2^*(K_1, K_2) = M - d(K_1 + K_2)$，则银行机构将以全部容量选择标的资产进行配置。

本书将利用反证法对推论 4-7 进行说明，即给定上述描述的任意 (K_1, K_2)，任何不同备选概率与均衡行为可能是一致的。

（1）首先，假定 $p = g_1^*(K_1, K_2) = g_2^*(K_1, K_2) < M - d(K_1 + K_2)$，那么两个银行机构都给它们潜在资金需求方限额，并且它们中任何一个，都能够从价格稍高于 p 的背离中获益。那么，它可以更高的价格卖出同样的数量 K_i。

（2）其次，假定 $p = g_1^*(K_1, K_2) = g_2^*(K_1, K_2) > M - d(K_1 + K_2)$，那么，某银行机构 i 不能卖出它的全部容量 K_i。因此，如果它背离且提供一个稍低于 p 的价格，那么它将通过某个大于 0 的有限数量来增加其销售量，这也将增加其利润。

（3）最后，考虑银行机构提供不同价格时的可能性，例如，$p_i = g_1^*(K_1, K_2) < p_j = g_2^*(K_1, K_2)$。在该情形下，如果银行机构 i 给某些资金需求方限额（并且因此卖出所有容量），那么稍微提高它的价格将会增加利润。因而，假定银行机构 i 不对某些资金需求方限额，那么由于 p_i 对于该银行机构而言必须最优，它就一定获得垄断利润。但这意味着银行机构 j 面临零需求，并且可以通过背离和提出一个价格 $p_j < p_i$ 来获益。

综上可知，对于每个可行的 (K_1, K_2)，上面的考察确立了每个均衡一定会如推论 4-7 所描述的那样，因而上述条件是纯策略子博弈均衡的必要条件。为了证明它也是充分的，需要进一步证明单边的背离是无利可图的，为此我们对向下和向上的背离情况分别进行说明。

首先考虑一个向下的背离，即某个银行机构 i 选择一个价格：

$$p_i' < p_i = p_j = M - d(K_1 + K_2) \tag{4-55}$$

此时，每个银行机构 i 都已经以价格 p_i 卖出所有容量，意味着一个更低的价格卖出显然会减少利润。这使得它们排除这一背离。

再考虑一个向上的背离，即对于某一价格 $p_i'' > p_i = p_j = M - d(K_1 + K_2)$，被引致的利润由

$$\pi_i(p_i'', p_j) \equiv \left(\frac{M - p_i''}{2d} - K_j\right)(p_i'' - \tilde{c}) - cK_i \tag{4-56}$$

给出。或者，如果我们利用 q_i'' 定义满足产量：

$$p_i'' = M - d(q_i'' + K_j) \tag{4-57}$$

我们可以将银行机构 i 的利润重新写成式（4-58）：

$$\pi_i(p_i'', p_j) = q_i''[M - d(q_i'' + K_j) - \tilde{c}] - cK_i \qquad (4\text{-}58)$$

在本书考虑的博弈中，一旦 K_i 和 K_j 在第一阶段被选定，它们就不可逆地被固定下来。因此，在第二阶段，最大化 $\pi_i(p_i'', p_j)$ 就等价于最大化 $q_i''[M - d(q_i'' + K_j) - \tilde{c}]$。另外，$K_j \leqslant \bar{K} \equiv M/3d$ 意味着银行机构 i 的利润在 q_i'' 上递增并且在 p_i'' 上递减。因此，在 $p_i'' \in [p_i, M]$（或者等价对应于 $q_i'' \in [0, K_i]$）区间内，$\pi_i(p_i'', p_j)$ 在 $p_i'' = p_i$（或者 $q_i'' = K_i$）上达到最大化。证明了对于价格的一个向上的偏离也是无利可图的。

推论 4-8 给定推论 4-7 中指出的第二阶段定价规则（即对于每个 $i = 1, 2$，均有：$g_i^*(K_1, K_2) = M - d(K_1 + K_2)$），容量组合 $(K_1^*, K_2^*) = ((M - c - \tilde{c})/3d, (M - c - \tilde{c})/3d)$ 在博弈的第一阶段定义了一个纳什均衡。

首先，当给定 K_j^*、$g_1^*(\cdot)$、$g_2^*(\cdot)$ 时，每个银行机构 i 从第一阶段对 K_i^* 的任何特定选择中获得支付，为 $K_i[M - d(K_i + K_j^*) - \tilde{c}] - cK_i$。那么对于所有的 $K_i \geqslant 0$，有

$$\begin{aligned}
& K_i \left[M - d \left(K_i + \frac{M - c - \tilde{c}}{3d} \right) - \tilde{c} \right] - cK_i \\
& \leqslant \frac{M - c - \tilde{c}}{3d} \left[M - 2d \frac{M - c - \tilde{c}}{3d} - \tilde{c} \right] - c \frac{M - c - \tilde{c}}{3d}
\end{aligned} \qquad (4\text{-}59)$$

从而可知，推论 4-8 很容易被证实。也就是说，容量（以及因此而跟着发生的产量）导致了一个由 c 和 $\tilde{c}$ 给出的总成本支撑着的古诺均衡。

综合推论 4-7 和推论 4-8 可知，在银行机构进行价格博弈之前，如果需要提交一个有成本的产量容量，那么存在一个重现传统古诺竞争结果的子博弈完美均衡。并且银行机构设定的容量与涉及总成本（包括容量成本以及生产成本）的古诺-纳什均衡值一致（产量与容量以及古诺-纳什均衡值也一致）。由此可知，当实现上述子博弈完美均衡时，有

$$K_1^* = K_2^* = Q_1^* = Q_2^* = (M - c - \tilde{c})/3d \qquad (4\text{-}60)$$

$$p_1^* = p_2^* = g_i^*(K_1, K_2) = M - d(K_1 + K_2) = M - 2(M - c - \tilde{c})/3 \qquad (4\text{-}61)$$

$$\pi_1^* = \pi_2^* = (M - c - \tilde{c})/3d[M - 2(M - c - \tilde{c})/3 - c - \tilde{c}] = (M - c - \tilde{c})^2/9d > 0 \qquad (4\text{-}62)$$

对比可知，在未施加容量约束的 Bertrand 模型中，假设产品同质，则价格低者将赢得整个市场，价格高者将失去整个市场，并且所有市场参与者的均衡利润为零，市场趋于完全竞争性质。对比本节的研究结论可知，容量约束条件下的价格竞争不再那么极端，这一结果表明，容量选择容易使得价格（或 Bertrand）竞争丧失一些极端竞争性特征。由上述结论可知，在追求长期效益最大化的过程中，

价格竞争并不是孤立的，银行机构应根据市场流动性、监管政策、公司战略以及未来市场预期等因素，合理确定预期资产投资规模。并且该预期资产投资规模一旦确定，就应照此规模严格执行资产投资计划。由于进行资产配置的资金来源于银行理财产品发行所募集的资金，资产端的规模锁定效应会进一步传导到负债端，这要求银行机构合理确定银行理财产品的发行规模，并按计划严格执行银行理财产品发行计划。事实上，现在一些银行机构发行的银行理财产品在短期内可能呈现出利差为负的情况。为什么银行会这么做呢？一方面，可能是基于营销推广或变相揽储的需要，是短期提高市场份额的需要；另一方面，可能是市场处于流动性泛滥的状态，投资收益率普遍较低，此时银行为了维持资金池-资产池规模的稳定，确保其现有的市场地位不被动摇，而以高于实际收益率的价格发售银行理财产品。

第四节　银行理财产品智能定价综合模型构建

在前述章节中，本书分别对负债端的募集资金定价以及资产端的资产定价进行了博弈分析，得出了一些有价值的结论。本节将结合博弈分析的结论，在现有理论研究和实践研究的基础上，建立银行理财产品智能定价综合模型。

一、综合模型构建思路及模型结构

对银行理财产品进行智能定价的目的在于打破主观的个人决策或者多人会议讨论等定价形式，运用科学理论建立理财定价智能模型，从而对银行理财产品发行定价进行指导。要实现这一目标，应结合上面博弈分析的结论，确定银行理财产品智能定价的算法框架。根据算法实现的要求，在对银行理财产品市场进行广泛调研的基础上，设置银行理财产品智能定价的相关参数，从而使系统的智能运算成为可能。遵循这一问题解决的思路，本书构建银行理财产品智能定价的综合模型，如图 4-1 所示。该综合模型包括三大版块：输入层、数据处理层以及输出层。其中输入层既包括待定价银行理财产品的相关设计参数，也包括与系统参数设置相关的一些市场调研数据。而数据处理层则是实现银行理财产品智能定价的核心环节。要实现银行理财产品智能定价的智能运算，首先需要对核心算法中涉及的相关参数进行设置，其次需要将待定价银行理财产品的设计参数与其相匹配，最后需要遵循核心算法规则进行批量运算。智能定价综合模型的输出层包括银行理财产品入池指导利率以及银行理财产品发行指导利率，并且需要满足银行理财产品入池指导利率＞银行理财产品发行指导利率这一条件。

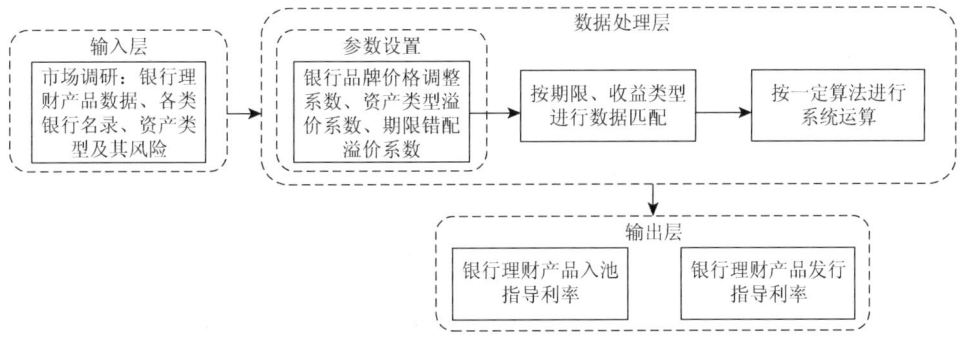

图 4-1 银行理财产品智能定价综合模型

构建综合模型的目的，旨在模拟银行理财产品智能定价的过程和方法，为操作者认知模型提供清晰的逻辑概念，为系统开发人员开发信息系统提供清晰的思维路径。模型机理可以归结为以下几个方面。

（1）模型环境描述。银行理财产品智能定价过程中会涉及许多参数，这些参数的设置需要通过广泛的市场调研确定。因此需要对银行理财市场的运行现状进行分析，确定影响银行理财产品智能定价的多个因素，并且需要尝试结合这些影响因素进行参数设置。

（2）模型系统分析。综合模型主要完成三大任务：第一，用户输入，用户输入银行理财产品市场运行现状的相关数据资料、待定价银行理财产品的相关设计参数；第二，模型系统数据处理、建模以及求解过程，即通过对用户输入数据资料的分析和对输出结果的要求，以及对现有模型对象的继承来构建新的模型；第三，输出，完成求解过程，并输出计算结果。

（3）模型框架构造。根据综合模型要完成的任务，系统结构模型相应分为三个部分，以完成输入、数据处理和输出过程。其物理结构模型如图 4-1 所示。物理模型构造要尽可能清晰地展现模型的目的和模型解决问题的思路，为操作人员认知模型和系统开发人员构建信息系统提供支持。

（4）智能定价信息系统构建。互联网技术的不断发展和软件开发平台的不断成熟，为开发智能定价信息系统提供了技术实现手段。本章将在下面对智能定价信息系统进行说明。

（5）模型运算结果分析。该模型最终输出的智能定价结果是否比较理想有待决策人员对其进行分析和判断。同时，最终结果的满意度也是对模型质量的评判，为模型的完善和拓展提供参考依据。

二、综合模型的算法框架

综合模型的算法主要包括银行理财产品发行指导利率以及银行理财产品入池

指导利率的计算。在确定综合模型的算法时,考虑到负债端和资产端存在一定差异,因而本书结合其各自的特点采用了不同的定价策略。具体而言,负债端定价决策的目标主要是吸收客户流入,塑造品牌影响力。而该决策目标与市场竞争行为紧密相关,表现为由于银行理财产品的无专利性和异质性较小,各家银行机构对市场均具有较大影响力。在此条件下,竞争对手的定价高低对客户的购买行为会产生较大的影响。基于此,在对资金池进行定价时,本书采用竞争导向定价策略中的随行就市定价法。而资产端定价决策的目标主要是覆盖负债端成本,保障资金安全,以避免产生兑付危机从而影响本银行机构的市场地位和品牌声誉。为此,在对资产端进行定价时,本书采用成本加成定价策略。

(一) 银行理财产品发行指导利率确定

前面的博弈分析主要探讨的是封闭式利率型银行理财产品,因此在这里本书同样将注意力放在该类产品上面。当前对于银行理财产品发行指导利率的确定方法主要有两种。

第一,基准利率加点法。基准利率加点法是一种自下而上的定价方法。基准利率一般是指市场所普遍接受的优惠利率或主导利率,如上海银行间同业拆放利率(Shibor)。"加点"是指在基准利率之上加上产品对应的风险溢价以及经营管理风险溢价。其中,风险溢价主要包括信用风险溢价和市场风险溢价:信用风险溢价主要根据投资对象的不同信用级别进行估算确定;市场风险溢价则主要依据产品期限的不同进行估算确定。经营管理风险溢价主要根据总体流动性管理的需要、不同产品的收益率差别等因素进行确定。综上得到银行理财产品的定价公式:预期收益率=基准利率+风险溢价+经营管理风险溢价。该定价方法的缺点十分明显:风险溢价的估算比较粗糙,例如,市场风险溢价仅考虑期限因素,而对利率、汇率等风险因素考虑不足;经营管理风险溢价的测算过于偏向定性化,人为操纵的可能性比较大;未考虑银行成本因素,有可能由定价过高导致银行难以获得目标利润。

第二,内部成本分解法。内部成本分解法是一种自上而下的定价方法。该方法一般运用于信贷类、票据类或与之相关的银行理财产品定价,该方法从银行理财产品的全部成本着手,通过逐步分解相关费用以及风险补偿费用最终得到银行理财产品价格。其定价公式为银行理财产品预期收益率=投资组合的收益−运营管理费−风险补偿费−固定费用。其中运营管理费指的是对银行理财产品进行管理运营所产生的费用;风险补偿费是对银行所承担风险的一种补偿;固定费用则包括销售费用、托管费用等。与基准利率加点法相比,该定价方法很好地考虑到理财成本因素,有利于商业银行加强成本控制。但是其缺点也是显而易见的:运营管理费的估算较为模糊,一般均为统一确定固定值,没有很好地考虑投资对象以及管理难度等因素;风险补偿费的估算也过于简单,没有制定相应的风险溢价表,多根据期限特征依靠定性确定;对银行理财产品外部因素的考虑不足,未将同业竞争因素、市场波动因素等纳入考虑范围,缺乏适应市场变化的灵活性。

综上,现有的银行理财产品定价方法或多或少地存在一定缺陷,为此本书将结合上面的博弈分析结论对其进行改进。由上面的分析可知,对于银行机构发售的银行理财产品,其价格(产品说明书上的预期收益率)与本机构所募集资金的投资收益率呈正相关关系,与对手银行所募集资金的投资收益率也呈正相关关系;此外,银行理财产品的异质性越小,其价格越高。并且银行机构卖出持有资产的价格(即所募集资金的投资收益率)也与所募集资金成本(为产品说明书上的预期收益率和运营费用之和)正相关。因此可以认为,封闭式利率型银行理财产品发行指导利率 r_i,与对手银行机构的发行指导利率 r_j 紧密相关。此外,产品差异化战略所塑造的品牌效应也是封闭式利率型银行理财产品利率确认中不容忽视的重要因素。综上,本书基于上面博弈分析中抽象出来一些重要参数,采用竞争导向定价策略中的随行就市定价法对银行理财产品发行指导利率进行定价。该方法是指商业银行参照与自身市场势力相近的同业机构的平均现行价格水平来定价,能够避免恶性竞争,可以满足银行对平均利润的追求(蒋佩玉,2006)。随行就市定价法的基本程序是:第一,应对同业竞争者进行分析研究,挑选出与自身市场势力、产品定位等相近的同业银行机构,确定对标名单;第二,针对特定类型、特定期限的银行理财产品,确定同类产品的平均价格和平均成本;第三,根据同类产品价格的对标结果,确定本银行机构该类产品的成本水平。由于市场上充满着波动,银行理财产品的价格也会随时发生变动。当对标名单上的同业竞争者变动其银行理财产品价格时,本商业银行不应盲目跟随,而应综合考虑竞争者变动价格是否会影响本银行理财产品的市场份额,本商业银行减价是否会对产品形象有损;本商业银行除降价外,是否有其他非价格竞争的对策。

综上,本书提出封闭式利率型银行理财产品发行指导利率的定价公式:

$$r_i = \min[(\bar{r}_j + \bar{c}_i + B_i + \varepsilon), R_i] \quad (\bar{r}_j, \bar{c}_i, B_i, R_i > 0) \tag{4-63}$$

式(4-63)中各参数的内涵如下。

(1)r_i 为银行理财产品的发行指导利率,即银行理财产品说明书上所规定的产品预期收益率。发行指导利率并不对产品最终兑付收益率构成硬性约束,而是最终收益率的一个参考值。

(2)$\bar{r}_j$ 为市场同业理财对客价,该价格为每周理财对标白名单内同业理财销售价(剔除各同业最高价和最低价后)算数加权平均值。理财对标白名单并不是随意确定、一成不变的,而应由本银行机构的资产管理部门与渠道部门经认真协商制定，还需要随本银行机构银行理财产品定位的变动以及市场的波动而定期或不定期进行修改。

（3）$\bar{c}_i$ 为理财资金运营成本，主要由渠道销售费率和产品通道费率组成。其中，渠道销售费率是指各银行机构销售渠道发售银行理财产品过程中收取的销售管理费；产品通道费率则是指依据相关合同约定，与银行理财产品发行相关的通道费率，如托管费等。理财资金运营成本并非一成不变的，商业银行通过不断提升自身经营效率，可有效降低理财资金运营成本，这将为商业银行的价格竞争行为提供机动空间。

（4）B_i 为银行品牌价格调整系数，主要用以衡量为推广各银行理财产品吸引理财客户而增加的产品溢价。

（5）R_i 为理财全组合投资收益率，是指理财投资各组合的加权平均收益率。组合投资是分散系统性投资风险的常用手段。无论是传统资金池模式，还是当前正在试图推行的资产负债——对应模式，进行组合投资管理均是必不可少的。

（6）ε 为调整因子。若上一期定价过后银行理财产品销售率低于 50%，则适当上调预期收益率，调整规则应科学制定。

（二）银行理财产品入池指导利率确定

由上面的博弈分析可知，银行机构卖出持有资产的价格（即所募集资金的投资收益率）与所募集资金成本正相关，与资产异质性也呈正相关关系。因而理财资金成本是影响银行理财产品入池指导利率的一个重要因素。当然，对理财资金进行投资运营管理也需要付出一定成本。因此可以认为，商业银行要持续稳定地开展理财业务，首先必须要补偿获取资金或投资运营的成本，为此本书将基于成本加成策略对资产端进行定价。需要注意的是，上面内容指出，银行机构用以购买标的资产的资金本质上不存在任何区别，但各银行机构运营能力存在差异，导致其能够承受不同的期限错配风险以及收益波动风险。因此，在这里引入两个用以度量资产异质性的重要变量：期限错配溢价以及资产类型溢价。综上，基于成本加成定价策略（王志辉，2003），本书提出银行理财产品入池指导利率的确认公式：

$$R_i = r_i + C_i + f_i + s_i \quad (r_i, C_i, f_i, s_i \geq 0) \tag{4-64}$$

式（4-64）中各变量含义如下。

（1）R_i 为银行理财产品入池指导利率，也就是银行理财产品所募集资金投资运营的目标收益率。为实现该目标收益率，商业银行需要进行投资标的选择并实施风险控制。

（2）r_i 为理财资金成本，也就是存续的已入池银行理财产品发行利率的加权平均值与资金池通道费用之和。银行理财产品运营要实现正的利差，就必须覆盖该部分成本。

（3）C_i 为理财资金投资运营成本，主要包括理财基础流动性管理成本以及预约额度时间成本。其中，理财基础流动性管理成本是用来衡量理财资金池进行流动性管理的成本，影响因素包括但不限于当期市场利率、当期市场资金面情况等；预约额度时间成本 = 理财资金成本×额度预留时间/入池资产存续时间。当且仅当已预约入池资产放款时间并占用资金额度时，如出现未能按约定时间放款的情况，入池指导利率需在同期限的指导利率基础上增加预约额度时间成本。

（4）f_i 为资产类型溢价，主要用来衡量各类资产的风险溢价。各基础资产所蕴含的信用风险以及市场风险有所差异，因而被赋予不同的资产类型溢价。

（5）s_i 为期限错配溢价。期限错配溢价 =（资产期限/理财资金平均期限-1）×期限错配溢价系数。依据流动性风险溢价理论及资金的时间价值理论，期限是银行理财产品智能定价中需要着重考虑的因素之一。式（4-64）中，资产期限为拟入池资产的期限；理财资金平均期限为存续的已入池银行理财产品的加权平均期限；期限错配溢价系数则是用来衡量因期限错配产生的影响系数或流动性风险溢价对各期限的影响系数。

三、基于智能定价综合模型的信息系统构架

互联网技术的不断发展，以及软件开发平台的不断成熟，为模型的智能化实现提供了技术支持。从前面的研究来看，银行理财产品智能定价综合模型具有较为明确的算法框架，其求解方法和求解过程可以通过计算机实现。因此在这里将基于智能定价综合模型，尝试将其智能化，建立对应的智能信息系统，以实现银行理财产品定价的智能处理。由图 4-1 可知，基于智能定价综合模型的信息系统大致应包括三大核心模块：参数设置、参数匹配以及系统运算。以下将对其进行说明。

（一）参数设置

要实现银行理财产品的智能定价，需要对智能定价综合模型算法中所涉及的参数进行设置。根据上面所确定的算法，参数设置应主要包括市场同业理财对客价、银行品牌价格调整系数、资产类型溢价系数、期限错配溢价系数。要实现科学地参数设置，需要对银行理财市场以及宏观经济环境进行广泛调研。在进行参数设置时，应遵循如下一些操作规则。

(1) 市场同业理财对客价为每周理财对标白名单内同业理财销售价（剔除各同业最高价和最低价后）算数加权平均值。选定对标白名单，是实现市场同业理财对客价这一参数设置的前提。由第三章的分析结果可知，影响银行理财产品智能定价的因素有很多，进行数据匹配难以对所有影响银行理财产品智能定价的因素进行考虑，而只能择核心的因素进行对标白名单的筛选。本书主要考虑期限以及发售对象的影响。

(2) 结合相关的文献以及本书前述章节分析出，影响银行品牌价格调整系数的因素包括但不限于各银行机构的银行理财产品差异化程度、银行的投资能力、银行的服务水平等[①]。为准确度量银行品牌价格调整系数，有必要建立起科学合理的评价指标体系对其进行动态测量。例如，Wind 数据库以满分 100 分、投资能力占 60%、服务水平占 40%的权重，计算各家银行综合能力。银行理财能力评价指标体系如表 4-8 所示。

表 4-8　银行理财能力评价指标体系

Ⅰ级指标	Ⅱ级指标	Ⅲ级指标	Ⅲ级指标构成因素
综合得分	投资能力（60%）	收益能力	超额收益率 证券类产品净值表现
		风险控制	收益实现能力 风险控制措施
	服务水平（40%）	产品线	发行数量 平均发行规模 产品多样化
		信息披露	发行信息披露 到期信息披露
		客户服务	流动性 超额收益率归属 购买渠道

资料来源：Wind 数据库（银行理财能力排行榜，2015 年）

(3) 银行理财资金所投资的资产种类包括但不限于债权类业务（含投行类债权资产）、同业存款、理财资金参与打新股业务、股票质押资产收益权买断业务、

[①] 从本书第三章的分析可知，发行银行的特征会显著影响银行理财产品的定价。具体而言，本书认为应主要从三个方面来考量发行银行的品牌效应：a. 银行理财产品的销售区域，全国性银行销售价格低于地方性银行（因为覆盖客户更多）；b. 银行自身的体量，四大国有银行、股份制银行、城商行的网点数量是不同级别的，对应不同的系数；c. 银行的运营特性，招商银行是全国公认的零售银行，因此个人理财产品可以略低于同等体量银行，但是兴业银行是对公业务优势银行，公司理财定价可以略低。

股票质押式回购业务、伞形信托股票配资业务、券商两融收益权业务、两融资产收益权买断业务、上市公司股票定向增发业务、券商收益权凭证业务、量化对冲型业务、票据资产等。对资产类型溢价进行度量时，可参考相应的信用风险以及市场风险计量模型确定。为方便定价操作，应制定和定期更新资产类型溢价表。例如，对于一年期的股票质押资产，考虑较大的折扣率和明确的补仓止损规定，风险是相对可控的；而一年期的四证不齐的房地产前期启动资管计划存在很大不确定因素，导致存在较大违约的可能，因此溢价要大于股票质押。

（4）期限错配溢价 =（资产期限/理财资金平均期限–1）×期限错配溢价系数。影响期限错配溢价的因素包括但不限于未来市场利率走势判断、未来市场资金面情况等。期限错配溢价系数也是一个变动指标，商业银行应定期根据市场情况进行确定。

（5）系统配置的参数均为智能定价运算过程中的默认参数，交易员可以进行维护。

（二）参数匹配

在对信息系统进行了内嵌参数设置之后，还需要根据所输入的待定价银行理财产品的信息进行参数匹配，从而实现系统运算。通过上面的分析可知，系统运算所涉及的参数主要有市场同业理财对客价、银行品牌价格调整系数、资产类型溢价系数、期限错配溢价系数。图 4-2 呈现了相关参数的匹配流程。在参数匹配的过程中，需要遵循如下一些操作规则。

（1）在匹配市场同业理财对客价这一参数时，为使对标白名单样本量不至于过少，需要不断进行筛选、调试，并适当进行参数重置。例如，待定价银行理财产品期限为 11 天，系统默认设置期限阈值为±2 天（即挑选出期限为 9～13 天的对标银行理财产品），若初步筛选出来的对标银行理财产品数大于 30，则执行下一步操作；若小于 30，则重设期限阈值（如将其放松至±5 天）。

（2）在匹配资产类型溢价系数时，当投资标的为一个资产组合且各类型资产份额明确时，其资产类型溢价系数为各类型资产溢价系数的加权平均值；当各类型资产份额不明确时，以风险程度最高的资产类型溢价系数为准。图 4-2 中算法 1 为对上述问题内容的体现。

（3）在匹配期限错配溢价系数这一参数时，需要通过算法 2 实现：期限错配溢价 =（资产期限/理财资金平均期限–1）×期限错配溢价系数。

（4）当银行理财产品历史数据库（如 Wind）与资产池出现变更时，系统自动与其进行对应。

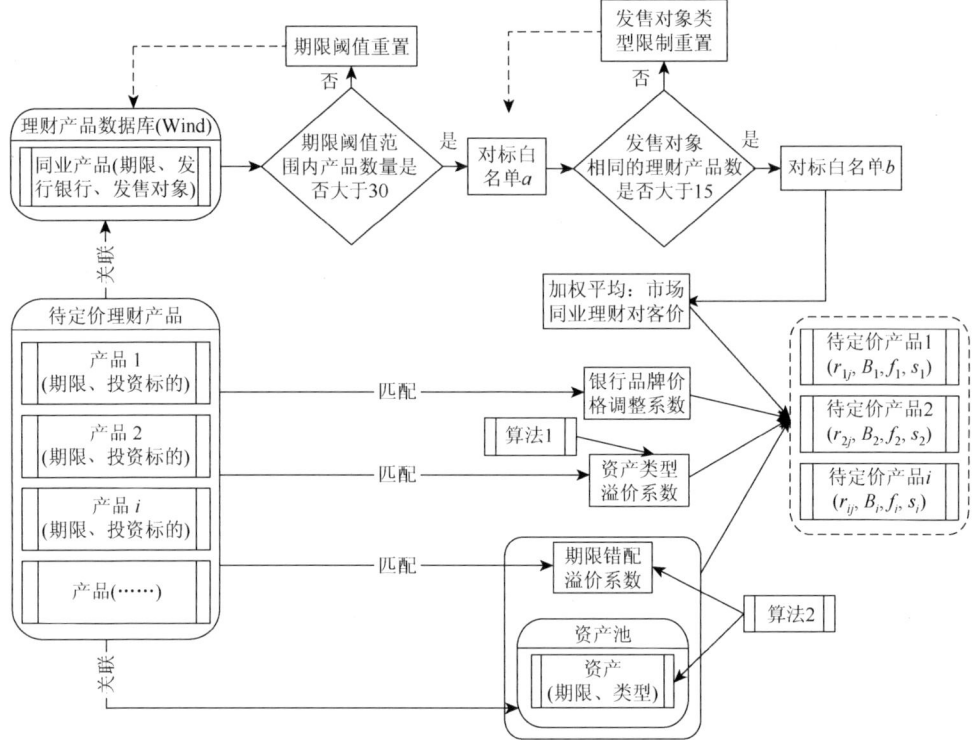

图 4-2　银行理财产品智能定价系统参数匹配流程

（三）系统运算

系统运算是根据所设定的参数以及算法，实现对银行理财产品定价的批处理。其流程如图 4-3 所示。

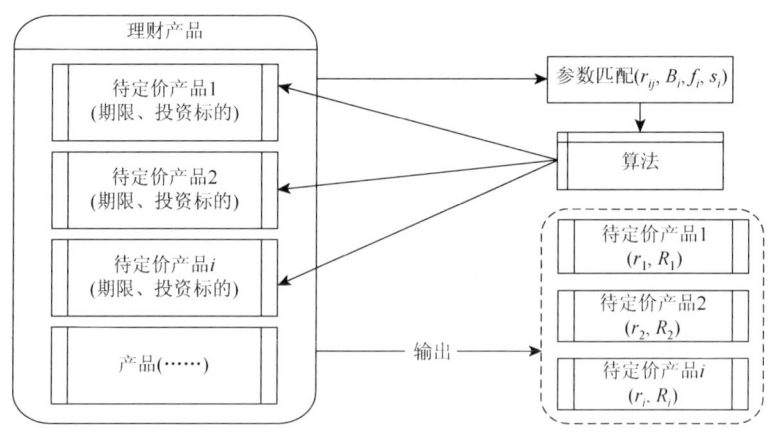

图 4-3　银行理财产品智能定价系统运算流程

在进行系统运算时，需遵循如下操作规则。

（1）系统运算时应依据"参数匹配"部分所列示的算法进行。

（2）系统自动定价完成后，形成智能定价的待办事项，操作员进入待办事项，系统自动输出调整结果，允许操作员进行维护。

（3）智能定价后，会输出银行理财产品发行指导利率以及银行理财产品入池指导利率。此时操作员应进行成本-收益检查，若银行理财产品发行指导利率超过银行理财产品入池指导利率，则由操作员手工进行调整。

（4）若上一期定价过后银行理财产品销售率低于50%，则适当上调预期收益率，调整规则应科学制定。

第五章　银行理财产品智能定价系统运营机制

在本书第四章中，利用博弈模型对典型的银行固定期限类银行理财产品智能定价问题进行了分析，并确定了银行理财产品智能定价区间。该定价区间的上限是银行利用发售银行理财产品所募集资金进行投资所要求的投资回报率，下限则是银行理财产品的发行指导利率，正好契合了资金池-资产池模式的两端。资金池-资产池模式是当下银行固定期限类银行理财产品所使用的主要运作方式，该模式能够通过组合投资分散风险，实现资产的优化配置从而提升收益率。但其内部的资金关系错综复杂，投资标的模糊不清，存在期限错配引发的流动性风险以及资产错配风险收益不匹配的问题，并且难以将风险完全转移给投资者，容易使银行机构陷入"刚性兑付"的困境。为此，2013年3月25日，银监会《8号文》开始着手对银行理财资金的投向、风险拨备进行规范。面对监管机构提出的"穿透式管理"要求，传统资金池将面临转型的局面，资产负债一对一的虚拟资产池合规理财模式将是未来一个重要的发展方向，有助于推动银行理财产品逐渐回归代客本源。

一对一的虚拟资产池合规理财模式是站在管理的角度，将传统资产池运作模式中的"大池子"概念转换为低风险资产池运作模式的"子池子"概念。首先，在银行理财产品发行成功后，将每笔资金对应固定的资产，这样就能减少资产错配带来的一系列风险。其次，将产品的到期监控和资产的到期监控联动起来，做到真正的整体资产负债管理，进行有效的产品发行和资产配置规划，降低资产池的流动性风险。这种模式既能提高银行理财的管理效率，也能全面管理理财风险。

本章将首先参考苏薪茗（2014）的研究构建一个简单模型对一对一理财虚拟资产池模式进行理论阐述，以初步探明其运作机理。在此基础上，进一步针对该模式的两端（"资金池"端和"资产池"端），分别设计资产池资产收益率智能调整运营机制以及资金池智能定价运营机制。

第一节　一对一理财虚拟资产池运作模型的建立

一、模型假设

在构建虚拟资金池-资产池模型时，为方便问题的讨论，本书首先做出如下一些假设。

（1）鉴于中国目前债券市场资产违约情况较为少见，本书假设在虚拟资金池-资产池运营模式中，资产端所有投资的产品违约概率为零。

（2）在虚拟资金池-资产池运营模式中，假设资产池的收益率 $R(t)$ 服从正态分布，并且收益的波动较小（$\sigma^2 \to 0$）。

（3）由于可能存在期限错配情况，资产池的收益率 $R(t)$ 并非与当期的资产收益率 $R_a(t)$ 一致，而与 t 时刻之前的资产收益率也休戚相关。为简化问题探讨，本书假设在 t 时刻资产池的收益率 $R(t)$ 满足式（5-1）：

$$R(t) = \mu_1 R_a(t) + \mu_2 R_a(t-t_0) \quad (\mu_1 + \mu_2 = 1) \tag{5-1}$$

同时，在 t 或 t_0 时刻均不能卖空资产组合，因而可知：

$$\mu_1, \mu_2 > 0 \tag{5-2}$$

其中，t_0 反映的是期限错配的情况。银行理财产品的期限错配催生了流动性风险，如果负债平均期限小于资产，则需不断通过负债的展期（roll-over）来弥补流动性缺口。而一旦展期无法开展，则容易导致产生违约（裘翔，2015）。一般认为，由于虚拟资产池模式实现了资产负债的"一一对应"，传统模式下的"期限错配"空间相对较小。容易得出当 $t_0 \to 0$ 时，资金池与资产池的期限是一致的，不存在期限错配的情况，此时可知：

$$R(t) = (\mu_1 + \mu_2) R_a(t) \tag{5-3}$$

（4）虽然本书假定虚拟资金池-资产池模式中，资产端所有投资的产品违约概率为零。但信用利差 $c(t)$ 作为收益率的一部分仍随着时间的变化而变化。并且与传统的资金池-资产池相比，虚拟资金池模式将资金池每笔资金对应到资产池的固定的资产，能减少资产错配的风险，因此，能获得的信用利差 $c(t)$ 更高。但由于要将产品的到期监控和资产的到期监控联动起来，实现一一对应，必然会产生一定的监管成本 $g(t)$。

二、模型构建

银行在采用虚拟资金池-资产池理财模式时，所投资的资金在 t 时刻的收益率的表达式如下：

$$R_a(t) = [r(t) + \varepsilon(t)] + g(t) + s(t) + c(t) \tag{5-4}$$

其中，$r(t)$ 是银行理财产品的预期收益率；$g(t)$ 是监管成本；$s(t)$ 是期限利差，与 t_0 有关；$c(t)$ 是信用利差[①]；$\varepsilon(t)$ 是调整项，当银行理财产品采用非净值模式时，$\varepsilon(t) = 0$。

---

① 可以认为是某评级的信用债与相应评级、期限的利率品种的价差。

在时点 t，银行可通过虚拟资金池-资产池获取的利差为

$$\Delta t = R(t) - [r(t) + \varepsilon(t)] - g(t) \tag{5-5}$$

假设银行在时点 t 的产品规模为 $Q(t)$，则银行通过虚拟资金池-资产池获取的收益为

$$Q(t)\Delta t dt = Q(t)\{R(t) - [r(t) + \varepsilon(t)] - g(t)\}dt \tag{5-6}$$

进而可知银行在 T 时刻通过虚拟资金池-资产池获取的总收益为

$$\int_0^T Q(t)\Delta t dt = \int_0^T Q(t)\{R(t) - [r(t) + \varepsilon(t)] - g(t)\}dt \tag{5-7}$$

容易得知，银行通过虚拟资金池-资产池发售银行理财产品，不至于产生资金链断裂的风险（即陷入庞氏骗局），银行的累计收益率应满足的条件是

$$\lim_{n \to \infty} \delta(n) \int_0^n Q(t)\Delta t dt \geqslant 0 \tag{5-8}$$

其中，$\delta(n)$ 是 $t = n$ 时刻的折现因子。

将模型（5-1）代入式（5-5）可得

$$\begin{aligned}\Delta t &= R(t) - [r(t) + \varepsilon(t)] - g(t) = (1 - \mu_2)\{[r(t) + \varepsilon(t)] + g(t) + s(t) + c(t)\} \\ &+ \mu_2[r(t-t_0) + g(t-t_0) + s(t-t_0) + c(t-t_0)] - [r(t) + \varepsilon(t)] - g(t)\end{aligned} \tag{5-9}$$

进一步整理得

$$\begin{aligned}\Delta t &= s(t) + c(t) + \mu_2\{[s(t-t_0) - s(t)] + [g(t-t_0) - g(t)] \\ &+ [r(t-t_0) + \varepsilon(t-t_0) - r(t) - \varepsilon(t)] + [c(t-t_0) - c(t)]\}\end{aligned} \tag{5-10}$$

由式（5-10）中可知，银行的收益利差由两部分组成：一部分是期限利差和信用利差之和（即 $s(t) + c(t)$）；另一部分可称为风险，包含了四种不同的风险。其中 $[r(t-t_0) - r(t)]$ 为短期利率波动的风险，$[s(t-t_0) - s(t)]$ 为期限利差波动的风险，$[c(t-t_0) - c(t)]$ 为信用利差波动的风险，$[g(t-t_0) - g(t)]$ 为监管利差波动的风险。上述四种风险主要是由期限错配引起的。如果银行不进行期限错配，那么风险部分是不存在的。

对式（5-10）求偏导数，可以得到

$$\begin{cases} \dfrac{\partial \Delta}{\partial r} = -\mu_2 < 0 \\[4pt] \dfrac{\partial \Delta}{\partial g} = -\mu_2 < 0 \\[4pt] \dfrac{\partial \Delta}{\partial s} = 1 - \mu_2 > 0 \\[4pt] \dfrac{\partial \Delta}{\partial c} = 1 - \mu_2 > 0 \end{cases} \tag{5-11}$$

三、结果分析

从式（5-11）中不难发现，银行利差与信用利差、期限利差呈正相关关系，与资金成本、监管成本呈负相关关系。期限利差的大小，与央行的货币政策休戚相关。具体而言，当央行采取较为宽松的货币政策时，市场的短期利率将会下降，而长期利率则更多地受制于经济基本面。因而收益率期限会出现下行，期限利差 $s(t)$ 将会扩大，进而银行的利差得以扩大。而对于信用利差，可认为是银行品牌、风险控制水平等因素的综合反映。例如，在一对一理财虚拟资产池模式下的某银行理财产品，由于实现了资产负债的一一对应，降低了资产错配的风险，其信用利差可能会高于类似期限、种类的非一对一理财虚拟资产池模式下的银行理财产品。

此外，银行理财产品是否为"庞氏骗局"一直备受争议。从式（5-10）的结构来看，$\Delta t<0$ 是银行理财产品进入"庞氏结构"的一个必要但不充分条件。而要满足 $\Delta t<0$，需要以下两个条件中至少有一个成立：

$$\begin{aligned}&s(t)+c(t)<0\\&[s(t-t_0)-s(t)]+[g(t-t_0)-g(t)]\\&+[r(t-t_0)-r(t)]+[c(t-t_0)-c(t)]<0\end{aligned} \quad (5\text{-}12)$$

由于 $s(t)+c(t)$ 持续大于 0，条件（1）成立的市场情况应是期限利差出现负值，即远期利率小于短期利率，收益率曲线出现倒挂（inverted yield curve）的情况。由式（5-11）可知，银行利差与短期利率及监管成本为负相关，而与期限利差和信用利差均为正相关。因此容易得知条件（2）成立的市场条件是短期利率或监管成本上升。在采用虚拟资金池-资产池理财模式的情况下，为避免产生银行利差为负的情况，可从两方面着手。

第一，打破银行理财产品的刚性兑付局面。刚性兑付在式（5-12）中的含义便是 $r(t)$ 是一个无风险利率，银行不能对之进行调整。因此，当短期利率上行时，理财资金的安全性便无法得到保障。刚性兑付的存在不利于投资者树立风险防范意识，致使投资者将银行理财产品视为与银行存款相似的无风险投资，导致其将大量的风险集中在银行表内而无法得到转移，从而容易引致流动性风险。需要注意的是，打破"刚性兑付"并不能简单地归结为将一笔失败的投资损失分摊到若干个购买银行理财产品的投资者身上，此举不符合银行理财投资的逻辑，并且可能会引发社会问题。本书认为，打破"刚性兑付"，可遵循如下逻辑。其一，打破刚性兑付的前提，首先得确保银行理财行为"合规"。所谓"合规"，依据银监会《35 号文》[①]的内容，概括起来就是"单独核算、风险隔离、行为规范、归口管理"。其二，在合

[①]《中国银监会关于完善银行理财业务组织管理体系有关事项的通知》（银监发[2014]35 号），简称《35 号文》。

规的基础上，应加快产品创新力度。例如，如果投资者开始接受净值型产品，则商业银行可通过合理的资产配置和组合投资控制风险，使资产收益率在预期的范围之内波动，如此刚性兑付问题将不解自破。在净值模式下，银行兑付的实际利率不再是 $r(t)$，而是 $[r(t)+\varepsilon(t)]$，该调整项与资产端的收益率挂钩。净值型产品为商业银行在融资供给端的创新提供了更大的空间，解决了利率市场传统固定收益类投资的局限，避免了传统理财单一债权类融资结构的风险。

第二，建立标准化的监管体系，完善监管体系的运营机制，切实降低监管成本。自《8号文》出台以后，多家银行也开始着手拆分资产池和资金池。但资产池和资金池的拆分并不是意味着对原有物理账户进行账面拆分即可，还应探索出一一对应模式下的监管问题，解决对应的核心系统建设、关联交易定价、托管账户拆分等问题。完成上述一系列的工作，势必会让银行机构付出较为高昂的监管成本。因而在实际操作中，商业银行虽然设立了多个虚拟账户实现了物理账户的拆分，但限于人力、物力等成本因素，在银行理财产品运行的监管方面多有不力，多个产品间的损益依然可以通过关联交易的途径进行内部转移，这使得《8号文》的监管目的并未达到。要解决上述痼疾，对于银行机构而言，其应不断进行理论和实践的探索，汲取国内外相关经验教训，从而在保障资产负债一一对应的同时，最大限度地降低监管成本。而对于监管部门而言，其应在《8号文》"堵"的基础上，切实考虑其中的监管成本因素，需要设计出更好的机制以实现"疏"的作用。

第二节 基于智能定价系统的资产收益率智能调整运营机制

由本书第四章的分析可知，资产池端定价的决策目标主要是保证到期偿付银行理财产品说明书上规定的收益率，从而不至于发生违约行为。在传统资金池-资产池模式下，由于资产负债不必建立起一一对应关系，只要银行机构的理财账户保有盈余，即便银行机构某一笔投资产生失误，但由于理财资金与投资标的的对应关系难以追溯，资金池端的银行理财产品一般而言不至于出现兑付危机。但是在资产负债一对一的虚拟资产池合规理财模式下，传统资产池运作模式中的"大池子"概念转换为低风险资产池运作模式的"子池子"概念，资金与标的资产不能被错配。尽管银行机构的理财账户整体保有盈余，但只要某一投资标的出现问题，与之一一对应的资金池端的银行理财产品即有可能产生违约。在该模式下，银行机构的操作难度无疑将陡然增加，但有助于银行理财业务回归"代客理财"的本质。为积极应对这一转变，银行机构有必要设计科学合理的资产池资产收益率智能调整运营机制，以平滑资产池资产收益率，对冲可能出现的操作风险和违约风险。

但是金融市场是一个不可测因素众多、非结构化、非线性、具有混沌现象的复杂系统;金融市场行为是一个典型的局部随机而全局确定、周期性与非周期性现象循环共存的非线性混沌动力学系统,而商业银行理财的一对一虚拟资产池模式则是这个多变的宇宙中的一颗彗星,很难表达和获取其变化趋势,更难以用传统的线性分析或者历史回溯方法来预知其走势。因此,本书将引入智能信息处理方法,探寻一对一虚拟资产池资产收益率调整解决方案,为系统开发人员开发智能信息处理系统提供清晰的思维路径。

一、一对一虚拟资产池理财模式面临的问题

相对于传统资产池运作而言,改良的虚拟资产池理财模式由于将资产和负债一一对应,将面临如下两个严峻的问题:第一,资产的剩余期限与单个理财的存续期限不匹配;第二,资产的收益率与单个理财的说明书收益率不匹配(苏薪茗,2014)。根据期限和收益率两个维度,通过将上述问题进行情景分析,很容易得到下面四种情景,见表5-1。

表5-1 虚拟资产池理财模式下成本与收益情况分析

情景	内容
I	资产剩余期限小于产品存续期限资产收益率小于产品说明书收益率
II	资产剩余期限小于产品存续期限资产收益率大于产品说明书收益率
III	资产剩余期限大于产品存续期限资产收益率大于产品说明书收益率
IV	资产剩余期限大于产品存续期限资产收益率小于产品说明书收益率

上述四种情景中,情景II和情景III均属于资产收益率大于产品说明书收益率,情景I和情景IV均属于资产收益率小于产品说明书收益率的情况。容易得知,情景II和情景III处理起来较为简单,几乎不存在任何风险。在情景II中,资产收益率大于产品说明书收益率且资产先于银行理财产品到期,当资产到期后,只需要正确计算客户应得收益再次配置新资产即可。在情景III中,资产收益率大于产品说明书收益率且银行理财产品先于资产到期,当理财到期后,只需要正确计算客户应得收益并卖出资产即可。而对于情景I和情景IV,因为它们的特点都是资产收益率小于产品说明书收益率,所以很难一次性解决资产负债一对一匹配的问题。如果不进行资产干预处理,那么待银行理财产品到期之日,客户将无法获得产品说明书上的预期收益,就会存在违约风险。

综上所述,改良的资产负债一对一的理财模式需要解决的问题是如何处理资产收益率小于产品说明书收益率的情况。但在一对一虚拟资产池模式下,标的资产规

模庞大,期限结构、风险因素各异,资产与负债之间的关系错综复杂,如何进行适当的资产干预,是摆在众多银行机构面前的一道难题。事实上,银监会《8号文》自2013年发布至今,各大银行机构对"单个银行理财产品独立建账"这一规定是有心无力,资产和产品的一一对应仅仅反应在记账上,可谓名不副实。本书认为,就目前的形势来看,要想真正运行资产负债一对一的理财模式,需要以降低操作难度以及相应的成本为前提。而这需要银行机构进行各类机制创新,尤其是针对资产池资产收益率进行科学调整,是保障银行理财产品按期兑付的重要途径,是银行机构在激烈的竞争中不落下风的重要凭借。本书将在下面对如何处理"资产收益率小于产品说明书收益率"这一类情况进行分析。

二、虚拟资产池资产收益率智能调整运营机制设计的原理

正如前所述,改良的资产负债一对一的理财模式需要解决的问题是如何处理资产收益率小于产品说明书收益率的情况。为此,本书首先引入一个分段函数对之进行分析,如图5-1所示。例如,一个银行理财产品的说明书上规定的预期收益率为 r_0,在产品起息日 t_0 时配置收益率为 r_2 的资产,因为 r_2 小于 r_0,存在到期后资产收益不足以偿付资金成本的风险,所以我们必须在产品存续期间的某一日时间 t_1 将收益率为 r_2 的资产卖出并买入收益率为 r_1 的资产(其中 r_1 大于 r_0),从而提升平均收益率,最终满足产品到期日 t_{end} 时客户能够获得预期收益。当然图5-1中的 t_1 可能落在 t_0 和 t_{end} 之间,也可能落在 t_{end} 之后,这分别对应上面提及的情景Ⅰ和Ⅳ。

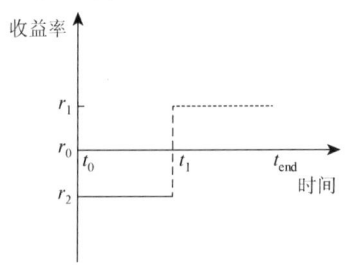

图 5-1 虚拟资产池模式下分段资产配置

其中,情景Ⅰ相对情景Ⅳ处理起来较为简单。在情景Ⅰ中,资产收益率小于产品说明书收益率且资产先于理财到期,在 r_2 资产到期的时间点 t_1 正确计算客户应得收益并再次配置高收益率 r_1 新资产即可。而在情景Ⅳ中,资产收益率小于产品说明书收益率且理财先于资产到期,因此需要找到合适高收益率 r_1 新资产在合适的时间点 t_1 卖出 r_2 资产,才能满足到期日 t_{end} 时客户能够获得预期收益。而要实现该操作,如果只是被动地等待市场机会出现,那么对于银行机构拥有的庞大银行理财产品规模而言,这几乎是一个不可能完成的任务。为此,银行机构应该针对现有资产配置情况,设计出科学合理的收益率智能调整运营机制,才能化被动为主动,提升资产重新配置的效率,最终使资产收益率足以覆盖资金成本。

一对一理财虚拟资产池资产收益率人工智能信息处理是指通过系统自动配置资产到不同收益率的产品中,通过高低搭配智能调节虚拟资产包中资产的到期收

益率，从而形成良性循环的配置机制。目前大多商业银行理财产品以及资产包均实行分档管理。例如，某商业银行理财按照产品收益率可以分成三档，其中0%～3.0%为第一档，3.0%～4.0%为第二档，4.0%～7.0%为第三档。资产包按照到期收益率可以对应成三档，其中 1%～3.5%为第一档，3.5%～4.5%为第二档，4.5%～10%为第三档。

一对一理财虚拟资产池资产收益率智能调整运营机制是采用类似田忌赛马的模式，将高收益资产配置入低于同档收益率水平的产品中，以提升资产的到期收益率，最终达到将低档资产转换为高档资产的目的（图 5-2）。例如，将第二档的债券 041261033（12 联通 CP002）按照 2013 年 4 月 2 日估值收益率 3.82%配置入第一档产品 8136 中 90 天，按照 8136 的产品客户收益率 2.20%加上销售费 0.6%共 2.80%算持有成本，90 天后卖出债券 041261033（12 联通 CP002）的到期收益率提升为 4.62%，达到第三档资产的收益率水平。然后，该债券可以用于配置第三档的理财 51322 中，满足其 4.1%客户收益率和 0.5%销售费的需求。

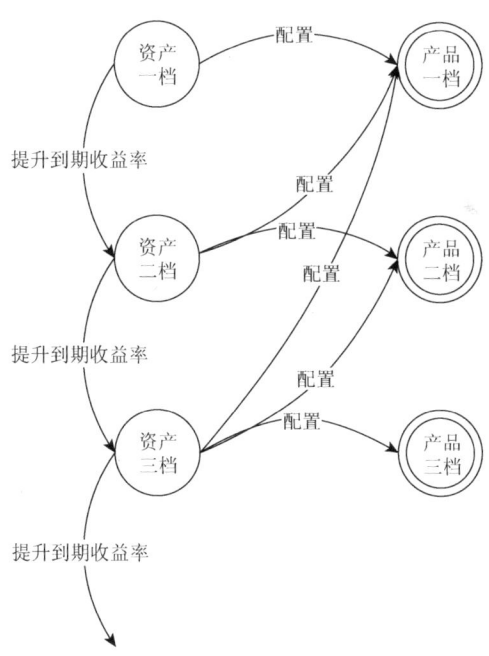

图 5-2　理财虚拟资产池资产收益率人工智能信息处理机制的原理

三、虚拟资产池资产收益率智能调整信息系统设计

实现理财虚拟资产池资产收益率的人工智能信息处理，有赖于构建智能信息系统。以下将针对智能信息系统的构建进行说明。

（一）智能信息系统构建的思路及框架

为满足银监会的监管要求，本书认为应采用前面所述的一对一虚拟资产池模式。一对一虚拟资产池主要由一个核心池和多个卫星池（即资产池）构成（图5-3）。每个产品单独建立资产池，产品登记时要选定核心池，如果选定核心池后，卫星池自动加入核心池的资产池组。核心池出现变更时，系统自动修正核心池与卫星池的对应关系。当产品起息后，卫星池从核心池批量买入资产；产品到期后，系统批量卖出资产，以期初期末的买卖价差覆盖负债端成本。

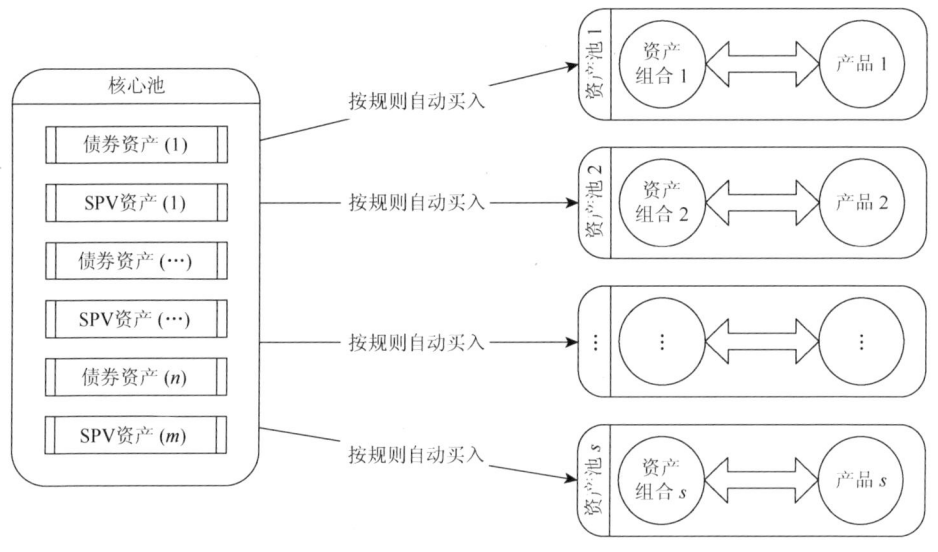

图5-3　核心池与卫星池的对应关系

SPV为特殊目的载体（special purpose vehicle）

对银行理财产品收益率进行智能调整，旨在根据信息系统中内嵌的算法，从收益率、期限、面值等方面着手，实现卫星池资产的自动批量买入、到期批量卖出、存续期价格监控、存续期自动买卖债券等功能。这种处理问题的思路及框架可抽象概括为图5-4所示。

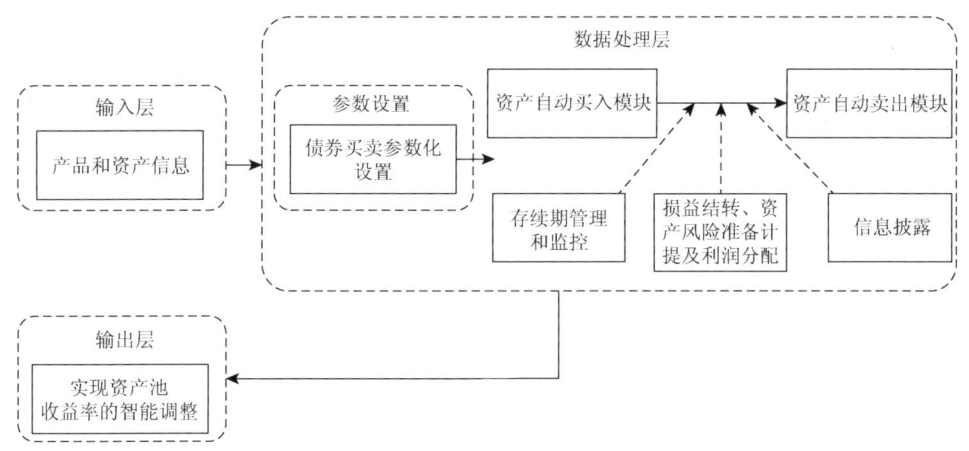

图 5-4　银行理财产品收益率智能调整信息系统框架

(二) 智能信息系统的算法框架

算法框架能够给出资产池资产收益率智能调整这类特定问题的操作方法,并明确地表示其确定的意义,为系统开发人员开发智能信息处理系统提供清晰的思维路径。同时,它清晰地展现了问题给出的初始数据,经过一系列操作(算法的实现过程),完成问题的解答,最终输出一个或多个运算结果。因而确定合适的算法原则是构建信息系统的关键环节。根据上面所阐述的资产池资产收益率智能调整的原理,本书假定某个卫星池开始从核心池买入资产时,假设产品的起息金额为 M,负债端的成本收益率为 r_p,资产挑选的算法如下。

步骤 1:将核心池中的资产(债券和 SPV)按照到期收益率从小到大排序。

步骤 2:确定在"到期收益率阈值"①范围内是否存在备选资产。

情形 1:存在、期限满足"资产期限阈值"、头寸 $\geq M$,则循环终止,资产挑出。

情形 2:存在、期限满足"资产期限阈值"②、头寸 $< M$,进入步骤 3。

情形 3:存在、期限不满足"资产期限阈值",进入步骤 3。

步骤 3:确定出资产收益率介于成本收益率 r_p 间的第 n 和第 $n+1$ 个资产(在计算时需要筛选资产的期限阈值)。

---

① 在挑选卫星池的资产时,若债券或 SPV 的到期收益率处于负债收益率的阈值范围内,则可直接购入资产。例如,若某只 SPV 的到期收益率为 4%,负债收益率为 3.96%,若阈值为 0.5%,则意味着收益率在 3.91%~4.01% 的资产可直接购买入池。

② 若资产剩余期限落入阈值范围内,资产可购入。例如,资产期限阈值为-3 天,产品期限为 60 天,则剩余期限超过 57 天的资产可买入。

情形 1：对于步骤 2 中的情形 3，解方程组：

$$\frac{M_n}{M_n + M_{n+1}} \times r_n + \frac{M_{n+1}}{M_n + M_{n+1}} \times r_{n+1} = r_p$$

$$M_n + M_{n+1} = M$$

其中，r_n 和 r_{n+1} 分别为第 n 和第 $n+1$ 个资产的收益率，从方程组解出第 n 和第 $n+1$ 个资产所需的头寸 M_n 和 M_{n+1}。

（1）若 M_n 和 M_{n+1} 均大于等于核心池中的资产余额，则循环终止，资产挑出。

（2）若 M_n 和 M_{n+1} 中一个或两个资产的余额不足，则在买断不足资产的基础上，继续向上或向下寻找资产。例如，若两个资产的余额均不足，两者的头寸分别为 S_n 和 S_{n+1}，则解方程：

$$\begin{cases} \dfrac{S_n}{S_n + S_{n+1} + M_{n-1} + M_{n+2}} \times r_n + \dfrac{S_{n+1}}{S_n + S_{n+1} + M_{n-1} + M_{n+2}} \times r_{n+1} + \dfrac{M_{n-1}}{S_n + S_{n+1} + M_{n-1} + M_{n+2}} \times r_{n-1} \\ + \dfrac{M_{n+2}}{S_n + S_{n+1} + M_{n-1} + M_{n+2}} \times r_{n+2} = r_p \\ S_n + S_{n+1} + M_{n-1} + M_{n+2} = M \end{cases}$$

解出 M_{n-1} 和 M_{n+2}。若 M_{n-1} 和 M_{n+2} 均超过资产余额，则循环终止，资产挑出；否则，继续重复（2）。

情形 2：对于步骤 2 中的情形 2，在买断资产 M_n 的基础上，采用上面（2）中的计算方法，解出资产 M_{n-1} 和 M_{n+1}，若头寸不足，则继续采用上面（2）中的方法，扩大资产挑选范围。

步骤 4：资产买入完成后，根据资产池中的现金头寸和"资金拆借阈值"提示操作员进行资金拆借，若操作员不干预，则系统自动生成隔夜拆借交易。

（三）智能信息系统的构架

由图 5-4 可知，一对一理财虚拟资产池资产收益率智能调整信息系统大致包括七大模块，以下将对之进行一一说明。

1. 参数设置模块

收益率智能调整信息处理系统在运行之前，首先需要对一些相关参数进行设置。由于银行理财产品募集资金的投向主要为债券，本书将对债券参数化设置进行说明。在自动买卖债券时（包括产品起息时资产配置、产品存续期调仓、产品到期卖券），对债券价格实现参数化设置，可以选择市价和成本价两种模式，如表 5-2 所示。

表 5-2 债券价格参数设置的模式选择

要素	说明
债券成本价	分为两种情况： 1. 卫星池从核心池买入时，债券成本价为该债券在核心池的当日成本价（系统会每日计算）； 2. 卫星池向核心池卖出时，债券成本价为该债券在卫星池的当日成本价（系统会每日计算）
债券市价	指债券上一工作日的日终全价，系统会每日从财汇系统中导入

在进行参数设置时，应遵循如下一些规则。

（1）债券买入发生在产品起息和存续期两个环节，上述两个环节的买入分别进行参数化设置。

（2）债券卖出发生在存续期和产品到期两个环节，上述两个环节的卖出分别进行参数化设置。

（3）私募债和公募债也应分别进行买卖价格的参数设置。

（4）系统配置的价格为债券买卖的默认价格，交易员可以维护。

（5）SPV（非标资产）只能按照成本价买卖。

2. 资产自动买入模块

单一产品从核心池中自动购入资产，应尽量匹配资产和产品的收益率。资产自动买入的流程图如图 5-5 所示。

应用人工智能和机器学习理论，在资产自动买入环节，应遵循如下一些操作规则。

（1）系统自动买入时，将核心池中的资产按照到期收益率从大到小排序。

（2）若资产的到期收益率位于产品收益率的阈值范围内，优先买入这类资产；同时，在挑选出的资产中优先选择超过产品期限最短的资产。

（3）若阈值范围内的资产还未达到资产配置的要求，则存在两种可能性：①没有在到期收益率阈值范围内挑选过资产，此时确定出到期收益率介于负债收益率[①]之间的两个资产，解方程组可以确定出两类资产的购入面值；若系统计算出的面值超过核心池中的头寸，则在买断该资产的基础上，重复上述步骤。②若在到期收益率阈值范围内挑选过资产，则在买断该资产的基础上，重复①。此外，每次循环时均要考虑资产的剩余期限是否落在"资产期限阈值"范围内。

---

① 负债收益率 = 产品收益率 + 销售费率 + 托管费率，用以计算卫星池负债端的整体收益率。

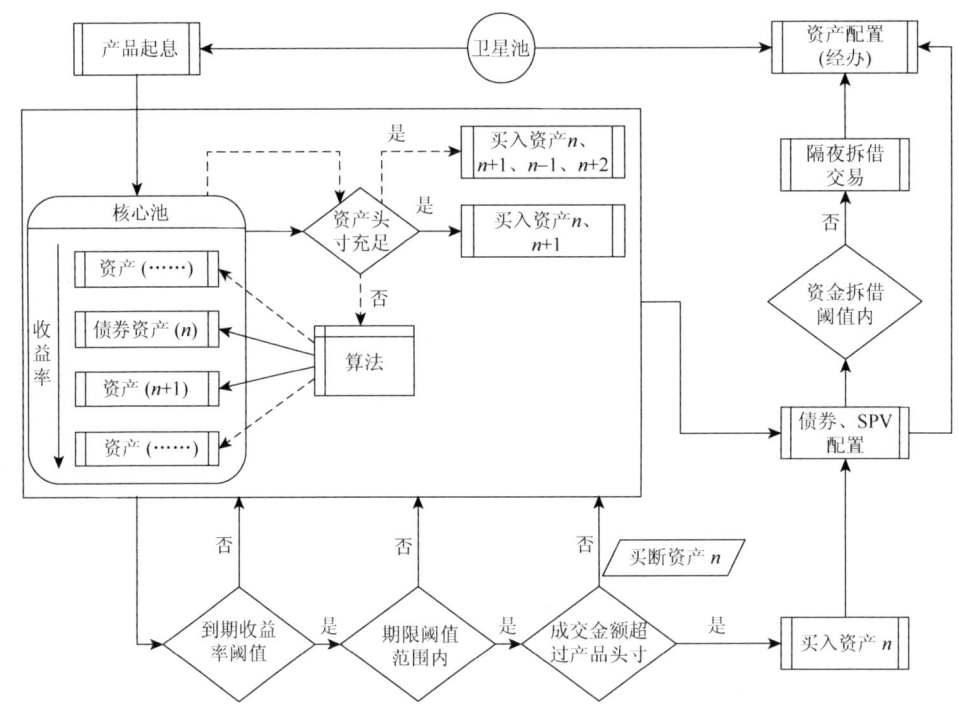

图 5-5　资产自动买入处理流程

（4）在资产挑选的过程中，若资产面值小于资产挑选阈值[1]，则放弃购买。若卫星池中的现金超过资金拆借阈值[2]，系统自动生成隔夜拆借交易。

（5）对于系统自动生成交易，交易员可以维护交易要素，也可以删除，并进行手工挑选。

（6）资产配置完成后，资产端的收益率和负债端收益率在资产管理监控台中展示。

（7）资金拆借值取整时，根据"资金拆借阈值"整数倍的原则取整[3]。

（8）起息后，形成卫星池资产配置的待办事项，交易员进入待办事项，系统自动挑选出资产后，允许交易员进行手工修改，包括手工挑选资产、修改交易要素信息。

（9）资产配置需要进行限额检查，若出现超限，则由交易员手工调整资产。

（10）债券买入按照成本价、市价进行参数化配置。

---

[1] 在挑选卫星池的资产时，若挑选出资产面值小于阈值，则该资产可不必购买；同时，若在购买某项资产后，剩余面值小于阈值，则将该部分资产也一并买入。

[2] 卫星池中的现金超过该阈值后，提示交易员进行资金拆借。

[3] 通过公式挑选出资产后，根据取整单位确定买入金额。

3. 存续期管理和监控模块

该模块是对资产进行存续期维护和管理,其处理的流程图如图 5-6 所示。

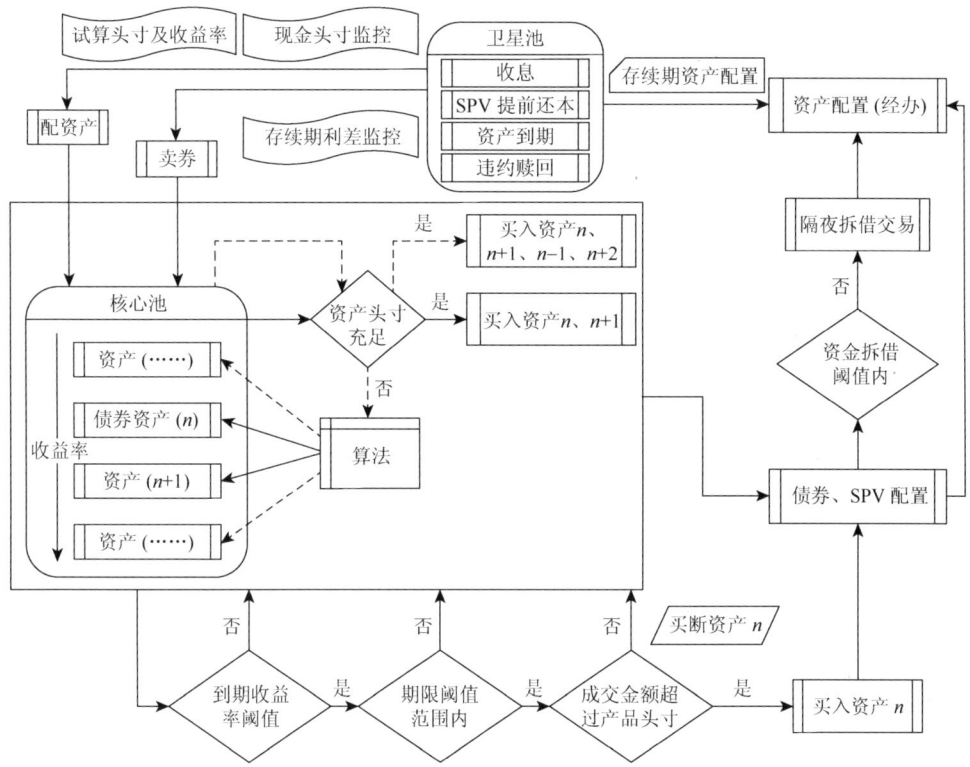

图 5-6 存续期管理和监控流程

在存续期管理和监控业务环节,应遵循如下一些操作规则。

(1) 若债券的成本价超出了"价格偏离阈值"[①],则按成本价将债券卖出。

(2) 存续期买券的规则为:根据系统当日的资产余额,计算需要配置资产的收益率,然后按照上面的算法进行选券。

(3) 批处理后,超过阈值形成资产卖出的待办事项。若资产端收益率与产品端收益率的偏离超过了阈值[②],则系统自动形成卖出成本收益率最低债券的交易,交易员修正后提交复核。

---

① 判别公募债券的成本价是否处于市价的阈值范围内,若债券成本价偏离阈值,则形成自动卖券交易。
② 收益率偏离阈值用以监测资产端收益率与负债端收益率的偏离。

（4）根据"现金头寸阈值"，信息系统实时对卫星池的现金头寸进行监控，当现金头寸超过阈值后，自动形成"批量买入资产的待办事项"，并根据上面的算法批量买入资产。

（5）资产配置完成后，批量形成隔夜拆借，交易员维护一次利率即可（当前核心资产池）。

（6）卫星池的现金头寸要做闭市检查，超过阈值不可正常闭市，但可强制闭市。

（7）债券买入、卖出价按照成本价、市价进行参数化配置。

（8）可以按照资产池组、核心池进行监控和报表。

4. 拆借交易的处理模块[①]

在资产配置时（包括产品起息和存续期管理），给出拆借交易的处理模式。其业务流程如图 5-7 所示。

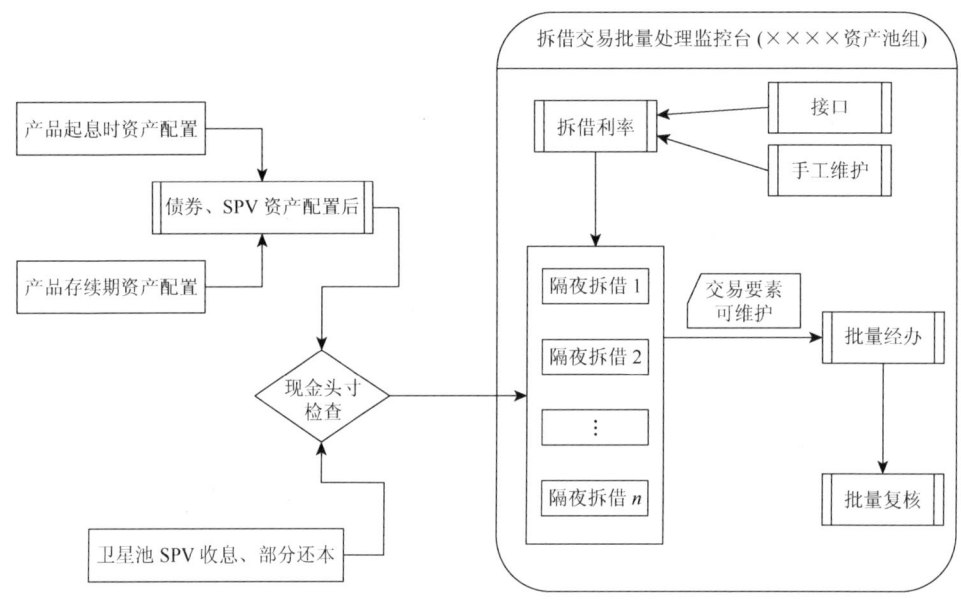

图 5-7 拆借业务流程

5. 信息披露模块

进行信息披露是降低商业银行声誉风险的重要举措。信息系统关于信息披露的处理流程如图 5-8 所示。

---

① 此模块为存续期管理和监控的子模块，见图 5-6 中"隔夜拆借交易"。

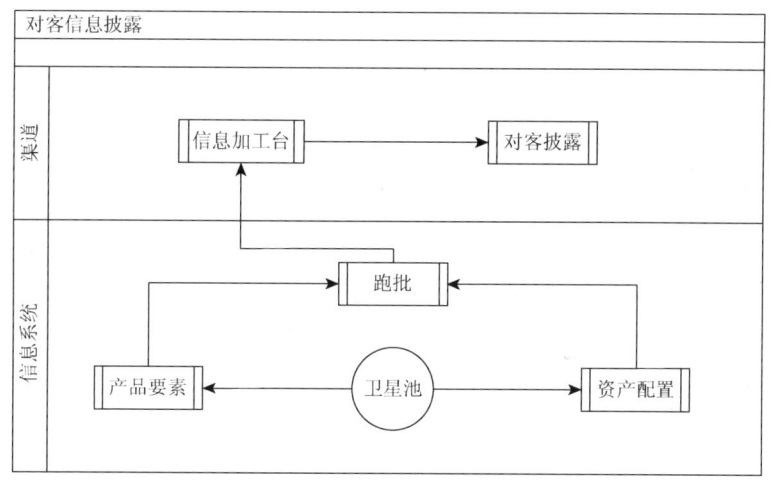

图 5-8　信息披露业务流程

在信息披露业务环节，应遵循如下一些操作规则。

（1）对于债券资产和非标资产分别进行信息披露。

（2）信息披露分为整体概括性披露和明细披露两个维度。

（3）整体资产的概括性披露等同于资产池资产负债表的资产端。

（4）对债券和非标资产的明细是否显示进行参数化设置。

6. 损益结转、资产风险准备计提及利润分配模块

该业务模块的操作目标是：对于资产池组（包括核心池及其附属卫星池），每日批处理计算资产池组的应计风险准备，并于季末从"未分配利润-已实现损益"科目中结转实际资产风险准备,然后再对资产池剩余的"未分配利润-已实现损益"进行利润分配，结转至行内大帐。其操作流程如图 5-9 所示。

在损益结转、资产风险准备计提及利润分配业务环节，应遵循如下一些操作规则。

（1）在存续期内，只在核心池中进行计提风险准备。

（2）将实际风险准备作为资产负债表中的资产项。

（3）对于资产池，每期末（参数化设置，可按月度、季度或年度，默认为季度）对资产池损益科目进行结转，结转后损益科目余额为零。产品到期后，所有损益科目余额也要进行结转。

（4）存续期内，每期末（参数化设置，可按月度、季度或年度，默认为季度）对资产池的已实现损益进行利润分配，利润分配后"未分配利润-已实现损益"科目余额为零。利润分配的实际操作可在每期结束后三个工作日或产品到期后三个工作日之内完成。

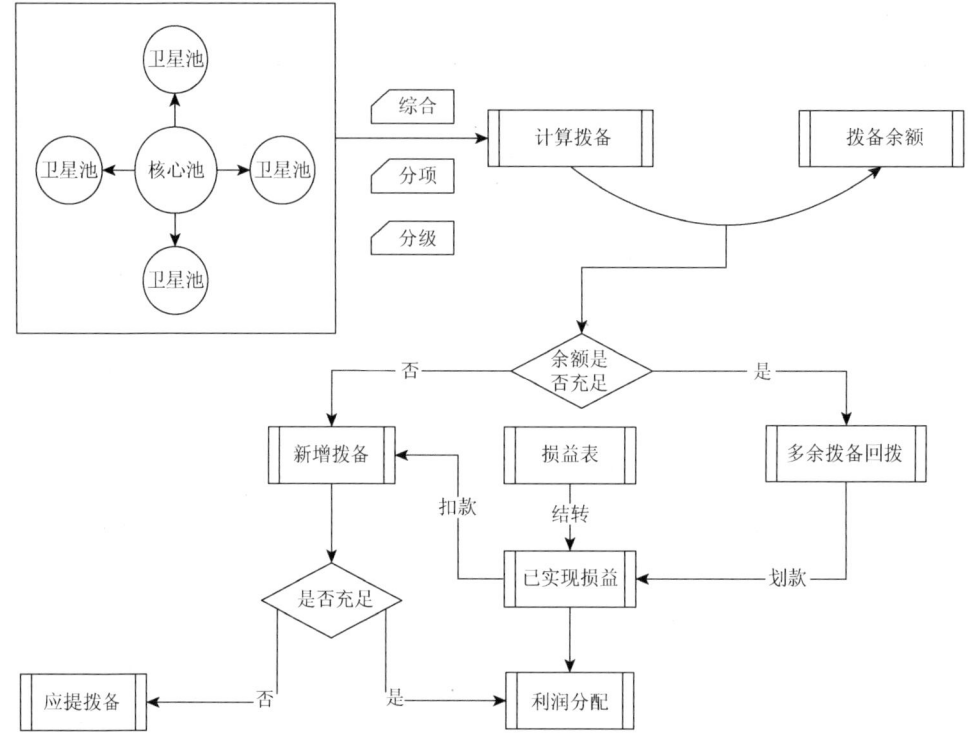

图 5-9　损益结转、资产风险准备计提及利润分配业务流程

7. 产品到期资产自动卖出模块

卫星池的产品到期后,在到期日系统自动跑出代办事项,并给出各个资产(包括债券和 SPV)的参考卖出价格,由交易员做确认,批量卖出给核心池。资产自动卖出业务流程如图 5-10 所示。

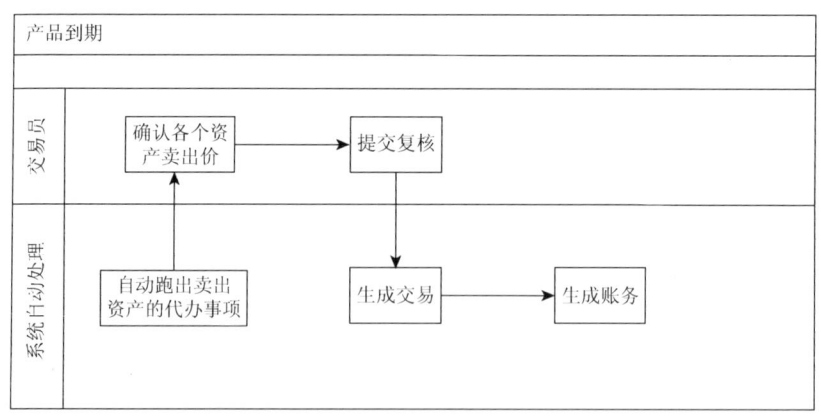

图 5-10　产品到期资产自动卖出业务流程

在产品到期资产自动卖出环节,应遵循如下一些操作规则。

(1)卫星池的产品到期后,在到期日日初系统跑批功能自动跑出代办事项,并给出各个资产(包括债券和 SPV)的参考卖出价格,由交易员做确认,批量卖出给核心池。

(2)卫星池中每个资产的参考卖出价格采用成本价。

(3)对于卫星池中资产的到期日和产品到期日相同的资产,资产到期,系统自动做资产到期交易,完成相关账务入账。

(4)批处理日切后,如果债券成本价超过了阈值,交易员手工干预(形成待办),否则,系统自动按照成本价卖出债券。

(5)债券卖出价按照成本价、市价进行参数化配置。

第三节 基于智能定价系统的产品价格智能调整运营机制

本书在本章第二节中针对资产池的收益率动态调整问题进行了分析,与之相对应的是,负债端的银行理财产品价格也并非一成不变的。事实上,对于资产收益率和负债成本的关系,本书倾向于认为资产端决定负债成本。原因在于,理财业务竞争激烈,而且理财业务有一定的期限错配,所以银行支付的理财收益率上升和下降的速度要慢于资产收益率,出现时间差。因此,通常资产端收益率调整速度快于负债成本,所以负债成本往往表现出拖延资产端收益率变化的性质。为此,也需要根据市场状况、自身产品现状等因素对负债端成本进行动态调整,做到对市场变化的即时反应,引导资金流向不同期限结构的银行理财产品,以维护自身的市场竞争力和品牌吸引力,从而尽可能地维持资金池规模的稳定性以及各银行理财产品结构的合理性。本节将引入产品阶梯价格补偿的概念,对银行理财产品价格的智能调整问题进行分析。需要指出的是,本节的分析是基于整体理财的视角出发的,其所指的产品价格并非指单个银行理财产品的价格,而是某期限银行理财产品的均价。

一、各期限产品价格智能调整的原理

考虑现阶段银行机构的表外理财报价为各期限单独定价,不但对人为干预的依赖度较大,而且对市场的响应慢、精确度低。因此提出价格补偿概念。进行价格补偿的目的在于:得到一个能稳定加强成本控制的定价机制,通过这个机制对银行理财产品价格进行动态调整,引导客户购买不同期限产品,从而维持各银行理财产品结构的平衡性,以避免引致流动性风险。需要指出的是,本节所指的价格补偿,主要针对的是银行理财产品价格的短期调整。而在长期,为避免过大的偏误,应结合第四章提出的定价公式对价格(负债端的设计收益率)进行定期校

准。进行价格补偿时，主要考虑的因素有成本、期限以及各期限银行理财产品的份额。各产品价格补偿的原理主要为流动性溢价理论、预期理论。按照流动性溢价理论，长期债券的利率是投资者预期的长期债券到期前平均短期债券利率，加上债券到期日越长其值越大的期限溢价（term premium）。其中，期限溢价是指为了愿意购买长期债券而不是一连串相似短期债券，投资者所要求的额外利率（孙云辉，2005；闵晓平等，2009）。银行理财产品大多具有期限结构，因此在价格补偿机制设计中，银行理财产品的期限结构是一个需要考虑的重要因素。而根据预期理论，当投资者预期未来的短期利率会低于当前的短期利率时，投资者倾向于通过长期债券预先锁定利率以规避短期利率下降的风险，这会导致对长期债券的需求增加，从而推高其交易价格，进而造成收益率下降，可能会引致一条向下的收益率曲线，即出现"收益率倒挂"现象（李宏瑾，2012；莫扬等，2014）。基于此，本书认为各期限银行理财产品的余额占比能在一定程度上反映投资者对未来市场的预期。如果投资者预期未来市场流动性趋松、短期利率有可能下降，就倾向购置期限较长的银行理财产品锁定收益，从而导致长期限银行理财产品余额占比相对较高。反之，如果投资者预期未来市场流动性趋紧、短期利率有可能上升，则更青睐于短期银行理财产品，从而导致长期限银行理财产品余额占比较低。因此，在价格补偿机制设计中，也应考虑各期限产品余额占比的相对大小，以引导客户购买不同期限产品，从而维持各银行理财产品结构的合理性。

在正式给出"价格补偿"的概念之前，首先对"点差"这一重要概念进行界定。假设某银行现有各期限银行理财产品的加权平均价格为 $\bar{r}$，某期限产品 T_i 的价格为 r_i，当 $r_i < \bar{r}$ 时，即认为期限产品存在 $(\bar{r} - r_i) \times 100\text{bp}$[①]个点差。在明晰了这一概念之后，进一步对价格补偿进行说明。各期限产品价格补偿是通过制定一套合理的价格补偿机制，对于满足 $r_i < \bar{r}$ 这一条件的某期限产品 $T_i(i = 1, 2, \cdots, n)$ 扣 $(\bar{r} - r_i) \times 100\text{bp}$ 个点差，补偿给 $T_{i+1}, T_{i+2}, \cdots, T_n$ 期限产品价格，各期限产品价格随市场变化根据产品余额的增减而自动调整的新报价机制。

为了说明价格补偿的运行机制，本书构造一个算法表来呈现其作用的原理。如表 5-3 所示，对于某期限产品 $T_i(i = 1, 2, \cdots, n)$，其相应的余额占比为 $P_i(i = 1, 2, \cdots, n)$。假设期限越长的产品价格越高，因而有 $r_{i+1} > r_i(i = 1, 2, \cdots, n)$。将产品按期限由短至长依次纵向排列（如表 5-3 所示，T_{i+1} 的期限比 T_i 长）。假设对于一系列期限产品 $T_i(i = 1, 2, \cdots, n)$，其前 x 个产品满足 $r_i < \bar{r}(i = 1, 2, \cdots, x)$。因此相应地可得表 5-3 中"获得补偿"一栏有 x 列，第一列对应产品 T_1 补偿给 $T_2, \cdots, T_n$ 期限产品的点差；第二列对应产品 T_2 补偿给 $T_3, \cdots, T_n$ 期限产品的点差；第三列对应产品 T_3 补偿给 $T_4, \cdots, T_n$ 期限产品的点差。依次类推，第 x 列对应产品 T_x

---

① bp 为基点（basic point），指利率改变量的度量单位，1 个基点为 0.01 个百分点，即 1bp=0.01%。

补偿给 $T_{x+1}, \cdots, T_n$ 期限产品的点差。而对于表 5-3 中的数值 $N_{ij}(i = 1, 2, \cdots, x;$ $j = 2, \cdots, x+1, \cdots, n)$,表示期限产品 T_i 在某种规则的支配下补偿给期限产品 T_j 的点差。表 5-3 中存在如下数量等式:

$$N_{1i} + N_{2i} + N_{3i} + \cdots + N_{xi} = \Delta N_i \quad (i = 1, 2, \cdots, n) \quad (5\text{-}13)$$

即 ΔN_i 为期限产品 T_i 所获点差补偿之和。N_{ij} 与产品 T_i 的点差 $N_i = (\bar{r} - r_i) \times 100bp$ 存在一定的函数关系,即 $N_{ij} = f(N_i)$。函数关系的确定有赖于价格补偿机制的设定。

表 5-3　产品阶梯价格补偿运算表

期限产品	余额占比	获得补偿/bp					合计/bp	补偿后利率价格
T_1	P_1	0	0	0	0	0	0.00	r_1
T_2	P_2	N_{12}	0	0	0	0	ΔN_2	r'_2
T_3	P_3	N_{13}	N_{23}	0	0	0	ΔN_3	r'_3
T_x	P_x	N_{1x}	N_{2x}	N_{3x}	0	$\cdots$	ΔN_x	r'_x
$\vdots$	$\vdots$	$\vdots$	$\vdots$	$\vdots$	$\vdots$	$\vdots$	$\vdots$	$\vdots$
T_n	P_n	N_{1n}	N_{2n}	N_{3n}	N_{xn}	$\cdots$	ΔN_n	r'_n

二、虚拟资产池产品价格智能调整信息系统设计

(一)智能信息系统构建的思路及框架

综上所述,虚拟资产池产品价格智能调整信息系统应能根据商业银行理财产品期限结构以及各期限银行理财产品份额的分布情况,通过信息系统中内嵌的算法,对银行理财产品价格进行动态、智能调整,从而引导客户购买不同期限产品,维持各银行理财产品结构的平衡性。这种处理问题的思路及框架较为简单,可抽象概括为图 5-11。

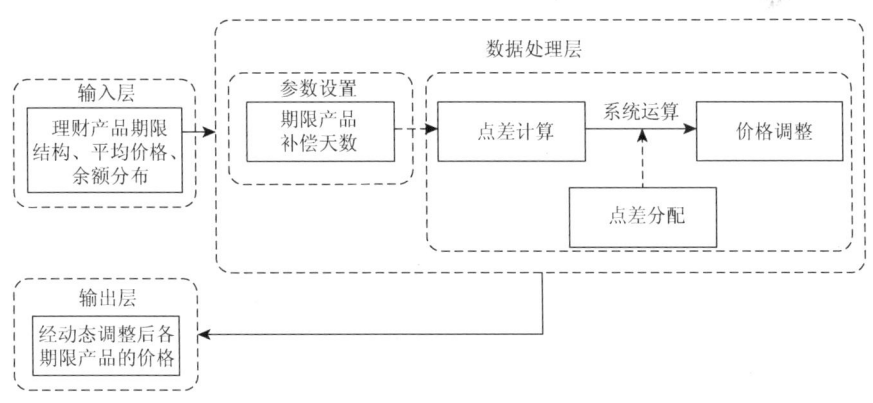

图 5-11　银行理财产品价格智能调整的基本思路及框架

（二）智能信息系统的算法选择

为了积极应对市场变化，及时做出合理的价格调整，本节在设计银行理财产品价格智能调整的算法时，将成本、期限以及各期限银行理财产品的份额纳入考察的范围，在此基础上提出四种价格智能调整的算法，并对其进行对比分析。

1. 份额等差补偿机制

份额等差补偿机制是根据产品份额等差补偿产品价格。对于满足 $r_i < \bar{r}$ 这一条件的某期限产品 $T_i(i = 1, 2, \cdots, n)$，对其扣 $(\bar{r} - r_i) \times 100\text{bp}$ 个点差，补偿 $T_{i+1}, T_{i+2}, \cdots, T_n$ 期限产品价格，各期限产品所获补偿点差的计算公式以及补偿后价格的计算公式如下：

$$N_{ij} = f(N_i) = N_i \times P_j / (1 - P_1 - P_2 - \cdots - P_i) \times 100\% \quad (i = 1, 2, \cdots, x; j = 2, \cdots, x+1, \cdots, n)$$

$$r_i' = r_i + 0.01 \times \Delta N_i \quad (i = 1, 2, \cdots, n)$$

（5-14）

其中，N_{ij} 为 T_i 产品补偿给 T_j 产品的点差；P_j 为某待补偿期限产品 T_j 的占比，$(1 - P_1 - P_2 - \cdots - P_i)$ 为 T_i 及其之前产品以外的产品占比之和；N_i 为 T_i 产品需要补偿给后面期限产品的总点差，满足 $N_i = (\bar{r} - r_i) \times 100\text{bp}$；$r_i'$ 为 T_i 获得补偿后的价格；r_i 为 T_i 的原始价格；ΔN_i 为 T_i 获得的补偿累加值。

在份额等差补偿机制作用下，对于表 5-3 "获得补偿" 一栏，其第 $i(i = 1, 2, \cdots, x)$ 列各数值相加满足如下条件：

$$N_{ii+1} + N_{ii+2} + N_{ii+3} + \cdots + N_{in} = (\bar{r} - r_i) \times 100\text{bp} \quad （5-15）$$

即第 i 列数值相加等于相应期限产品 T_i 的被扣总点差。

以下将用一个例子对份额等差补偿机制进行说明。已知某银行机构总共有 7 个银行理财产品，期限分别为 7 天（$i = 1$）、14 天（$i = 2$）、21 天（$i = 3$）、30 天（$i = 4$）、60 天（$i = 5$）、90 天（$i = 6$）、180 天（$i = 7$）。在份额等差补偿机制作用下，存在如下一些关系。

（1）7 天产品（T_1）价格需要补偿 N_1 个点差给后面的 6 个期限产品，则分别有：

14 天产品（T_2）所获得的补偿 $N_{12} = N_1 \times P_2 / (1 - P_1) \times 100\%$；

21 天产品（T_3）所获得的补偿 $N_{13} = N_1 \times P_3 / (1 - P_1) \times 100\%$；

……

依次类推。

（2）14 天产品（T_2）价格需要补偿 N_2 个点差给后面的 5 个期限产品，则分别有：

21 天产品（T_3）所获得的补偿 $N_{23} = N_2 \times P_3 / (1 - P_1 - P_2) \times 100\%$；

30 天产品（T_4）所获得的补偿 $N_{24} = N_2 \times P_4 / (1 - P_1 - P_2) \times 100\%$；

……

依次类推。

（3）某期限产品（T_x）（$x = 1, 2, \cdots, 7$）满足 $r_x < \bar{r}$，其要补偿 N_x 个点差给后面（$7-x$）个期限产品，则有：

T_{x+1} 产品所获得的补偿为：$N_{xx+1} = N_x \times P_{x+1} / (1 - P_1 - P_2 - \cdots - P_x) \times 100\%$；

……

180 天产品（T_7）产品所获得的补偿为：$N_{x7} = N_x \times P_7 / (1 - P_1 - P_2 - \cdots - P_x) \times 100\%$。

2. 期限等差补偿机制

期限等差补偿机制是根据产品之间期限的差值天数等差补偿产品价格。对于满足 $r_i < \bar{r}$ 这一条件的某期限产品 T_i（$i = 1, 2, \cdots, n$），对其扣 $(\bar{r} - r_i) \times 100$bp 个点差，补偿 $T_{i+1}, T_{i+2}, \cdots, T_n$ 期限产品价格，各期限产品所获补偿点差的计算公式以及补偿后价格的计算公式如下：

$$N_{ij} = f(N_i) = N_i \times \Delta T_{ij} / \sum_{j=i+1}^{n} \Delta T_{ij} \quad (i = 1, 2, \cdots, x; j = 2, \cdots, x+1, \cdots, n) \quad (5\text{-}16)$$

$$r_i' = r_i + 0.01 \times \Delta N_i \quad (i = 1, 2, \cdots, n)$$

其中，N_{ij} 为 T_i 产品补偿给 T_j 产品的点差；N_i 为 T_i 产品需要补偿给后面期限产品的总点差，满足 $N_i = (\bar{r} - r_i) \times 100$bp；$\Delta T_{ij}$ 为 T_i 产品与 T_j 产品的期限之差；$\sum_{j=i+1}^{n} \Delta T_{ij}$ 为 T_i 产品与后面所有期限产品期限之差的加总；r_i' 为 T_i 获得补偿后的价格；r_i 为 T_i 的原始价格；ΔN_i 为 T_i 获得的补偿累加值。

以下通过一个例子来说明该补偿机制。例如，总共有 7 个银行理财产品，期限分别为 7 天（$i=1$）、14 天（$i=2$）、21 天（$i=3$）、30 天（$i=4$）、60 天（$i=5$）、90 天（$i=6$）、180 天（$i=7$）。在期限等差补偿机制下，存在如下一些关系。

（1）7 天产品（T_1）价格需要补偿 N_1 个点差给后面的 6 个期限产品。7 天和后面产品的差值天数总数为

$$\sum_{j=2}^{7} \Delta T_{1j} = (14-7) + (21-7) + (30-7) + (60-7) + (90-7) + (180-7) = 353$$

则分别有：

14 天产品（T_3）所获得的补偿 $N_{12} = N_1 \times \Delta T_{12} / 353 = (14-4)N_1 / 353 = 7N_1 / 353$；

21 天产品（T_4）所获得的补偿 $N_{13} = N_1 \times \Delta T_{13} / 353 = (21-7)N_1 / 353 = 14N_1 / 353$；

……

依次类推。

（2）14 天产品（T_2）价格需要补偿 N_2 个点差给后面的 5 个期限产品，则 14 天和后面产品的差值天数总数为

$$\sum_{j=3}^{7} \Delta T_{2j} = (21-14) + (30-14) + (60-14) + (90-14) + (180-14) = 311$$

则分别有：

21 天产品（T_3）所获得的补偿 $N_{23} = N_2 \times \Delta T_{23} / 311 = (21-14)N_1 / 311 = 7N_1 / 311$；

30 天产品（T_4）所获得的补偿 $N_{24} = N_2 \times \Delta T_{24} / 311 = (30-14)N_2 / 311 = 16N_2 / 311$；

……

依次类推。

3. 产品等差补偿机制

产品等差补偿机制是根据产品数量等差补偿产品价格。对于满足 $r_i < \bar{r}$ 这一条件的某期限产品 T_i（$i=1,2,\cdots,n$），对其扣 $(\bar{r} - r_i) \times 100\mathrm{bp}$ 个点差，补偿 $T_{i+1}, T_{i+2}, \cdots, T_n$ 期限产品价格，各期限产品所获补偿点差的计算公式以及补偿后价格的计算公式如下：

$$N_{ij} = f(N_i) = N_i \times P_i / (n-i)P_j \times 100\% \quad (i=1,2,\cdots,x; j=2,\cdots,x+1,\cdots,n)$$

$$r_i' = \begin{cases} r_i + 0.01 \times \Delta N_i & (i=1,2,\cdots,n; r_i < \bar{r}) \\ \bar{r} + 0.01 \times \Delta N_i & (i=1,2,\cdots,n; r_i \geq \bar{r}) \end{cases} \quad (5\text{-}17)$$

由式（5-17）可知，该机制下，补偿后价格的计算公式是一个分段函数，这与之前所列示的两种机制有所区别。同样，以下用一个例子对上述公式进行说明。总共有 7 个不同期限的银行理财产品：期限分别为 7 天（$i=1$）、14 天（$i=2$）、21 天（$i=3$）、30 天（$i=4$）、60 天（$i=5$）、90 天（$i=6$）、180 天（$i=7$）。在产品等差补偿机制下，存在如下一些关系。

（1）7 天产品（T_1）价格需要补偿 N_1 个点差给后面的 6 个期限产品，则分别有：

14 天产品（T_2）所获得的补偿 $N_{12} = N_1 \times P_1 / 6P_2 \times 100\%$；

21 天产品（T_3）所获得的补偿 $N_{13} = N_1 \times P_1 / 6P_3 \times 100\%$；

……

依次类推。

（2）14 天产品（T_2）价格需要补偿 N_2 个点差给后面的 5 个期限产品，则分别有：

21 天产品（T_3）所获得的补偿 $N_{23} = N_2 \times P_2 / 5P_3 \times 100\%$；

30 天产品（T_4）所获得的补偿 $N_{24} = N_2 \times P_2 / 5P_4 \times 100\%$；

……

（3）某期限产品（T_x）（$x=1,2,\cdots,7$）满足 $r_x < \bar{r}$，其要补偿 N_x 个点差给后面（$7-x$）个期限产品，则有：

T_{x+1} 产品所获得的补偿为： $N_{xx+1} = N_x \times P_x / (7-x) P_{x+1} \times 100\%$；

……

依次类推。

4. 期限等差份额等比补偿机制

期限等差份额等比补偿机制是产品之间期限的差值天数等差后再按照产品份额等比补偿产品价格。对于满足 $r_i < \bar{r}$ 这一条件的某期限产品 $T_i(i=1,2,\cdots,n)$，对其扣 $(\bar{r}-r_i)\times 100$bp 个点差，补偿 $T_{i+1}, T_{i+2}, \cdots, T_n$ 期限产品价格，各期限产品所获补偿点差的计算公式以及补偿后价格的计算公式如下：

$$N_{ij} = f(N_i) = N_i \times P_i \times \Delta T_{ij} / P_j \sum_{j=i+1}^{n} \Delta T_{ij} \quad (i=1,2,\cdots,x; j=2,\cdots,x+1,\cdots,n) \tag{5-18}$$

$$r'_i = \begin{cases} r_i + 0.01 \times \Delta N_i & (i=1,2,\cdots,n; r_i < \bar{r}) \\ \bar{r} + 0.01 \times \Delta N_i & (i=1,2,\cdots,n; r_i \geq \bar{r}) \end{cases}$$

其中，N_{ij} 为 T_i 产品补偿给 T_j 产品的点差；N_i 为 T_i 产品需要补偿给后面期限产品的总点差，满足 $N_i = (\bar{r}-r_i)\times 100$bp；$\Delta T_{ij}$ 为 T_i 产品与 T_j 产品的期限之差；$\sum_{j=i+1}^{n} \Delta T_{ij}$ 为 T_i 产品与后面所有期限产品期限之差的加总；P_j 为某待补偿期限产品 T_j 的占比；P_i 为 T_i 产品占比；r'_i 为 T_i 获得补偿后的价格；r_i 为 T_i 的原始价格；ΔN_i 为 T_i 获得的补偿累加值。

同样，本书用一个例子对该机制进行说明。总共有 7 个不同期限的银行理财产品：期限分别为 7 天（$i=1$）、14 天（$i=2$）、21 天（$i=3$）、30 天（$i=4$）、60 天（$i=5$）、90 天（$i=6$）、180 天（$i=7$）。在期限等差份额等比补偿机制下，存在如下一些关系。

（1）7 天产品价格（T_1）需要补偿 N_1 个点差给后面的 6 个期限产品，则 7 天和后面产品的差值天数总数为

$$\sum_{j=2}^{7} \Delta T_{1j} = (14-7)+(21-7)+(30-7)+(60-7)+(90-7)+(180-7) = 353$$

则分别有：

14 天产品（T_2）所获得的补偿 $N_{12} = N_1 \times P_1 \Delta T_{12} / 353 P_2 = 7 N_1 P_1 / 353 P_2$；

21 天产品（T_3）所获得的补偿 $N_{13} = N_1 \times P_1 \Delta T_{13} / 353 P_3 = 14 N_1 P_1 / 353 P_3$；

……

依次类推。

（2）14 天产品（T_2）价格需要补偿 N_2 个点差给后面的 5 个期限产品，则 14 天和后面产品的差值天数总数为

$$\sum_{j=3}^{7} \Delta T_{2j} = (21-14) + (30-14) + (60-14) + (90-14) + (180-14) = 311$$

则分别有：

21 天产品（T_3）所获得的补偿 $N_{23} = N_2 \times P_2 \Delta T_{23} / 311 P_3 = 7 N_2 P_2 / 311 P_3$；

30 天产品（T_4）所获得的补偿 $N_{13} = N_2 \times P_2 \Delta T_{24} / 311 P_4 = 16 N_2 P_2 / 311 P_4$；

……

依次类推。

5. 各期限产品价格补偿机制实例分析

目前，各大银行机构银行理财产品的期限主要有 7 天、14 天、21 天、30 天、60 天、90 天、180 天等。已知截至 2012 年 12 月 31 日，某银行表外阶梯期限网上理财余额为 730 亿元，期限是 7~180 天，报价是 3.4%~4.0%。各期限银行理财产品的产品余额及利率价格如表 5-4 所示。

表 5-4 某银行各期限银行理财产品的产品余额及利率价格

产品序号	产品期限/天	产品余额/元	余额占比/%	利率价格/%
1	7	12 799 090 000.00	17.52	3.4
2	14	6 090 450 000.00	8.34	3.4
3	21	4 179 430 000.00	5.72	3.6
4	30	5 896 320 000.00	8.07	3.7
5	60	4 184 220 000.00	5.73	3.8
6	90	9 877 400 000.00	13.52	3.9
7	180	30 019 900 000.00	41.10	4.0

根据产品余额占比和产品各期限报价，可以计算出目前产品的加权价格为

$$\bar{r} = T_1 \times r_1 + T_2 \times r_2 + T_3 \times r_3 + T_4 \times r_4 + T_5 \times r_5 + T_6 \times r_6 + T_7 \times r_7$$

$$= 17.52\% \times 3.4\% + 8.34\% \times 3.4\% + 5.72\% \times 3.6\% + 8.07\% \times 3.7\% + 5.73\% \times 3.8\% + 13.52\% \times 3.9\% + 41.10\% \times 4.0\%$$

$$= 3.77\%$$

以下将针对上面提出的四种价格补偿机制进行测算。

1）份额等差补偿机制实例分析

以上面计算出的加权产品价格 3.77%为基准，7 天产品需要补偿 37bp，14 天

产品补偿 37bp，21 天产品补偿 17bp，30 天产品补偿 7bp，其余各期限补偿为 0bp。份额等差补偿机制下的运算结果如表 5-5 所示。

表 5-5　份额等差补偿机制运算表

产品期限/天	余额占比/%	获得补偿/bp				合计/bp	补偿后利率价格/%
7	17.52	0.00	0.00	0.00	0.00	0.00	3.40
14	8.34	3.74	0.00	0.00	0.00	3.74	3.44
21	5.72	2.57	2.85	0.00	0.00	5.42	3.65
30	8.07	3.62	4.03	2.01	0.00	9.66	3.80
60	5.73	2.57	2.86	1.42	0.66	7.51	3.88
90	13.52	6.06	6.75	3.36	1.57	17.74	4.08
180	41.10	18.44	20.51	10.21	4.77	53.93	4.54

由表 5-5 可知，份额较大的 180 天银行理财产品所获补偿最多，其次为 90 天银行理财产品。说明份额等差补偿机制下，所有产品获得的份额单位补偿相等，产品份额多的产品获得的总补偿多。但是该补偿机制下存在这样一个问题：份额越多的产品其价格增幅越大，这强化了对投资者的吸引力，会导致更多的人购买该类银行理财产品。这就形成了越多人买的产品价格越高，价格越高的产品越多人买的恶性循环。对于银行机构而言，单一期限结构的产品可能会存在较大的政策性风险，并且在上述补偿机制下其成本会被不断地推高，这显然不是银行机构想要看到的结果。目前测算调整后产品加权价格从 3.77% 上升 27bp 至 4.04%，未来成本会越推越高。

2）期限等差补偿机制实例分析

在计算各期限产品所获补偿点差之前，首先对其补偿天数进行计算，如表 5-6 所示。

表 5-6　期限产品补偿天数运算表（单位：天）

产品期限	补偿天数					
7	0	0	0	0	0	0
14	7	0	0	0	0	0
21	14	7	0	0	0	0
30	23	16	9	0	0	0
60	53	46	39	30	0	0
90	83	76	69	60	30	0
180	173	166	159	150	120	90

以目前加权产品价格 3.77% 为基准，7 天产品补偿 37bp，14 天产品补偿 37bp，

21 天产品补偿 17bp,30 天产品补偿 7bp,其余各期限补偿为 0bp。期限等差补偿机制的运算结果如表 5-7 所示。

表 5-7 期限等差补偿机制运算表

产品期限/天	余额占比/%	获得补偿/bp				合计/bp	补偿后利率价格/%
7	17.52	0.00	0.00	0.00	0.00	0.00	3.40
14	8.34	0.73	0.00	0.00	0.00	0.73	3.41
21	5.72	1.47	0.83	0.00	0.00	2.30	3.62
30	8.07	2.41	1.90	0.55	0.00	4.86	3.75
60	5.73	5.56	5.47	2.40	0.88	14.31	3.91
90	13.52	8.70	9.04	4.25	1.75	23.74	4.01
180	41.10	18.13	19.75	9.79	4.38	52.05	4.29

表 5-7 说明期限等差补偿机制下,产品获得的期限单位补偿相等,产品期限长的产品获得的总补偿多,这会导致越长期限的产品价格越高,而客户购买的份额不影响产品的价格。该补偿机制有助于凸显资金的时间价值,但不利于银行机构加强成本控制以及维持合理的产品期限结构。目前测算调整后产品加权价格从 3.77% 上升 15bp 至 3.92%,未来成本会越推越高。

3) 产品等差补偿机制实例分析

以目前加权产品价格 3.77% 为基准,7 天产品补偿 37bp,14 天产品补偿 37bp,21 天产品补偿 17bp,30 天产品补偿 7bp,其余各期限补偿为 0bp。产品等差补偿机制的运算结果如表 5-8 所示。

表 5-8 产品等差补偿机制运算表

产品期限/天	余额占比/%	获得补偿/bp				合计/bp	补偿后利率价格/%
7	17.52	0.00	0.00	0.00	0.00	0.00	3.40
14	8.34	12.95	0.00	0.00	0.00	12.95	3.53
21	5.72	18.89	10.79	0.00	0.00	29.68	3.90
30	8.07	13.39	7.65	3.01	0.00	24.05	3.94
60	5.73	18.86	10.77	4.24	3.29	37.16	4.14
90	13.52	7.99	4.56	1.80	1.39	15.74	3.93
180	41.10	2.63	1.50	0.59	0.46	5.18	3.82

表 5-8 说明产品等差补偿机制下,所有产品获得的总补偿总额相等,产品份额多的产品获得的单位补偿少,这会导致越多人买的产品价格越低,产品余额越少的产品价格越高。目前测算调整后产品加权价格为 3.77%,可见该价格补偿机

制在成本控制方面具有一定优势。可以发现，调整后的价格出现了"倒挂"现象。理论上，产品的收益率都会存在期限溢价，以作为对流动性缺失及其带来的利率波动风险的补偿。但调整后的产品价格不符合期限溢价的原则，主要基于以下几点原因。

第一，从产品期限结构来看，180 天银行理财产品余额占比过大，有可能因为市场处于宽松货币政策预期中。事实上，我们查阅了存贷款基准利率历年调整情况，发现从 2012 年开始，由于受到经济下行的压力影响，央行开始逐步实施宽松的货币政策，如表 5-9 所示。之后，部分银行在季末等特殊时点为了冲存款需要，会通过提高中短期银行理财产品收益来变相揽储，加之降息和低利率成为市场对未来的预期，导致一些银行从利率风险角度考虑，降低长期产品的收益[1]。因此，出现利率倒挂潜藏着商业银行逐利以及风险规避的动机。

表 5-9　我国存贷款利率调整时间表（单位：%）

调整时间 （年/月/日）	存款基准利率			贷款基准利率		
	调整前	调整后	调整幅度	调整前	调整后	调整幅度
2015/8/26	2.00	1.75	−0.25	4.85	4.60	−0.25
2015/6/28	2.25	2.00	−0.25	5.10	4.85	−0.25
2015/5/11	2.50	2.25	−0.25	5.35	5.10	−0.25
2015/3/1	2.75	2.50	−0.25	5.60	5.35	−0.25
2014/11/22	3.00	2.75	−0.25	6.00	5.60	−0.40
2012/7/6	3.25	3.00	−0.25	6.31	6.00	−0.31
2012/6/8	3.50	3.25	−0.25	6.56	6.31	−0.25
2011/7/7	3.25	3.50	0.25	6.31	6.56	0.25
2011/2/9	2.75	3.00	0.25	6.06	6.31	0.25

第二，从对 Wind 数据库发布的 2015 年银行理财产品数据进行统计发现（图 5-12），35 天以内的超短期产品存在较为明显的期限溢价特征，随着产品期限的增长，平均收益率大概从 2.5% 提升到了 4.89%，35 天和 63 天产品的平均收益率分别为 4.89% 和 4.95%。而对于 35~182 天，以及 182~364 天的产品，整体期限溢价存在，但是并不显著[2]。182 天产品的平均收益率大概比 35 天的要低 5bp，然后一年期产品要低 6bp。

---

[1] 凤凰财经. 年关将至部分银行理财产品收益率倒挂[EB/OL]. http://finance.ifeng.com/a/20151125/14090872_0.shtml [2015-11-25].

[2] 从一个月到六个月期，理财产品的平均收益率的中枢仅仅从 4.8% 提升到了 5%，提升幅度只有 0.2%。从半年期到一年期的产品，收益率中枢从 5% 提升到 5.4%，提升幅度只有 0.4%。而一年以上的产品，收益中枢从 5.4% 提升到 6% 左右。但是由于这一部分产品的样本量比较小，呈现出了非常大的波动性。

综上说明产品期限并不是影响其价格的唯一因素。当然，该机制导致的利率倒挂现象过于严重，不利于凸显资金的时间价值，与流动性溢价理论背离较大。

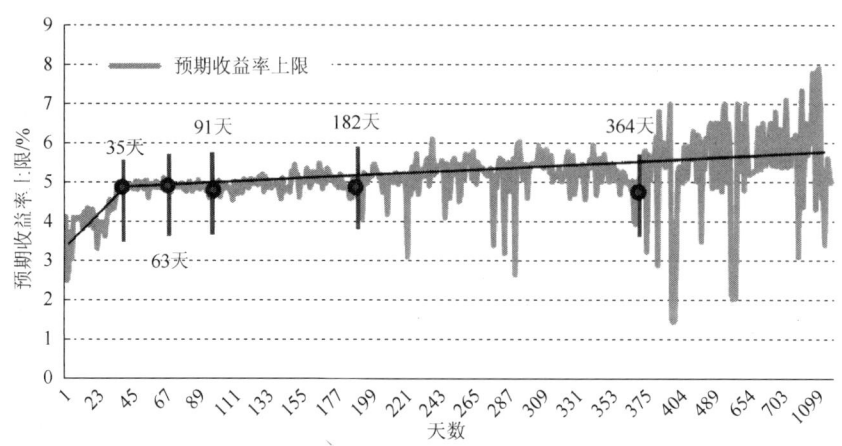

图 5-12　2015 年银行理财产品发行期限集中度及其预期收益率上限

资料来源：Wind 数据库及华宝证券 2015 年资管年报

4）期限等差份额等比补偿机制实例分析

同样，以目前加权产品价格 3.77%为基准，7 天产品补偿 37bp，14 天产品补偿 37bp，21 天产品补偿 17bp，30 天产品补偿 7bp，其余各期限补偿为 0bp。按期限等差份额等比计算的结果如表 5-10 所示。

表 5-10　期限等差份额等比补偿机制运算表

产品期限/天	余额占比/%	获得补偿/bp				合计/bp	补偿后利率价格/%
7	17.52	0.00	0.00	0.00	0.00	0.00	3.40
14	8.34	1.54	0.00	0.00	0.00	1.54	3.42
21	5.72	4.49	1.21	0.00	0.00	5.7	3.66
30	8.07	5.23	1.97	0.39	0.00	7.59	3.78
60	5.73	16.99	7.97	2.40	1.23	28.59	4.06
90	13.52	11.27	5.58	1.80	1.04	19.68	3.97
180	41.10	7.73	4.01	1.36	0.86	13.96	3.91

表 5-10 说明期限等差份额等比补偿机制下，产品获得的期限单位补偿相等，产品期限长的产品获得的总补偿多，但是产品的价格被产品余额占比制衡，产品余额少的产品获得的单位补偿多。目前测算调整后产品加权价格仍为 3.77%，说

明该算法对产品的成本无影响。这将引导客户购买余额少或期限长的产品，从而使产品余额进入良性循环，调整后的产品价格凸显了市场自我定价能力。由表 5-10 中可知，60 天产品因为期限适中且占比仅 5.73%（较低），获得了相对较高的价格 4.06%。而与之形成鲜明对比的是，180 天、90 天、60 天产品的价格出现倒挂，但相比产品等差补偿机制，其倒挂的程度要低一些。

综合以上四种补偿机制的测算结果，可以将相关结果绘制成如图 5-13 所示的曲线，并得到一些结论。

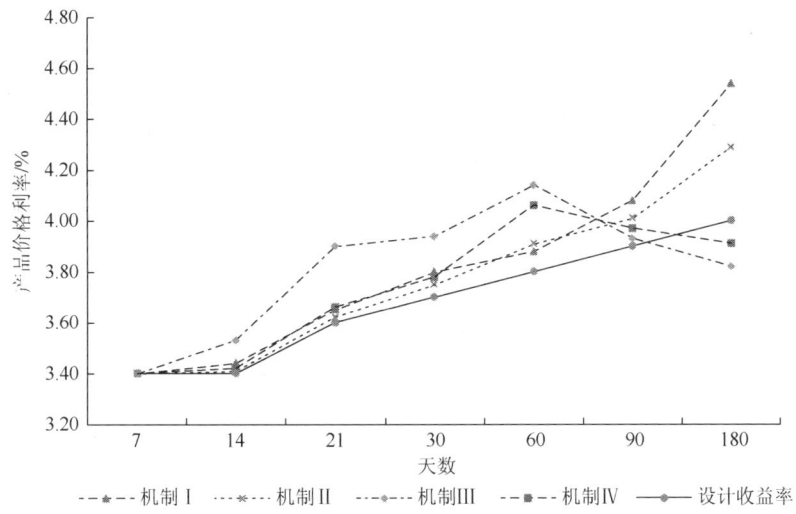

图 5-13　各补偿机制调整后期限产品利率价格

第一，机制 Ⅰ（份额等差补偿机制）和机制 Ⅱ（期限等差补偿机制）下的银行理财产品价格会被越推越高，不利于加强成本控制。机制 Ⅰ 会导致越多人买的产品价格越高，价格越高的产品越多人买的恶性循环。而机制 Ⅱ 则会导致越长期限的产品价格越高，而客户购买的份额不影响产品的价格。

第二，机制Ⅲ（产品等差补偿机制）和机制Ⅳ（期限等差份额等比补偿机制）均具有较好的成本控制能力，均能起到市场的调节作用。在这两种机制的作用下，产品余额低的产品因为获得了较高的单位补偿，其收益率会高于原本的设计收益率，60 天产品收益率因此位于全曲线最高点位置，而 180 天产品则位于同期限全曲线最低点位置。因此，相比机制 Ⅰ 和机制 Ⅱ，机制Ⅲ和机制Ⅳ具有一定的优势。

第三，与机制Ⅲ（产品等差补偿机制）相比，机制Ⅳ（期限等差份额等比补偿机制）在具备自我调节的同时，更能体现期限长的产品的内在价值。这是因为机制Ⅳ还对产品的期限进行了补偿，能够凸显出资金的时间价值，符合流动性溢价理论的思想。在图 5-13 中，180 天的产品收益率（3.91%）相比产品等差补偿机制下的测算结果（3.82%）适当地抬升，更能反映长期性产品的实际价值。

本书在第四章指出，确保银行理财产品负债端和资产端规模与结构的合理性是实现银行机构整体利益最大化的重要前提。而本章提出的机制Ⅳ（期限等差份额等比补偿机制）有着很好的引导优势和不错的成本控制能力。该机制能够在对银行理财产品的成本进行控制的前提下，对银行理财产品整体的结构（各期限产品的余额占比）进行科学的调整。因此综合比较而言，推荐使用期限等差份额等比补偿机制对产品定价进行动态调整。

（三）智能信息系统的构架

由图5-11可知，一对一理财虚拟资产池产品价格智能调整信息系统大致包括参数设置模块以及系统运算模块，以下将对之进行简单说明。

1. 参数设置模块

参数设置模块主要涉及期限产品补偿天数的录入，见表5-6。

2. 系统运算模块

系统运算模块主要包括点差计算、点差分配以及价格调整三大步骤。各步骤的流程如图5-14所示。在进行系统运算时，需遵循如下一些操作规则。

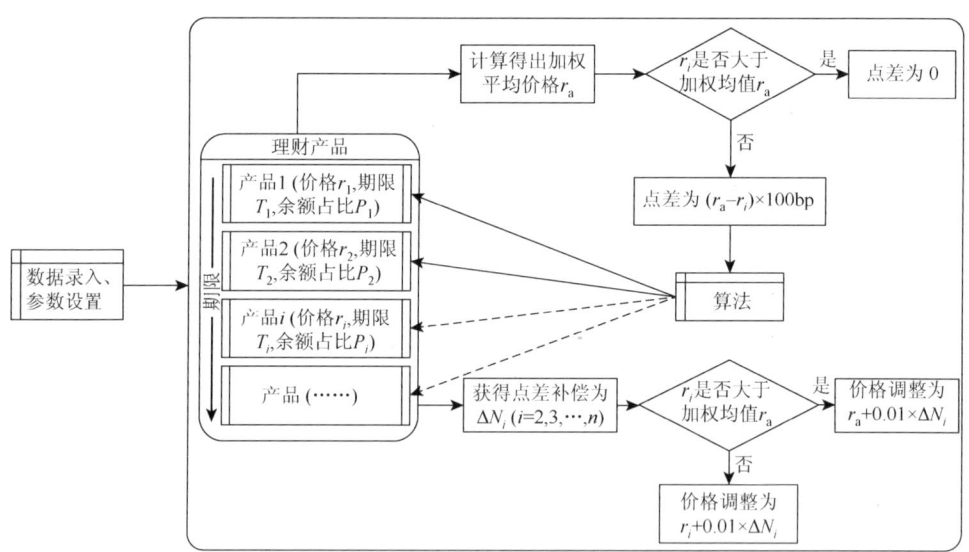

图 5-14　产品价格智能调整系统运算流程

（1）在进行系统运算时，需将银行理财产品按照期限从短到长排列。

（2）在进行点差计算时，存在两种情况：当银行理财产品收益率大于加权平均收益率时，其所获点差补偿为零；当银行理财产品收益率小于加权平均收益率时，其所获点差补偿为 $(r_a - r_i) \times 100\text{bp}$（$r_i$ 为银行理财产品 i 的收益率；r_a 为银行理财产品加权平均收益率）。

（3）进行价格调整时，存在两种情况：当银行理财产品收益率大于加权平均收益率时，其调整后价格为 $r_a + 0.01 \times \Delta N_i$；当银行理财产品收益率小于加权平均收益率时，其调整后价格为 $r_i + 0.01 \times \Delta N_i$。

（4）银行理财产品价格经系统调整后，形成理财产品价格调整的待办事项，操作员进入待办事项，系统自动输出调整结果，允许操作员进行手工修改。

（5）价格调整后，资产端收益率和负债端收益率在资产管理监控台中展示。此时应进行成本-收益检查，当调整后的负债端收益率超过资产端收益率时，由操作员手工进行调整。

第六章　银行理财产品智能定价风险预警及防范体系

随着经济社会的持续发展以及居民财富保值增值意识的不断提升，银行理财业务仍存在较为广阔的发展空间，各项体制机制将逐步健全。近几年，在银监会指导推动下，各商业银行进一步深化和推进理财业务治理与改革，事业部制改革或探索建立资产管理子公司成为商业银行资产管理业务改革与探索的集中方向[①]。其中，一套科学而完整的风控体系是提升商业银行资管业务中理财业务价值创造水平以及维护商业银行理财声誉不可或缺的元素。而对风险的前瞻与判断，是防范和化解风险的前提。本章将参考国家相关监管政策以及《巴塞尔协议Ⅲ》搭建的全面风险管理体系框架，对银行理财产品智能定价可能会面临的各类风险进行概括总结，并按照国家监管政策的有关规定，针对具体的风险建立风险预警机制及风险防范体系。

第一节　银行理财产品智能定价风险类型

从 2004 年国有银行股改上市以来，银行业一直在推广"银行是经营风险的企业"这一理念，提出经营过程中要讲究风险与收益的平衡。对于商业银行风险的类型，需要指出的是，《巴塞尔协议Ⅰ》提倡的是以信用风险为核心的监管模式，但之后 2004 年实施的《巴塞尔协议Ⅱ》和 2013 年实施的《巴塞尔协议Ⅲ》开始提出包含信用风险、操作风险、市场风险、声誉风险、流动性风险等在内的全面风险框架（李永华，2013）。

银行理财业务作为商业银行业务的重要组成部分，在我国发展的时间不长，在其内部仍存在不少未厘清的问题。加之我国当前在技术、人才等方面的不足，以及监管政策的变动，银行理财业务面临着一些风险。对于银行理财产品智能定价而言，风险就是银行理财产品运营中的定价不确定导致的投资者或商业银行的经济损失，而本书着重将商业银行作为研究的主体。从法律关系上，银行理财业务属于"代客业务"，银行仅承担代客管理资产过程中的相应操作风险、声誉风险，而投资所产生的信用风险、市场风险则由客户自行承担（魏国雄，2014）。本书查阅了很多银行制定的银行理财业务风险管理办法，均发现有如下一条说明：非保

---

① 中国银行业协会. 2015 年银行理财以转型谋发展，实现兑付客户收益 8651 亿元[EB/OL]. http://www.china-cba.net/bencandy.php?fid=282&id=15207[2016-05-20].

本产品的风险主要由客户承担,商业银行主要承担声誉风险及合规风险;保本产品的风险主要由商业银行自身承担。但在实际操作中,无论银行理财产品是否保本,商业银行往往很难忽略信用风险以及市场风险。具体原因如下。第一,虽然商业银行与投资者所签订的理财协议涵盖了资产投资计划、方式以及风险揭示,但是投资者很容易将对银行的信任转化为对银行理财产品的信任,把银行理财产品当作银行存款一样来购买,其投资银行理财产品的决策往往只依据投资收益。一旦市场、政策发生波动,银行理财产品潜在的投资风险敞口即有可能转变为现实的风险损失,投资者就会将责任推向银行,商业银行为避免声誉损失而被迫进行"刚性兑付"。因此,银行事实上隐性承担了信用风险和市场风险。第二,回归银行理财产品本身,进行投资就必定会产生相应风险。从法律意义上讲,商业银行虽然不必承担其中的信用风险以及市场风险,但对风险进行合理控制更能反映商业银行的操作水平,而这与其声誉和业绩休戚相关。因此,从声誉和业绩的角度出发,商业银行不能罔顾这些风险。

一、理财产品智能定价市场风险

在 1996 年《巴塞尔协议 I》补充规定中,将市场风险界定为"因市场价格波动而导致的表内、表外头寸损失的风险"。在我国政策文件中,银行理财产品智能定价市场风险是指所投资标的市场不确定性给银行造成的风险。市场风险是银行理财产品智能定价面临的最为常见的风险,例如,在遭遇 2008 年金融危机时,由于全球资本市场均大幅下挫,当时大多数与资本市场相关的银行理财产品均遭受不同程度的损失。我国银行业银行理财产品主要涉及五大市场,分别为股票市场、商品市场、外汇市场、货币市场以及债券市场。理财市场风险是银行理财产品智能定价参与市场投资,受市场价格的不利变动而使银行理财产品发生损失的风险。市场风险是通过一系列市场因子的波动性反映的,这些市场因子包括利率、汇率、股票和商品价格,这种不稳定性以市场波动性计量(张剑光和刘江涛,2009;陆静和汪宇,2011;Leung et al.,2015)。

1. 利率风险

利率风险(interest rate risk)是指由利率的不利变动导致金融业务发生损失的风险(牛晓健和裘翔,2013;Akhtaruzzaman et al.,2014)。银行理财资金的利率风险因素有利率水平、利率期限结构、利差和利率波动性。其中,最主要的是利率波动性。利率波动一方面将导致银行理财产品募集资金所投资的交易性资产在交易平仓变现所需期间内,组合头寸市值波动,造成潜在的损失;另一方面将对商业银行理财产品资产负债期限错配的非交易性资产产生影响。当前阶段,不搞强刺激、不大规模放水成为改革的共识，货币政策宽松程度或低于预期，目前利率处于历史低位。但不排除一旦经济开始走出低谷，利率又将重拾升势。因此当今我国经济发展形势的晦暗未明潜在地加大了利率波动的风险。市场利率变化的驱动因素有基准利率、平均利润率、物价总水平、货币政策、宏观经济环境、国际利率水平、汇率等（Allen et al., 2009; 孙国峰和蔡春春, 2014）。因此，理财产品智能定价要充分考虑其利率风险。利率风险一般分为重新定价风险、收益率曲线风险、基准风险和期权性风险。

2. 汇率风险

汇率是一种货币可兑换另一种货币的金额，直接标价是外币的本币价格，间接标价是本币的外币价格。汇率风险（currency risk）是指由汇率的不利变动导致银行理财业务发生损失的风险。一般而言，其对银行理财产品有直接影响和间接影响。直接影响是指对外币或外汇挂钩型结构化银行理财产品的收益产生直接的关联，例如，2008年金融危机的冲击导致汇率走势跌宕起伏、大起大落，对外币银行理财产品和外汇挂钩型结构化银行理财产品产生了较大的冲击。间接影响是指外汇的变动会影响其他宏观经济因素，例如，资本流入或流出会影响金融市场的资金供给，从而会对资产价格形成影响，进而间接对银行理财产品的收益与风险产生影响（Olaberría, 2012; 卜林等, 2015）。当前阶段，发达国家货币政策溢出效应加强，包括中国在内的新兴经济体面临大规模的资本外流压力，人民币汇率承受着较大的贬值压力（路妍和方草, 2015; 董有德和谢钦烨, 2015; Byrne and Fiess, 2016）。因此，汇率风险是商业银行在理财业务运行中不可忽视的风险。市场汇率受很多因素影响，主要包括政治因素、经济因素和心理因素等，各因素之间又相互联系、相互作用。其中，政治因素主要是指国际重大政治事件的冲击。经济因素主要包括国际收支变化、通货膨胀传递、国际利率变化、经济增长变化、国际资本流动、外汇储备变化、财政货币政策以及对外贸易政策等（赵胜民等, 2013; 姚余栋等, 2014）。心理因素主要是指心理预期驱动汇率变化，体现为全球经济一体化框架下的各国家市场参与者的心理预期相互影响，从而引起市场上不同货币资产供求变化，进而导致本币与外币兑换比率的变化。因此，涉及跨境投资的理财产品智能定价要充分考虑其汇率风险。通常依据风险发生的时段，将汇率风险划分为交易风险、经济风险以及转换风险。

3. 商品风险

银行理财产品的商品风险（commodity risk）是理财资金所投资的标准化商品头寸由商品合约价格可能出现的不利变动所造成的损失的可能性（张学文和孙文

松，2015）。商品风险因素与银行持有的大量头寸的各商品市场相对应。商品价格是波动的，这是因为商品市场流动性弱于金融市场，并且供求变化会对价格产生极大影响。对拥有相对有限的商品金融工具头寸的银行来说，其可以直接确定风险因素，并且是银行暴露在各个商品市场的对应风险因素。在远期商品合约定价中，运输、储存以及保险是显著的影响因素（Taušer and Čajka，2014）。因此，涉及商品投资的理财产品智能定价要充分考虑其商品风险。商品风险主要包括直接价格风险、基差风险、储存成本风险、远期缺口风险以及期权性风险。

二、理财产品智能定价信用风险

银行理财产品智能定价信用风险（credit risk）是指银行理财产品资金所投资标的资产出现违约而造成的风险。当标的资产出现违约时，商业银行要么对其银行理财产品的购买者违约，要么进行刚性兑付。出现何种情形取决于商业银行对此类事件的成本收益核算。但无论如何，商业银行不可避免地会遭受到一定程度的损失。信用风险具备较强的传染性，破坏力巨大。这也致使信用风险管理成为目前金融业界的最大课题（Andersson et al.，2001；Acharya et al.，2012）。随着我国经济增速下滑，企业违约事件或有发生，信用风险进入集中释放期，金融机构不良资产率攀升压力加大。与表内资产不同的是，银行理财产品的信用风险敞口并无计提风险准备，缺乏相应的风险缓冲机制。因此信用风险事件一旦发生将造成投资者财务的巨大损失，对商业银行的声誉也会带来不小的负面影响。此外，信用风险事件还将导致信用利差逐渐拉大，一些低评级债券的估值将显著下降，这也会造成银行理财产品的账面损失。对于银行理财产品，其所涉及的信用风险主要包括两类。一类是投资信贷、债券等资产，承担债务人违约风险。从本书第一章的研究中可知，当前银行理财资金的投资方向复杂，银行理财产品的投资如果与某个企业或机构的信用相关，如购买企业发行的债券、投资企业信托贷款等，那么银行理财产品就需要承担企业相应的信用风险，如果这个企业发生违约、破产等情况，那么银行理财产品投资会蒙受损失。另一类是进行衍生品交易，承担交易对手违约风险。当前阶段，我国商业银行衍生品交易对象信用等级都较高，出现违约的概率非常小，主要承担的还是市场风险。由此可知，我国商业银行发行的银行理财产品中，面临信用风险最明显的就是信贷资产类银行理财产品。该类银行理财产品所募集资产主要投向信贷资产、公司债等，主要运用于银行向企业发放贷款或购买银行存量性贷款资产，资产的质量决定了银行理财产品的信用风险。当然，嵌入收益权分层设计的信贷资产类银行理财产品的信用风险还受分层结构的设计和优先、劣后占比的影响。除信贷资产类银行理财产品外，信用挂钩型结构化银行理财产品也需要承受较高的信用风险。因此，理财产品智能定价要充分考虑其信用风险。银行理财产品所挂钩的信用主体发生违约、破产等事件，就会造成银行理财产品信用风险暴露。

三、理财产品智能定价流动性风险

理财产品智能定价流动性风险（liquidity risk）是指银行不能按合理价格获取足够的现金流来偿付到期的理财资金的风险，其根源在于银行理财产品的硬负债与软资产的不对称性、流动性供给与流动性需求的不匹配性（廖岷和杨元元，2008；刘志洋和宋玉颖，2015；Correa et al.，2015）。一般来说，流动性风险通常是由其他原因造成的，如经营风险、信用风险、市场风险以及操作风险，还包括管理和信誉问题、法律法规和执行困难等（Wong and Hui，2009；Nashikkar et al.，2011；高波和任若恩，2015）。可以说，商业银行可能面临的所有风险最终都会传导至流动性风险，风险集中爆发的后果是银行将面临挤兑危机（Imbierowicz and Rauch，2014）。因此，流动性风险管理除了应当做好流动性安排，还应当有效管理其他各类主要风险。从这个角度说，流动性风险是商业银行理财产品所面临的一种综合性风险，体现了商业银行理财业务的整体经营状况。在一对一理财模式下，由于银行先募集资金，再将集合资金投资于特定的资产组合，预期收益以及潜在的风险均可直接进行判断。但在资金池-资产池模式盛行之后，期限错配、滚动发行、"发新还旧"等操作手段成为常态，这导致流动性风险成为银行理财产品面临的一大难题。此外，产品期限短、投资者提前赎回条款设计、基础资产流动性差、投资者不稳定等因素，都加大了商业银行的流动性风险。因此，理财产品智能定价要充分考虑其流动性风险，尤其避免由特殊时点的定价失误导致的流动性风险。

目前商业银行主要通过三种方式应对银行理财产品的流动性风险：第一，按监管规定配置相应的高流动性债券和货币市场工具，这一点可从本书第一章的分析中看到；第二，设置大额赎回的限制条款，如提前预约、每次限定额度，防止客户大额集中赎回；第三，利用银行理财产品投资的资产池中的债券等投资标的作为质押对同业或银行内部进行拆借。虽然上述方式能有效防范流动性风险，但是一旦金融市场波动较大，资产端收益显著下行，资产池可能无法产生足额的现金流，形成流动性问题。并且流动性问题一旦出现，易反馈至银行理财业务的认购环节，导致认购数量更加剧烈地下降，从而引发流动性危机。2015年9月，银监会发布《商业银行流动性风险管理办法（试行）》（中国银监会令〔2015〕9号），引入巴塞尔银行监管委员会关于流动性风险监管的最新标准，要求银行业金融机构通过加强主动负债管理、现金流测算和压力测试，密切跟踪分析流动性风险状况。

四、理财产品智能定价操作风险

2004年6月26日,巴塞尔银行监管委员会在新资本协议(即《巴塞尔新资本协议》)中明确提出将操作风险(operational risk)列为继市场风险和信用风险之后的第三大风险,并纳入资本监管范畴。根据《巴塞尔协议》的定义,操作风险是因不完善或有问题程序、人员即系统或外部事件所造成损失的风险(Gillet et al., 2010)。对于银行理财产品智能定价而言,操作风险主要是指银行理财产品智能定价系统运算的过程中由操作失误导致损失的风险。具体来说,该项风险产生于银行理财产品智能定价运行的全过程。例如,在数据采集阶段,可能存在的操作风险隐患有智能定价的数据采集不准确带来的风险。在智能定价系统运算阶段,存在的操作风险隐患有由系统各项模块不够稳定导致系统运算结果失误的风险。在员工操作阶段,存在的操作风险隐患有由培训不到位或者员工操作失误导致系统操作错误的风险。银行理财产品操作风险分类如表6-1所示。

表6-1 银行理财产品操作风险分类

事件类型 (一级目录)	定义	二级目录	三级目录
内部欺诈	故意骗取、盗用财产或违反监管规章、法律或公司政策导致损失,此类事件至少涉及内部一方,但不包括性别/种族歧视事件	未经授权的活动 盗窃和欺诈	略
外部欺诈	第三方故意骗取、盗用财产或逃避法律导致的损失	盗窃和欺诈 系统安全性	略
雇员活动和工作场所安全	违反就业、健康或安全方面的法律或协议,个人工伤赔付或因性别/种族歧视事件导致的损失	劳资关系 安全性环境 性别及种族歧视事件	略
客户、产品和业务活动	因疏忽未对特定客户履行分内义务(如信托责任和适当性要求)或产品性质或设计缺陷导致的损失	适当性、披露和信托责任 不良的业务或市场行为 产品瑕疵 客户选择、业务提起和风险暴露 咨询业务	略
实物资产的损坏	实体资产因自然灾害或其他事件丢失或毁坏导致的损失	灾害和其他事件	略
业务中断和系统错误	业务中断或系统失败导致的损失	系统	略
行政、交付和过程管理	交易处理或流程管理失败和因交易对手及外部销售商关系导致的损失	交易认定、执行和维持 执行、交割及流程管理	略

资料来源:《巴塞尔新资本协议》

与市场风险和信用风险相比,操作风险更为丰富,不易量化,风险触发事件更为复杂，从而使商业银行很难把握其特点，而这恰恰是管理操作风险的关键所在。与其他风险相比，操作风险具有以下一些特征（Hsu et al.，2014；Scharfman，2015）。第一，内生性。操作风险驱动因素主要来源于银行的业务操作，如内部程序、人员和系统的不完备或失效，内部人员越权或从事违反职业道德或风险过高的业务。因此，操作风险大多是在银行可控范围内生成的风险。第二，复杂性。引起操作风险的因素十分复杂，存在于经营管理过程的各环节和各机构，涉及人员与流程众多，识别、预警、监管成本较高，且多数风险暴露具有时滞性。第三，分散性。从覆盖的范围来看，操作风险几乎覆盖了所有经营管理方面的风险，并且操作风险中各次类风险相互交叠，涉及面广。第四，不对称性。通常情况下，经济行为的风险与收益存在对称关系，但操作风险根源于银行内部控制行为，不产生任何收益，也无法间接创造利润，一旦形成将带来纯粹的损失。第五，差异性。不同业务领域操作风险的表现方式存在差异，如银行理财类业务规模大、交易量大、结构变化迅速的业务领域，往往受到操作风险冲击的可能性大。第六，厚尾性。操作风险的分布是有偏的，这种损失分布性质既反映了风险收益不对称性，又反映了极端损失事件的影响。

五、理财产品智能定价声誉风险

2008 年金融危机中，声誉风险在不同市场之间的传染对危机的扩大起到推波助澜的作用。在此背景之下，各国金融监管机构逐渐认识到声誉风险对于保障金融体系稳定性与安全性至关重要。在巴塞尔银行监管委员会新修订的资本协议中，声誉风险（reputation risk）被列入其风险管理的第二支柱（胡敏和韩俊莹，2014）。而在我国，中国银监会于 2009 年正式将声誉风险纳入金融机构的全面风险管理体系。根据 2009 年银监会发布的《商业银行声誉风险管理指引》，声誉风险可界定为：由商业银行经营、管理及其他行为或外部事件导致利益相关方对商业银行负面评价的风险。而按《巴塞尔协议》的界定，声誉风险是指由银行的部分顾客、交易对手、监管机构或其他相关方的负面评价所导致的风险。这种负面评价对商业银行的持续经营能力、新客户关系的拓展能力以及市场融资能力均会造成重大影响。因此，理财产品智能定价要充分考虑其声誉风险，切不可盲目夸大产品收益率导致客户因产品低于预期向媒体投诉。声誉风险产生的原因非常复杂，可能是商业银行内、外部风险因素综合作用的结果，也可能是由其他风险转化衍生的问题。

对于银行理财业务而言，引致声誉风险的商业银行内、外部风险因素主要包括：因产品履行、信息披露而产生的纠纷、公众投诉、金融犯罪、监管机构行政处罚、权威机构评级降低、市场传言等（胡敏，2014）。上述因素中，银行理财产品的信息披露尤为值得注意。但伴随银行理财产品类型的日新月异，信息披露问题依旧存在。部分银行理财产品说明书没有披露详细的产品投向，仅标识了大概的资产比例。银行销售人员向客户推荐银行理财产品的时候，往往注重突出产品的预期收益，而没有做到详细揭示银行理财产品对应的投资风险问题；甚至有部分客户经理为了个人的销售业绩，有意欺诈客户，误导客户购买超出自身风险承受能力的银行理财产品，一旦发生产品到期时收益低于预期或产品本金亏损的情况，很容易演变为客户纠纷，导致声誉风险。

智能定价声誉风险还有可能由其他风险转化衍生，如智能定价市场风险、智能定价信用风险、智能定价系统风险和智能定价操作风险产生后，给客户造成了经济损失，再因为客户安抚失误而由少部分客户传播扩散，逐渐演变成声誉风险事件。

六、理财产品智能定价政策风险

商业银行经营面临的众多风险中，政策因素不可忽视。政策风险（policy risk）的影响最为重要，也最难掌控。经济社会发展受诸多因素影响，且复杂多变（Born and Pfeifer, 2014）。当前我国正在经历经济转型，各项制度仍处于不断演进之中，要保持经济平稳健康发展，就要应对不断变化的内外形势，适时调整各项政策措施。对于银行理财业务而言，其发展也必然受到政策的较大牵扯。理财产品智能定价政策风险是指由国家各种货币政策、财政政策、产业政策的变化导致的智能定价风险。例如，2011年银监会对银行理财产品募集资金投向非标资产进行规范，2013年对理财资金池的监管与运营提出新的要求，这都对银行理财业务形成了较大的冲击，对理财产品的价格产生了影响。正确解读各项经济政策的内涵，依法依规进行投资运营，可以大大降低理财业务的智能定价政策风险。但在实际工作中，一些商业银行在政策的解读、执行环节出现问题而产生风险，甚至发生损失。一般而言，政策风险主要包括监管政策风险、货币政策风险以及产业政策风险（张雪兰和何德旭，2012；孟纹羽和林珊，2015）。而按风险的层级划分，商业银行理财业务面临的智能定价政策性风险可以分为政策导向的预测风险、解读风险以及执行风险。

第二节　银行理财产品智能定价风险预警机制构建

在对商业银行理财产品智能定价所面临的风险进行概括之后，下面将着重构建银行理财产品智能定价风险预警机制。

一、银行理财产品智能定价风险预警指标体系构建

对银行理财产品智能定价进行风险预警是一项复杂的工作。要对其进行科学、准确地预警,首先必须建立起一套科学、完整的风险预警指标体系。该风险预警指标体系一方面应反映监管政策的要求,另一方面应结合理财业务发展的实际,此外,还应结合外部经济、市场环境的发展变化情况。

(一)风险预警指标体系构建的原则

建立完备的商业银行理财产品智能定价风险预警指标体系需要遵循一些原则,以保证指标体系的科学合理性,从而使其能够应用于实际操作。银行理财产品智能定价风险预警指标体系的构建主要遵循科学性原则、系统性原则、层次性原则、可操作性原则、敏感性原则以及主客观相结合的原则等。

(1)科学性原则。建立商业银行理财产品智能定价风险预警指标体系,需要判定所选指标与银行理财产品智能定价的风险之间是否存在必然的联系。为此可参考监管机构对理财业务的监管要求,以及《巴塞尔协议》等国际通用文件中关于风险管理的条款规定,并且应结合外部经济、市场环境的发展变化情况进行指标筛选。具体而言,指标体系的科学性应体现在以下几个方面:第一,从指标本身来看,各指标遵循银行理财业务发展的经济规律和社会规律,所选指标不仅能科学地反映银行理财产品智能定价风险控制的本质特征,同时指标含义应准确清晰,指标之间应具有较强的独立性,各个层级指标又不能脱节;第二,从指标分级标准来看,指标应可通过观察、测试等科学方法和手段对其进行定性或定量,以便真实有效地做出评价;第三,从评价目的来看,指标的选取应具有很强的代表性,能够反映银行理财产品智能定价风险控制在某一侧面的现状。

(2)系统性原则。鉴于银行理财产品智能定价所面临的风险种类繁多且较为复杂,依据国家监管政策以及《巴塞尔协议》框架的有关条款,商业银行理财业务应实施全面风险管理。因此在建立银行理财产品智能定价风险预警指标体系时,应契合全面风险管理理念的内在要求,将商业银行理财产品智能定价视为一个系统,明确全面风险管理目标。因此,在设计指标时,需要全面、综合地把握其所面临的风险因素,指标要能全面、综合地反映被评价对象的整体情况。

(3)层次性原则。由于商业银行理财产品智能定价所面临的风险是多层次、多因素综合影响和作用的结果,在设计指标体系时,在保证指标体系的全面性、系统性的大前提下,还要充分考虑各指标之间的关系,在进行指标的选取时,体

现指标间的层次递进关系，以尽可能体现评价体系的层次分明。

（4）可操作性原则。对商业银行理财产品智能定价进行风险评价是一项实践操作性非常强的工作。因此构建指标体系时，应考虑指标相关信息的可采集性，无论对于定量指标还是定性指标，其都必须是可测的。对于定量指标，可通过统计资料以及一般的统计方法计算得到所需的数据。对于不能量化的指标，也需要依赖科学的调研方法进行主观打分。

（5）敏感性原则。既然预警指标体系要有效发挥"预警"的作用，那么指标体系应能较好地对商业银行内外部条件的细微变化产生反应，以及时将风险要素通过指标体系显现出来。因此，预警指标体系的选取应符合敏感性原则。

（6）主客观相结合的原则。"银行理财产品智能定价风险预警"是一个相对较新的课题。银行理财产品涉及的风险种类繁多，有些难以进行客观的量化。因此，在构建风险预警指标体系时，很难完全依赖客观指标进行风险预警，还需要相关从业者或专家对部分指标进行主观评价。因此在指标数据获取时，应遵循主客观相结合的原则。

（二）风险预警指标体系构建的依据

银行理财产品智能定价风险预警指标体系的构建必然有理论或实践方面的依据。本书在构建风险预警指标体系时，主要参考以下一些理论或实际。

第一，我国监管政策中关于银行理财产品智能定价风险控制的相关要求。在2005年银监会发布的《中国银行业监督管理委员会关于印发〈商业银行个人理财业务风险管理指引〉的通知》中，明确指出商业银行应当对个人理财业务实行全面、全程风险管理，包括法律风险、操作风险、声誉风险等主要风险，也应包括理财计划或产品包含的相关交易工具的市场风险、信用风险、操作风险、流动性风险以及商业银行进行有关投资操作和资产管理中面临的其他风险。在后续的监管过程中，银监会进一步明晰和细化了银行理财业务所面临的风险，同时提出了对应的风险防范手段。本书在构建风险预警指标体系时，充分参考了监管政策的要求，各级指标大多是从监管政策中提炼的。这也在一定程度上保证了指标体系的科学性、全面性以及适用性。

第二，《巴塞尔协议》中关于银行风险管理的相关措施。从《巴塞尔协议Ⅰ》到《巴塞尔协议Ⅲ》，商业银行风险管理始终是备受关注的问题（贾飙等，2015）。在《巴塞尔协议Ⅱ》中，建立了风险与资本动态联系的机制，提出了完整的风险管理框架，并对商业银行各类风险的计量与防范提出了科学的方法。虽然《巴塞尔协议》是针对商业银行整体层面提出全面风险管理框架的，但银行理财业务作为商业银行的重要创新业务，也内在地被囊括进该全面风险管理框架中。因此在建立银行理财产品风险预警指标体系时，应审慎地参考《巴塞尔协议》中商业银行风险相关定义、风险管理等条款。

第三，相关理论研究、实践工作经验及走访调查的启示。建立风险预警指标体系的根本目的是应用于实践。那么在凝练指标时，就必须考虑银行理财业务的实际操作特点。而本书作者具备多年的银行理财业务从业经验，对银行理财产品智能定价风险管理的监管要求以及实际操作中的要点掌握全面。同时，在日常工作中有机会接触大量相关领域的专家。此外，还参考了一些现有的研究。为此，本书在凝练指标体系过程中，利用自身积累的工作经验以及专家资源，进行了充分的调研，以避免所选取的指标过于主观片面。

（三）指标的筛选及确立

本书在构建银行理财产品智能定价风险预警指标体系时，首先通过政策研读和文献阅读确立初凝指标体系，然后通过专家咨询和问卷调查确立最终的指标体系。指标体系筛选的流程如图6-1所示。

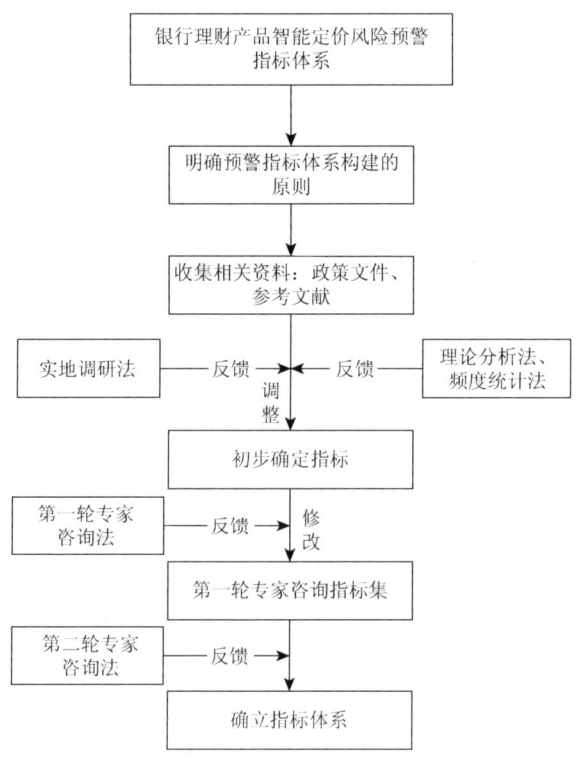

图6-1 评价指标筛选过程

第一，首先采用理论分析法，通过对大量国家政策文件进行研读，对银行理财产品智能定价的风险类型、性质以及测度等方面的内容进行深入了解，在此基础上凝练出针对性强的指标，获取一定数量可用的指标。这些政策文件包括《中国银行业监督管理委员会关于印发〈商业银行个人理财业务风险管理指引〉的通知》（银监发[2005]63 号）、《中国银监会办公厅关于进一步规范商业银行个人理财业务有关问题的通知》（银监办发[2008]47 号）等。此外，本书还系统地对已有银行理财产品风险预警指标体系构建相关的参考文献进行了回顾，通过对相关指标进行频度统计，选取使用频率较高的指标（高于 40%），也获得了一些可用的指标。

第二，2015 年 6~8 月，先后两次与金融学领域的教授、博士研究生共 20 人进行研讨，综合采用座谈会、头脑风暴、重点讨论等形式对初始指标框架进行逐条讨论。综合讨论意见，对初始指标框架进行筛选及修正后建立第一轮专家咨询指标集。

第三，2015 年 9~11 月，依托本书作者学习和工作中的人际交往关系，组织了 13 人专家小组（学界专家 4 人，商业银行理财业务高管 5 人，商业银行理财业务中层管理者 4 人）。通过专家小组对第一轮专家咨询指标体系进行评估、筛选，确立最终的评价指标体系。

经过文献检索，目前国内在银行理财产品智能定价风险预警方面的研究较少。在参考国家相关监管政策以及《巴塞尔协议》的基础上，遵循切实可行、突出重点的原则，这里对确立的 6 个二级指标进行进一步分解（表 6-2）。通过综合运用理论分析法和频度统计法，通过两轮筛选，最终得到银行理财产品智能定价风险预警指标体系，共包含 18 个三级指标。指标体系及释义如表 6-2 所示。

6-2 银行理财产品智能定价风险预警指标体系及释义

一级指标	二级指标	三级指标	指标释义
A	信用风险 B_1	资产端信用主体的整体信用情况 C_1	取 Wind 债券信用主体评级，关注评级公司是否有负面展望或下调评级，是否需要减持资产
		产品存续期内的经济周期情况 C_2	如对水泥、煤炭、钢铁等目前经济周期下行的过剩行业资产进行减持或禁入
		信用增级措施 C_3	针对信用类资产端的抵押、质押、保证等信用增级措施是否到位（主体 AA 企业通过另一 AAA 企业信用增级担保发行 AAA 债券，要关注增信担保的那个企业的状况）
	市场风险 B_2	单期产品、资产组合整体的久期缺口 C_4	久期缺口=资产加权平均久期－（总负债/总资产）×负债加权平均久期，根据监管政策以及商业银行自身发展需要设置基准要求
		产品存续期间的资产收益/募集资金成本 C_5	反映产品存续期内，银行理财产品投资收益能否覆盖其募集资金成本（均按产品已存续时间进行折算），基准值为 1
		汇率变动趋势 C_6	投资资产市场价值变动趋势

续表

一级指标	二级指标	三级指标	指标释义
A	市场风险 B_2	利率变动趋势 C_7	是否存在汇率的异常波动，汇率风险敞口是否过大
		风险缓释措施 C_8	风险敞口的度量，有没有进行对冲操作等
	流动性风险 B_3	资产组合中流动性资产占比 C_9	根据监管政策以及商业银行自身发展需要设置基准要求，如不低于30%
		未来一段时间最大现金流缺口和累计现金流缺口 C_{10}	通过流动性试算表进行计算，以缺口为0作为评价基准
		流动性风险管理及缓释措施 C_{11}	是否加强主动负债管理、现金流测算和压力测试，大额赎回的限制条款、通过质押进行同业或银行内部拆借等缓释措施是否完备
	操作风险 B_4	内部控制规章制度情况 C_{12}	是否制定适用于银行理财业务的规章制度，以及规范职责分工、接口业务处理、产品管理、资产管理、业务管理、系统管维、异常情况处理等方面的各项操作规程
		信息系统情况 C_{13}	信息技术部门应确保系统的运营平稳安全，并定期备份系统核心数据
		人员培训情况 C_{14}	银行内部应对业务人员实施上岗资格测试制度，并不定期组织业务操作测试。销售人员对客户的风险提示过程是否清晰（客户风险承受力与产品风险等级是否匹配），操作人员对产品管理是否规范
	政策风险 B_5	银行理财产品与宏观经济政策的契合度 C_{15}	包括货币政策与影响市场的重点经济数据（如CPI、PMI[a]、GDP等）
		银行理财产品与监管政策的契合度 C_{16}	重点关注银监会和央行的政策发布
	声誉风险 B_6	危机处理机制的完善程度 C_{17}	必须要有成体系的危机处理机制，小到支行网点，大到总行，并形成有效的上报机制
		舆情监测 C_{18}	办公室或品牌管理部门应该时刻做好舆情监测，及时触发危机处理机制

a）PMI 为采购经理指数（purchasing manager index）

二、银行理财产品智能定价风险评级及预警

针对所构建的风险预警指标体系，有待进一步建立风险评价及预警机制。具体而言，应在明确各指标的风险权重的基础上，确定指标评分标准以及风险预警级别。

（一）指标体系的权重确定

在对风险预警指标权重进行确定时，可供参考的方法主要有两大类：第一类是

主观法,是由评估者在主观意识作用下,对各指标进行赋权,主要包括专家调查法(如德尔菲法)、循环评分法、二项系数法、层次分析法(analytic hierarchy process,AHP);第二类则是客观法,是依据指标自身的作用进行确权,主要包括熵值法及主成分分析法、因子分析法等。由于本书所建立的银行理财产品智能定价风险预警指标体系涉及一定数量的定性指标,客观法在这里不适用。鉴于层次分析法用于确权的准确性和合理性多被证实,加之本书所建立的风险预警指标体系包含多个层次,为此本书将采用层次分析法来确定指标权重。层次分析法的具体步骤如下。

1. 层次结构模型构建

银行理财产品智能定价风险预警指标体系由目标层、准则层和指标层构成三层次递阶结构,其中目标层是最终的判断目标,由准则层进行反映;准则层是判定依据的标准与规范,由指标层进行反映。表 6-2 显示了银行理财产品智能定价风险预警的层次结构。

2. 构造各层次的判断矩阵

银行理财产品智能定价风险预警指标体系涉及的指标较多,仅凭经验判断其结果可能不准确。为此,可参考 Saaty 等的做法,不把所有的指标放在一起进行比较,而是两两进行对比,并在对比过程中采用相对尺度,从而尽可能地减少诸因素因性质不同而进行相互比较的困难程度。而在对评估指标的相对重要程度进行测量时,采用 1-9 比例标度评价集:1 表示同等重要;3 表示稍微重要;5 表示明显重要;7 表示强烈重要;9 表示极端重要;而 2、4、6、8 则介于上述各数的中间;上述各数的倒数表示元素 j 与元素 i 相比较的结果是元素 i 与元素 j 相比较结果的倒数,见表 6-3。

表 6-3 比较尺度表

标度	含义	说明
1	同等重要	表示两个因素的影响相同
3	稍微重要	表示一个因素比另一个因素的影响稍强
5	明显重要	表示一个因素比另一个因素的影响强
7	强烈重要	表示一个因素比另一个因素的影响明显强
9	极端重要	表示一个因素比另一个因素的影响绝对强
2、4、6、8	上述两相邻判断的中值	表示要在上述两个标度之间折中时的定量标度
1、1/2、…、1/9	反比较	若元素 i 与元素 j 相比较判断为 a_{ij},则元素 j 与元素 i 相比较判断为 $1/a_{ij}$

若有因素 $U = \{u_1, u_2, \cdots, u_n\}$，将 u_i 与 $u_j (i, j = 1, 2, \cdots, n)$ 通过上述方法两两进行比较，可得判断矩阵：

$$A = \begin{bmatrix} a_{11} & a_{12} & \cdots & a_{1m} \\ a_{21} & a_{22} & \cdots & a_{2m} \\ \vdots & \vdots & & \vdots \\ a_{n1} & a_{n2} & \cdots & a_{nm} \end{bmatrix}$$

为保证判断矩阵构造的科学性和合理性，本书采用德尔菲法对各指标之间相对影响程度进行赋值，通过设计专家咨询表，从高校、银行机构、监管机构等选取 20 名长期从事银行理财业务研究和工作的实践与理论专家进行匿名打分，打分方式采用标度法。咨询表收回后，根据专家的行业经验和研究偏好等确定其赋值信任度系数，对指标两两赋值结果进行加权汇总得到最终的判断结果，并将统计结果反馈给参与打分的专家，专家根据反馈结果慎重考虑其他专家意见，并再次进行打分。如此往复，经过三轮的咨询调查，得到了比较一致的指标相对重要性打分结果，进而建立银行理财产品风险预警指标层次结构模型各层次的成对比较矩阵。

3. 进行矩阵一致性检验

实际问题中，由于成对比较矩阵通常不是一致性矩阵（一致性矩阵 X 需满足 $a_{ij} \cdot a_{jk} = a_{ik} (i, j, k = 1, 2, \cdots, n)$，在确定出指标的相对权重后，还要进行一致性检验并作出修正。为此 Saaty 引入一致性指标 CI 和随机一致性指标 RI，其中，$CI = (\lambda_{max} - n)/(n-1)$，CI 越大，不一致性程度越严重。对于不同的矩阵维数 n，其随机一致性指标 RI 如表 6-4 所示。

表 6-4 随机一致性指标的数值

n	1	2	3	4	5	6	7	8	9	10	11
RI	0	0	0.58	0.9	1.12	1.24	1.32	1.41	1.45	1.49	1.51

对于 $n \geqslant 3$ 的成对比较矩阵，一致性指标 CI 与同阶随机一致性指标 RI 之比为一致性比率 CR，CR = CI/RI＜0.1 时，认为成对比较矩阵的不一致性程度在允许的范围之内，否则就要重新调整目标元素的数值使其具有满意的一致性。银行理财产品风险预警指标体系成对比较矩阵的权向量及一致性检验结果如表 6-5～表 6-12 所示。

表 6-5 A 成对比较矩阵的权向量及一致性检验结果

A	B_1	B_2	B_3	B_4	B_5	B_6	ωA	λA	CIA	CRA
B_1	1	2	1/3	1/2	2	1/3	0.1070	6.0458	0.0092	0.0074＜0.1 一致性检验通过
B_2	1/2	1	1/4	1/3	1	1/4	0.0642			
B_3	3	4	1	2	4	1	0.2940			
B_4	2	3	1/2	1	3	1/2	0.1766			
B_5	1/2	1	1/4	1/3	1	1/4	0.0642			
B_6	3	4	1	2	4	1	0.2940			

注：ω 为权重系数；λ 为一致性系数

表 6-6 B_1 成对比较矩阵的权向量及一致性检验结果

B_1	C_1	C_2	C_3	ωB_1	λB_1	CIB_1	CRB_1
C_1	1	5	2	0.5816	3.0037	0.0018	0.0032＜0.1 一致性检验通过
C_2	1/5	1	1/3	0.1094			
C_3	1/2	3	1	0.3090			

表 6-7 B_2 成对比较矩阵的权向量及一致性检验结果

B_2	C_4	C_5	C_6	C_7	C_8	ωB_2	λB_2	CIB_2	CRB_2
C_4	1	1/2	4	3	1	0.2281	5.0530	0.0133	0.0118＜0.1 一致性检验通过
C_5	2	1	5	5	2	0.4004			
C_6	1/4	1/5	1	1/2	1/4	0.0579			
C_7	1/3	1/5	2	1	1/3	0.0855			
C_8	1	1/2	4	3	1	0.2281			

表 6-8 B_3 成对比较矩阵的权向量及一致性检验结果

B_3	C_9	C_{10}	C_{11}	ωB_3	λB_3	CIB_3	CRB_3
C_9	1	1/3	1/2	0.1634	3.0092	0.0046	0.0079＜0.1 一致性检验通过
C_{10}	3	1	2	0.5396			
C_{11}	2	1/2	1	0.2970			

表 6-9 B_4 成对比较矩阵的权向量及一致性检验结果

B_4	C_{12}	C_{13}	C_{14}	ωB_4	λB_4	CIB_4	CRB_4
C_{12}	1	5	2	0.5815	3.0037	0.0018	0.0032＜0.1 一致性检验通过
C_{13}	1/5	1	1/3	0.1095			
C_{14}	1/2	3	1	0.3090			

表 6-10 B_5 成对比较矩阵的权向量及一致性检验结果

B_5	C_{15}	C_{16}	ωB_5	λB_5	CIB_5	CRB_5
C_{15}	1	1/3	0.25	2	0	0<0.1 一致性检验通过
C_{16}	3	1	0.75			

表 6-11 B_6 成对比较矩阵的权向量及一致性检验结果

B_6	C_{17}	C_{18}	ωB_6	λB_6	CIB_6	CRB_6
C_{17}	1	3	0.75	2	0	0<0.1 一致性检验通过
C_{18}	1/3	1	0.25			

表 6-12 各级指标权重

二级指标		三级指标	
目标	权重	目标	权重
信用风险 B_1	0.1070	资产端信用主体的整体信用情况 C_1	0.5816
		产品存续期内的经济周期情况 C_2	0.1094
		信用增级措施 C_3	0.3090
市场风险 B_2	0.0642	单期产品、资产组合整体的久期缺口 C_4	0.2281
		产品存续期间的资产收益率/募集资金成本 C_5	0.4004
		汇率变动趋势 C_6	0.0579
		利率变动趋势 C_7	0.0855
		风险缓释措施 C_8	0.2281
流动性风险 B_3	0.2940	资产组合中流动性资产占比 C_9	0.1634
		未来一段时间最大现金缺口和累计现金缺口 C_{10}	0.5396
		流动性风险管理及缓释措施 C_{11}	0.2970
操作风险 B_4	0.1766	内部控制规章制度情况 C_{12}	0.5815
		信息系统情况 C_{13}	0.1095
		人员培训情况 C_{14}	0.3090
政策风险 B_5	0.0642	银行理财产品与宏观经济政策的契合度 C_{15}	0.2500
		银行理财产品与监管政策的契合度 C_{16}	0.7500
声誉风险 B_6	0.2940	危机处理机制的完善程度 C_{17}	0.7500
		舆情监测 C_{18}	0.2500

(二) 风险评级

在确定指标体系的权重之后,需要明确各指标的评分标准。为此按照各项指标的安全级别,由高至低的评价分数为 100 分、80 分、60 分、40 分、20 分、0 分。得分原则为:商业银行首先应设定各项指标的监管标准,各项指标达到监管标准并且超过行业平均水平且执行到位的可得 100 分;达到监管标准但未超过行业平均水平的可得 80 分;达到监管标准并与行业平均水平持平的可得 60 分;未达到监管标准的可依据实际情况,在此得分区间内实施一定程度的扣分甚至设为零分。得分确定后,需在相应的评分说明中简要描述评分的理由和依据。在明确各指标权重以及评分标准后,应对各项指标的风险评分进行加权评分,进一步得到各类型风险子系统的评级得分,以此为依据确定各风险子系统的风险预警级别。根据银行理财业务内部、外部风险的变动情况,将银行理财产品智能定价风险预警级别分为四级,分别为蓝色风险预警、黄色风险预警、橙色风险预警和红色风险预警。对应的评级标准如表 6-13 所示。

表 6-13 银行理财产品智能定价子系统风险预警信号输出

子系统风险评价得分情况	子系统评分≥80 分	80 分>子系统评分≥60 分	60 分>子系统评分>20 分	子系统评分≤20 分
风险预警信号	蓝色风险预警	黄色风险预警	橙色风险预警	红色风险预警

根据已经计算出的各风险子系统的风险评分,依据各类型风险的权重,对各子系统的风险评分进行加权求和。结合各个风险子系统的预警级别,得出某项银行理财产品智能定价的整体风险预警级别,如表 6-14 所示。

表 6-14 银行理财产品智能定价整体风险预警信号输出

子系统风险评价得分情况	整体评分≥80 分,且子系统评分未出现红色预警信号	80 分>整体评分≥60 分,且子系统评分未出现红色预警信号	60 分>整体评分>40 分,且子系统评分未出现红色预警信号	整体评分≤40 分,或子系统评分出现红色预警信号
风险预警信号	蓝色风险预警	黄色风险预警	橙色风险预警	红色风险预警

第三节 银行理财产品智能定价风险防范体系建立

一套科学而完整的风险防范体系是提升商业银行价值创造水平以及维护商业

银行声誉不可或缺的元素。本节将针对银行理财产品运营当中可能存在的风险提出针对性的防范策略，如图6-2所示。

一、理财产品智能定价市场风险防范

在全球金融市场发生深刻变革的进程当中，全球金融交易的关联度、复杂性、不确定性和波动性日趋增加。对于银行理财业务而言，一方面会受到宏观经济周期波动的影响；另一方面随着我国金融体系的日臻成熟，其所面临的监管环境也日新月异。多方面因素的叠加致使银行理财业务所面对的市场风险成分更加复杂，风险总量加大，银行衡量更加困难。为此，商业银行必须高度重视银行理财产品智能定价的市场风险控制，这是规避系统性风险、满足监管要求的需要，更是实现银行持续健康发展

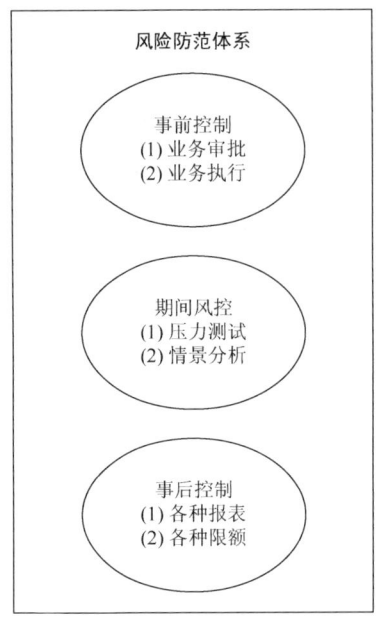

图6-2 银行理财产品智能定价风险防范示意图

的需要。为实现银行理财产品智能定价的市场风险管理目标，必须树立起市场风险管理理念，健全市场风险管理架构，监控市场风险度量指标，将市场风险管理贯穿于业务发展环节，针对业务风险点，精确计量业务风险程度，通过运用先进风险管理技术有效识别、计量和控制市场风险。

（一）强化市场风险管理理念

健全高效的银行理财产品智能定价市场风险管理体系，需以统一市场风险管理理念为基础，严格遵循风险管理的总体战略目标和基本原则，通过风险管理确保银行理财业务持续健康发展。为此，必须强化市场风险管理的基本理念。

第一，董事会对银行理财产品智能定价市场风险管理负有最终责任，应自上而下持续推动市场风险管理。首先，董事会应对相关的市场风险管理战略与政策进行认真审批，并责成高管层采取必要措施监督和控制市场风险。其次，董事会应设法完善市场风险相关培训体系，责令高管层定期组织员工进行风险管理培训，实时灌输全面风险管理的理念。再次，董事会或附属委员会应定期对影响银行理财业务状况的重大决策进行重新审查，以确保其适应性及稳健性。最后，董事会应监督高管层全面了解银行理财业务承担的风险，并确保将先进的人才聘任到相应的岗位。

第二，董事会和高管层应广泛认识到银行理财产品智能定价所面临的各类市

风险,并确保控制机制足以覆盖包括利率风险、商品风险、汇率风险等在内的所有市场风险。为此,董事会和高管层应深入了解银行理财业务的市场风险,在相关新产品或新服务推出之前,管理者必须确保已设置适当的运作程序和风险控制系统。

第三,确保银行理财产品智能定价市场风险管理的独立性,建立独立的风险管理职能部门,实现与前台交易以及后台管理的有效分离。在市场风险管理过程中,管理层应明确各职能(如制定规划、执行规划、风险计量)的授权和责任分工的界限,确保将银行理财业务所面临的所有市场风险纳入风险管理流程。对于关键职能,应采取适当防范措施以避免业务人员的不利干扰。

第四,强化银行理财产品智能定价市场风险控制支持职能。银行理财业务市场风险管理并不是单一职能部门的责任,而是所有相关部门的共同责任。内部稽查、合规、法律、信息技术、人力资源等部门均是银行理财业务市场风险管理体系中不可或缺的部分。

第五,选择科学、统一的市场计量方法衡量银行理财产品智能定价的市场风险。要实现市场风险的统一管理,就需要有统一的风险量化标准,以较好地把握市场风险的水平,为市场风险决策提供便利。

(二)健全市场风险管理架构

市场风险管理的目标是使各决策层充分了解市场风险并给予有效管理,这有赖于建立完善的市场风险管理框架,并有效维护市场操作层面及整个系统层面的高效运作。

第一,建立完善的银行理财产品智能定价市场风险管理组织体系。该组织体系应由高管层、市场风险管理职能部门以及相关支持部门组成,各组织均有明确的风险管理职责和报告路径。

第二,明确银行理财产品智能定价市场风险预算体系。该体系的目的在于如何兼顾风险与收益。管理层应确定一定时期内(如1年)由市场风险所带来的理财资金本金损失的承受程度。在此基础上针对银行理财产品的类型设定不同的止损约束和头寸约束。

第三,设置银行理财产品智能定价市场风险限额体系。市场风险限额是根据银行理财产品的性质、规模、复杂程度以及风险承受能力,按照各类和各级限额的内部审批程序与操作规程,定期审查和更新的交易限额、风险限额以及止损限额。

第四,建立理财产品智能定价的风险拨备制度。当前对银行理财产品智能定价并不计提风险拨备。但从长远发展来看,建立相应的风险拨备制度有助于实现银行理财业务的可持续发展。具体而言,针对各银行理财产品投资标的的风险大小,应确立差异化的拨备计提标准。如对投资标的为非信用类债券的银行理财产品智能定价可不计提，而对于投资标的为信用类债券的银行理财产品智能定价，则需要综合考虑产品期限、融资主体的资信状况以及监管规定等因素，按照时点余额的一定比例计提减值准备。

（三）监控市场风险度量指标

科学度量银行理财产品所面临的潜在市场风险，有助于人们对之进行风险防范。目前较为常见的市场风险度量方法有两种：风险价值（value at risk，VaR）法和传统度量方法。其中，风险价值法则是指压力测试、情景测试；传统度量方法主要是指敏感性分析。

1. 风险价值法

风险价值也称在险值，是指在一定的持有期和给定的置信水平下，利率、汇率等市场风险要素发生变化时可能对某项资金头寸、资产组合或机构造成的潜在的最大损失。风险价值通常是由银行的内部市场风险计量模型来估算的。目前，常用的风险价值模型技术主要有三种：方差-协方差法、历史模拟法和蒙特卡罗法。现在，风险价值已成为计量市场风险的主要指标，也是银行采用内部模型计算市场风险资本要求的主要依据。市场风险内部模型已成为市场风险的主要计量方法。与缺口分析、久期分析等传统的市场风险计量方法相比，市场风险内部模型的主要优点是可以将不同业务、不同类别的市场风险用一个确切的数值来表示，是一种能在不同业务与风险类别之间进行比较和汇总的市场风险计量方法，而且将隐性风险显性化之后，有利于进行风险的监测、管理和控制。同时，由于风险价值具有高度的概括性，简明易懂，适宜董事会和高级管理层了解本行市场风险的总体水平。

市场风险内部模型法也存在一定的局限性：第一，市场风险内部模型计算的风险水平，不能反映资产组合的构成及其对价格波动的敏感性，对风险管理的具体作用有限，需要辅之以敏感性分析、情景分析等非统计类方法；第二，市场风险内部模型未涵盖价格剧烈波动等可能会对银行造成重大损失的突发性小概率事件，需要采用压力测试对其进行补充；第三，大多数市场风险内部模型只能计算交易业务中的市场风险，不能计量非交易业务中的市场风险。因此，采用内部模型的商业银行应当恰当理解和运用其计算结果，并充分认识到内部模型的局限性，可运用压力测试和其他非统计类计量方法对内部模型方法进行补充。

在数学上，VaR 表示投资工具或组合的损益分布的 α 分位数，其表示如下：$\Pr(\Delta p \leqslant -\text{VaR}) = \alpha$，其中，$\Delta p$ 表示投资组合在持有期 Δt 内在置信水平（$1-\alpha$）下的市场价值损失。举例来说，如果说某公司在 95% 的置信度下 10 天的风险价值是100万美元,那么也就是说,在未来10天的时间范围内,该公司发生的风险损失超过100万美元的可能性只有5%。因为风险价值方法能简单清晰地表示金融资产头寸的市场风险大小,又有比较严谨、系统的统计理论作为基础,所以得到了国际金融理论和实业界的广泛认可。

2. 敏感性分析

敏感性分析是指如果市场风险中某一因素发生了细微的变化,那么分析预期的资产价值变动的程度。敏感性分析主要包括利率敏感性缺口分析、久期分析等。

(1) 利率敏感性缺口分析。利率敏感性缺口分析是指一定时期内将要到期或重新确定利率的资产和负债之间的差额,如果资产大于负债,为正缺口,反之则为负缺口。当市场利率处于上升通道时,正缺口对商业银行有正面影响,因为资产收益的增长快于资金成本的增长。计算利率敏感性缺口的公式为:$GAP = SA - SL$,其中,GAP 为利率敏感性缺口;SA 为利率敏感性资产;SL 为利率敏感性负债。运用利率敏感性分析,可以结合银行理财业务自身的缺口情况,以及对未来收益率走势的预期,推导出理财资金投资收益的大致变化。但利率敏感性缺口分析法的缺点也非常明显:只能对当前时点的风险进行分析,是典型的静态分析法;不能处理衍生产品等。

(2) 久期分析。久期分析也称持续期分析,是衡量利率变动对银行经济价值影响的一种方法。具体而言,就是对各时段的缺口赋予相应的敏感性权重,得到加权缺口,然后对其进行汇总,以此估算某一给定的小幅利率变动可能对银行经济价值产生的影响。相比利率敏感性缺口分析,久期分析有一定的改进。它考虑了所有现金流和对应的期限,可以直接度量利率变化导致的价格变化。久期除了用于度量利率敏感性,也可以用于资产负债中的缺口管理,即利用久期缺口分析替代期限缺口分析,来解决期限缺口分析的期限划分问题。

3. 通过压力测试防范市场风险

如果市场风险因素变化量比较小,敏感性分析和风险价值模型就可粗略估算出投资组合的价值变化。但是一旦市场风险因素变化较大(如出现经济危机),敏感性分析和风险价值模型就很难达到预期效果,此时可利用压力测试。压力测试作为风险价值模型衡量风险的补充方法,反映了极端金融市场情形下的风险损失,补充了风险价值所描述的市场正常波动下损失预测的局限性。压力测试是对资产组合中资产价格极端变化引起的资产组合潜在损失的量化。压力测试的设计应提供对银行理财业务危害最大的各种条件信息,并适应银行风险特征。压力测试所设定的情景,可以包括利率总水平突发性变动、主要市场利率之间的关系变动(即基准风险)、收益曲线的斜率和形状变化(即收益率曲线风险)、主要金融市场流动性变化或市场利率波动性变化。此外,还可以包括关键业务假定和参数失灵。压力测试目标就是寻求异常情景,一般分为以下几类:一是模拟从来就没有发生过但可能发生的情形,考虑的是缺乏历史数据的情形,或相比历史观察资料显示的更可能发生的冲击;二是压力测试在历史关系被短暂或者永久打破的情况下,确认现实情形是很有价值的;三是模拟反映持久结构性变化,或暂时改变统计模型的冲击。压力测试主要包括:①情景分析;②压力模型、波动性及相关性;③政策回应,其核心在于设计一些违背风险价值模型假设的极端市场情景,并评价这些极端情景对组合价值的不利影响。压力测试的执行基本包括如图 6-3 所示的五个基本步骤。

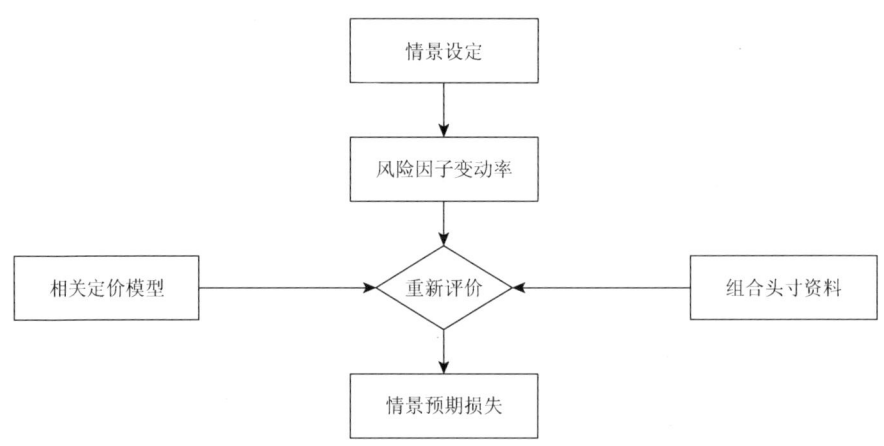

图 6-3　压力测试的操作步骤

二、理财产品智能定价信用风险防范

实施有效的银行理财产品智能定价信用风险管理,商业银行必须在内部设计好三大模块:建立健全信用风险管理体系、选定量化信用风险的适用方法、确立信用风险管理基本策略。

(一)建立健全信用风险管理体系

银行理财产品智能定价信用风险的防范是一个系统工程,有赖于建立健全科学的信用风险管理体系。综合已有监管政策以及《巴塞尔协议》的有关规定,银行理财产品智能定价信用风险管理体系至少应包括六个基本要素,如图 6-4 所示。

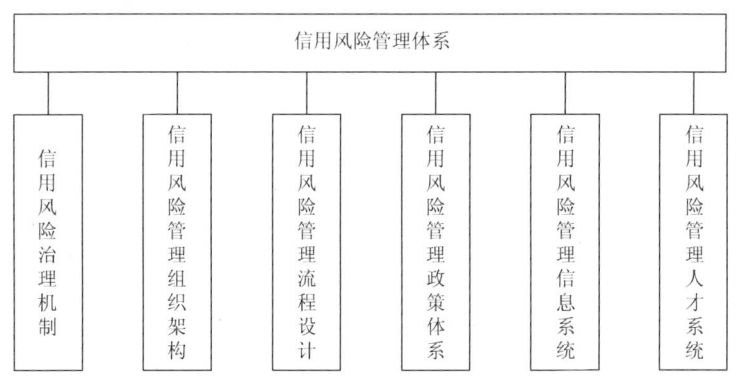

图 6-4 信用风险管理体系框架

第一，信用风险治理机制。商业银行董事会是信用风险管理的最高权力机构，负责信用风险偏好、信用风险战略等重大政策决策；信用风险管理政策委员会负责在董事会授权范围内对重大授信政策和程序进行审批；高管层在董事会授权范围内主要对授信授权、授信评审、授信发放等重要事宜进行协调和管理；信用风险管理委员会根据高管层的授权审批，直接负责日常信用风险管理重大决策；信用风险管理职能部门则直接拟定、报批信用风险政策，并监督各政策执行情况；内部审计部门则对信用风险进行定期或不定期的监督检查，并向董事会提交内部风险审计报告。

第二，信用风险管理组织架构。该环节的目的在于按照董事会设定的总体风险偏好，认真执行高管层批准的风险管理政策。应根据独立性、垂直性、专业性和集中性的信用风险管理内在要求，设计和组建不同层面的组织单元。一般而言，自上而下表现为：在董事会下设置信用风险管理政策委员会，高管层之下设立信用风险管理委员会，高管层负责建立信用风险管理职能部门。分行或分支机构设立对应的风险管理部门或风险管理岗位。

第三，信用风险管理流程设计。一个有效的信用风险管理程序包括恰当的登记制度、全面的财务信息、有效的尽职调查和风险缓释手段的利用、计量当前和未来风险暴露的方法、有效的限额设置程序以及对交易对手储蓄的监督。在明确设计信用风险业务流程目标的基础上，进行流程设计，应全面考虑质量、成本、时间、风险四项流程绩效指标之间的平衡和价值最大化。注重流程运作的质量，就是要求流程设计必须符合银行理财业务特性，并充分考虑业务发展模式以及目标客户的需求，保障流程运作能提升客户满意度；通过流程优化实现降低运营成本的目标，通过信息系统的支持，提升流程的无缝连接程度以及效率，但同时也要考虑投入的成本因素。综合考虑银行理财业务的整个生命流程，减少不必要的处理环节，加快业务处理效率和流转速度、减少所耗时间。要根据业务自身的特点、梳理流程、减少环节、避免部门、人员设置的重复，明确关键岗位的职责。此外，业务流程必须确立以风险管理为主的指导思想，将风险控制作为头等重要任务，并贯穿始终。

第四，信用风险管理政策体系。按照董事会和高管层的要求，由信用风险管理职能部门拟定报批信用风险管理政策程序，并负责监督和指导银行各级管理人员严格执行。信用风险管理政策体系可能包含授信评审、授信评级、授信限额、授信授权、授信资产处置等政策，为有效控制信用风险提供了政策依据。

第五，信用风险管理信息系统。信用风险数据收集管理是实现有效信用风险管理的关键基础之一。由于信用风险管理需要利用大量风险数据进行分析和计量，商业银行无不高度重视收集、管理信用风险数据。为有效收集和管理信用风险数据信息，银行需要进行大量的投入，建设信用风险管理信息系统，其包含的子系统主要有信用评级系统、授信评审系统、授信限额管理系统、信用风险缓释系统、授信监控预警系统等。这些系统要根据银行理财产品智能定价业务规模、范围以及复杂程度来进行设计和构建，并随着业务的不断发展而进行有效的系统更新。

第六，信用风险管理人才系统。为了保证信用风险管理体系有效运行，商业银行应有计划地持续招聘、培养和培训人才队伍。可以说，信用风险管理队伍建设贯穿了信用风险管理的始终。董事会和高管层应本着以人为本的指导思想，高度重视人才队伍建设，保证管理序列和专业序列的人才供给，明确各岗位的职责。

（二）选定量化信用风险的适用方法

商业银行应根据银行理财产品智能定价的性质、规模和复杂程度、银行配套基础性设施的完备程度以及银行拥有的风险管理队伍的整体素质和人才结构，来选择量化信用风险的方法。并且应依据所选择的方法对相关管理政策程序进行相应的调整，以提升适配性。国际信用评级发展先后经历了专家判断法、信用评分法和组合风险模型法等阶段。在 1970 年之前的专家判断法阶段，评估单一客户信用风险主要有 5C 分析法、LAPP（liquidity，activity，profitability，potentiality，分析流动性、活动性、营利性和潜力）法、五级分类法。在信用评分法阶段，出现了线性判别模型、Logit 模型、Probit 模型等。20 世纪 90 年代以后，出现了辨别力和精度更高的人工智能理论、神经网络理论等模型。在组合风险模型法阶段，出现了 Credit Metrics 模型、KMV 模型[①]、CreditRisk＋模型等信用组合模型（迟国泰等，2014），如图 6-5 所示。以下主要介绍几种信用风险模型。

---

① KMV 模型是美国旧金山市 KMV 公司于 1993 年创建的用于估计借款企业违约率的方法。

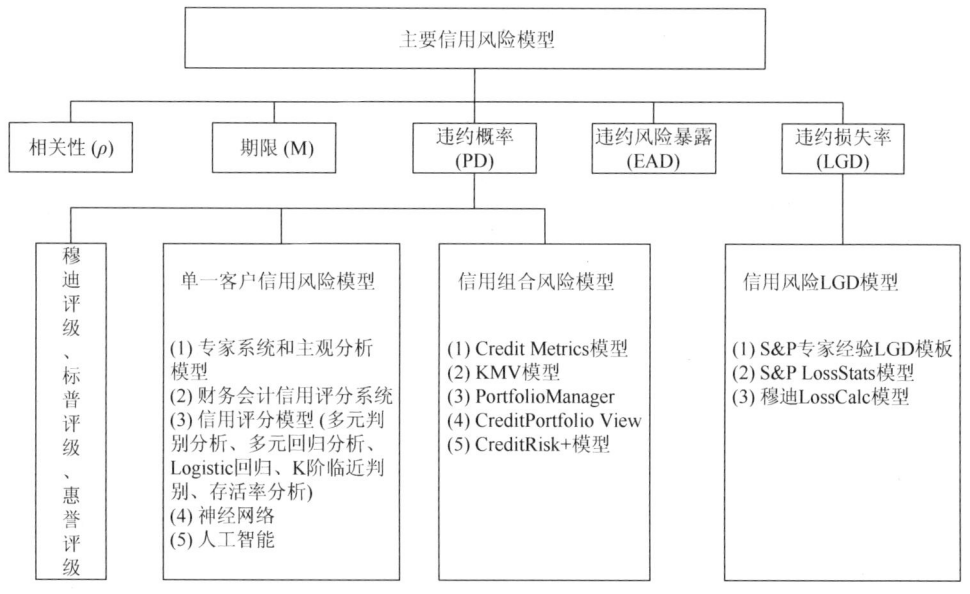

图 6-5 主要信用风险模型

（1）Credit Metrics 模型是 Morgan 基于风险价值方法的一种盯市模型。该模型关键在于估算给定期内单笔贷款、债券或其组合价值变化的预期概率分布。它模拟信用质量变化从一个信用几倍迁移至另一个级别的历史概率。通过迁移矩阵和几何布朗运动，可算出每个信用级别资产回报率下限。该模型假设信用风险包括两个方面：一是债务到期时，债务人违约，拒绝偿还；二是债务虽未到期，但债务人信用等级下降，债权（债券）贬值。应用该模型计算商业银行理财产品的资产组合的信用风险时，其基本思路是：根据相关信用资产的违约率和信用等级的变动度，计算出一定期限资产组合价值的标准差，用来衡量资产组合价值变动程度，即信用风险价值。

（2）KMV 模型。1993 年美国的 KMV 公司利用期权定价理论创立了违约预测模型——信用监测（credit monitor）模型，也称为 KMV 模型。该模型以莫顿模型为基础，推导出每个债务人的估计违约概率或预期违约频率。在债务到期日，如果公司资产的市场价值高于公司债务值（违约点），则公司股权价值为公司资产市场价值与债务值之间的差额；如果此时公司资产的市场价值低于公司债务值，则公司变卖所有资产用以偿还债务，股权价值变为零。因此，公司股权价值的损益情况类似于欧式看涨期权的损益情况。KMV 模型的基本思想是把公司权益和负债看作期权，而把公司资本作为标的资产，公司股权价值可看作基于公司资产价值、执行价为公司债务值的看涨期权，负债看作看跌期权，风险贷款与期权具有同构性，而公司价值遵循几何布朗运动。资本结构与公司价值密切相关，违约概率则是与债务额和公司资产结构相关的内生变量（吴建华等，2016）。

（3）CreditRisk+模型是由瑞士信贷金融产品公司（Credit Suisse Financial Products，CSFP）于1997年下半年推出的信用风险模型。模型的主要思想是将违约事件看成连续随机变量的纯粹的统计过程，违约风险与债务人的资本结构无关。通过泊松分布模拟违约事件的分布，将信贷敞口划分成 n 个区间，解出信用损失的概率生成函数的闭合解，得出信用损失的概率分布，计算出预期损失和非预期损失，借以确定经济资本等。

（三）确立信用风险管理基本策略

确立信用风险管理基本策略首先要基于银行理财产品智能定价的发展战略，以确保对银行理财产品智能定价的潜在风险进行有效控制和管理，从而促进银行理财产品智能定价的持续发展。

第一，应采用授信限额管理，确定全面限额结构。授信限额管理是银行将信用风险偏好具体化，降低信贷资产集中度风险，实行统一授信管理的重要手段（刘春志和范尧熔，2015）。信用限额的构成应能涵盖所有风险暴露类型。商业银行在发行贷款时，往往会对借款企业进行信用评级，信用评级的高低直接反映了借款企业资信等级的高低。银行在发行信贷类或信用挂钩型结构化银行理财产品时，也可参照贷款业务的做法，对借款企业进行信用评级。为此，商业银行应切实完善内部评级体系建设，逐渐建立企业违约信息数据库。在信用评级的基础上，银行应建立银行理财产品募集资金所购买的单一借款人信贷资产的整体信用限额（如不超过商业银行资本净额的10%），确定不同产品的授信限额、不同行业的授信限额以及地区授信限额。银行理财业务各相关部门必须严格遵循授信限额规定，特殊情况下需突破授信限额业务，必须直接报上级有权审批人审批后方能执行。

第二，授信授权管理是银行理财业务实现有效分权管理的重要手段。即便在科技高度发达、管理信息系统相当完善的今天，实施层级分工管理、部门分工管理以及地域分工管理也显得尤为必要。因此，在银行理财产品智能定价信用风险管理的过程中，必须实行授信授权管理。

第三，信用风险报告是自下而上管理信用风险的重要策略。按照统一时间、格式，各分支机构自下而上逐级向上报告辖内信用风险状况，使信用风险得以分级监控和管理。

第四，对于银行理财业务，信用信息披露包含两层含义：第一层含义是，在银行理财产品说明书中向投资者披露信用信息；第二层含义是，商业银行向监管者、股东、债权人、投资者披露银行理财业务整体信用风险状况，接受市场监督约束。信用风险披露的目的在于使银行利益相关主体了解银行理财业务的真实风险状况,以做出合理的决策。

三、理财产品智能定价流动性风险防范

(一) 建立流动性风险管理战略

银行理财产品智能定价流动性风险管理程序的方式及复杂性,取决于理财产品智能定价的规模、业务活动特点及复杂性。流动性风险管理战略应确定银行理财业务关于流动性的各种定量和定性目标,阐明针对流动性管理特定内容的具体政策,如资产负债构成,管理不同币种流动性方法,对运用某种金融工具的相对依赖性,以及资产的流动性和可出售性,还应有一项处理潜在流动性暂时或长期丧失的战略。银行内所有可能影响理财资金流动性的业务单元都应充分了解流动性战略,并按既定政策、程序和限制来运作,高管和相关人员应深刻认识其他风险如何影响理财资金整体流动性战略。

相关管理部门应负责审批理财资金流动性管理战略及与其相关的重大政策,并确保高管层采取必要措施来监控和控制流动性风险,定期了解理财资金流动性状况,并及时掌握有关银行当前或将来流动性状况发生实质性变化的信息,还应检查银行应急计划。为有效实施流动性战略,高管层应积极参与流动性管理,建立适当流动性政策和程序来控制与限制理财资金流动性风险,设定对特定时间段流动性头寸规模的限制,并定期回顾和检查。银行应分析各种不利情况对流动性可能产生的冲击,并据此来设定与银行理财业务规模、复杂性以及财务状况相适应的限额。为有效度量、检测、控制流动性风险,银行还应利用管理信息系统及时向董事会和高管层传递流动性风险信息,以便处理各种可能出现的紧急情况。

(二) 加强关键流动性指标监控

在商业银行理财业务十余年的发展历程中,从维护市场份额角度考虑,银行不得不保持收益率的竞争力,这样导致的结果是,银行理财产品通过不断加大杠杆或拉长久期提高收益率,从而令流动性风险也大幅走高。为了提升流动性风险监管的有效性,商业银行应对理财业务流动性相关的定量指标进行实时监控。目前用以反映流动性状况的指标主要有杠杆监控指标、久期监控指标、错配比例监控指标以及流动性比率监控指标。其中,杠杆 = 总资产/总负债,久期 = Σ 单个资产久期/总资产,错配比例 = 资产平均剩余期限/负债平均剩余期限,流动性比率 = 流

动性资产余额/流动性负债余额×100%。通过对上述指标的监控，可有效了解商业银行理财产品智能定价流动性的整体状况，为流动性风险管理打下坚实的基础。

（三）完善流动性风险内部控制

建立内部控制机制，确保流动性风险管理过程的统一完整性。有效流动性风险内部控制体系至少应包括：有力的控制环境、识别和评估流动性风险机制、为控制活动确定的政策和程序、恰当的管理信息系统、持续检查政策程序执行情况、内部控制政策应当关注适当的批过程、限额和其他可确保机构流动性风险管理目标实现的机制。健全风险管理机制包括风险度量、监控和控制。银行应确保每个方面均是有效的。定期评价和检查，确保既定程序确实达到了设定目标。管理层应确保所有这类评价和检查由独立于被检查业务的人员定期进行。若有必要对内部控制加以修正和加强，应有一个机制确保它被及时实施。定期检查流动性管理过程还应处理任何工具特点、限额和内部控制自上次检查以来的变化。内部审计也应定期检查流动性管理，从而识别可能存在的问题。

（四）制订流动性管理应急计划

在正常市场环境下，银行可通过合理的控制机构和管理机制来控制理财业务运营过程中出现的流动性风险。但受意外内生和外生因素冲击时，银行理财产品智能定价可能会遭遇流动性危机。此时，科学合理的应急计划可帮助银行缓解流动性问题。应急计划中最重要的是需要进行管理协调的部分：一是应急计划需要有清晰的行动程序，确保信息流及时持续传递，向高管层提供准确信息以便迅速决策。相关责任必须界定清晰、明确到人，以便所有人员都了解在出现问题时该做什么；二是应急计划要具有可改变资产负债状况的战略，以便银行发生危机时，可积极地为理财资产做营销，或出售在正常情况下不会出售的资产，增加现金流入；三是应急计划要设计有效的内外部沟通管理机制，积极维护与投资者、交易对手的客户关系，减少负面信息的破坏。

四、理财产品智能定价操作风险防范

加强操作风险防范，具有如下一些意义：可有效避免不可预见的巨额损失；能降低频繁发生的小额损失，大大提高运营效率；降低收益的波动性；提高客户满意度；增强对管理中操作风险的预警等。正是基于上述原因，操作风险越来越受到商业银行广泛的关注。2006 年巴塞尔银行监管委员会在《有效银行监管核心原则》中指出，银行应具备与其规模及复杂程度相匹配的操作风险政策和程序；建立操作风险管理框架，加强操作风险基础设施建设等。本书将参考相关监管规定，结合银行理财业务发展的实际，提出防范操作风险的策略。

（一）建立和完善操作风险管理体系

操作风险主要是由人员、系统、流程和外部事件四类因素引起的，几乎涉及银行的所有部门，所以国外商业银行在操作风险管理框架中通常设置一个操作风险管理委员会，由总行各部门参加，而操作风险管理政策的执行和协调由专门的风险管理部门负责（潘再见和陈振，2010）。

第一，建立商业银行内部控制框架。银行内部控制是一种自律行为，是董事会、高管层和各级管理人员为完成既定工作目标和防范风险，对内部组织及其工作人员从事的业务活动进行风险控制和相互制约的方法、措施与程序的总称。商业银行内部控制体系应当由内部控制环境、风险识别与评估、内部控制措施、信息交流与反馈、监督评价与纠正五大相互独立、相互联系又相互制约的要素组成。

第二，设置各类内部控制方法。按照商业银行内部控制的具体表现形式，控制方法可分为岗位设置控制、授权批准控制、程序控制、文件记录控制、预算控制等。其中岗位设置控制是对银行内部岗位的设置、职位分工的合理性和有效性进行的控制。授权批准控制要求银行各项业务必须经授权进行授权批准后才能进行，通常包括一般授权和特殊授权。一般授权是对办理正常业务时权利、条件和责任的规定，授权时效性较长；特殊授权则是对办理例外业务时权利、条件和责任的规定，通常是一次性的。程序控制又称标准化控制，是对一些重复出现的常规性业务操作制定标准化的处理程序。预算控制则是一种目标控制方法。通过预算确定银行理财产品智能定价的整体目标并划分权责。

第三，制定适用于银行理财业务的规章制度，规范业务相关流程的各项操作。制定适用于银行理财业务的规章制度，做到有法可依、有章可循，用来规范商业银行理财业务行为，有效防范银行理财产品售前、售中、售后的风险。加强理财从业人员的风险意识，促进理财业务规范、稳健、快速地发展。规范业务相关流程的各项操作，在职责分工、接口业务处理、产品管理、资产管理、业务管理、系统管维、异常情况处理等方面细化规范业务的各项操作规程，控制整体操作风险。此外，建立操作风险汇报制度，对不同级别的操作风险制定对应的汇报层级，提高操作风险发生后的处置响应速度。

第四，完善信息披露机制。作为受托理财的机构，商业银行有义务履行定期或不定期对投资者进行信息披露的责任，以保障投资者的知情权。具体而言，在产品销售阶段，产品说明书信息披露要完备，银行理财产品的类型、风险等信息应透明。在理财计划的存续期内，商业银行也应按照约定对所持有的所有相关资产、市场行情报告和收益情况报告以及潜在的风险等信息进行披露。

（二）完善操作风险管理教育培训机制

商业银行推行依法、合规经营的理念，操作风险的一个重要来源便是人力因素。显然，一切操作都是由人来执行的，源于人力的操作风险可以通过良好的教育和培训机制来缓解。

第一，设计与实施操作风险控制培训。为确保操作风险的控制过程和执行层面可以树立并有效推广，商业银行必须针对银行理财业务相关人员和管理层展开培训。培训计划的总体设计应根据不同的对象，充分考虑培训的难易程度和培训的不同领域进行规划，如可设定通用培训、中级培训以及专业培训三个基本类型。通用培训的目的在于让相关员工对操作风险基本概况做一个初步的了解；中级培训主要针对不同业务领域展开，根据某个领域的侧重性做总体介绍，并介绍操作风险管理应用和推广方面的内容；专业培训则是针对某个技术层面做深入了解，如操作模型建立、损失事件收集等。操作风险管理教育培训应是多元的，以便相关人员能及时有效地通过网络培训平台、课堂培训等途径获取最新操作风险管理资料。

第二，培养操作风险全面控制意识。尽管各商业银行操作风险管理情况各异，风险管理文化存在一定的差异，但其在建设风险文化时首先应以合规守法作为操作风险管理的中心。在倡导风险文化时，应自下而上向员工强调和灌输风险文化的理念。为了增强操作风险意识，必须建立操作风险考核机制，引导操作风险管理方向。一方面，要建立上级单位对下级单位的纵向考核机制；另一方面，要建立银行内部的横向部门考核机制。

第三，加强对工作人员的管理与考核。商业银行应根据制定的资格考核与认定、继续培训、跟踪评价等管理制度，对本行理财人员进行行之有效的管理。首先，应推行理财业务从业资格制度，从源头上把控理财队伍的整体素质，以此在最初阶段防范理财业务的操作风险。其次，在对相关岗位进行设置时，应严格限定各岗位的操作权限。最后，在对理财业务人员进行考核时，不能将销售量作为唯一评定的标准，而应注重销售的品质以及客户的体验。

（三）定期梳理并加强业务关键风险点控制

在银行经营日益全球化的今天，处处隐含着操作风险，商业银行理财产品智能定价应对每一类操作风险的风险点分类、防范措施、改进需求进行一一梳理。

第一,应对业务风险点进行定期梳理。应着重关注经营管理领域、客户投诉领域、信息系统开发领域、信息系统安全领域、欺诈风险控制领域、信息沟通领域。对上述领域可能存在的风险点进行定期梳理,分析操作风险分布结构状况,并采取针对性的防范策略。其中操作风险情况分析可以基于操作风险价值进行,操作风险价值主要由操作风险事件概率、操作风险影响以及操作风险暴露值相互作用共同决定。以损失概率为纵轴、损失严重性为横轴的操作风险防范策略图如图 6-6 所示。

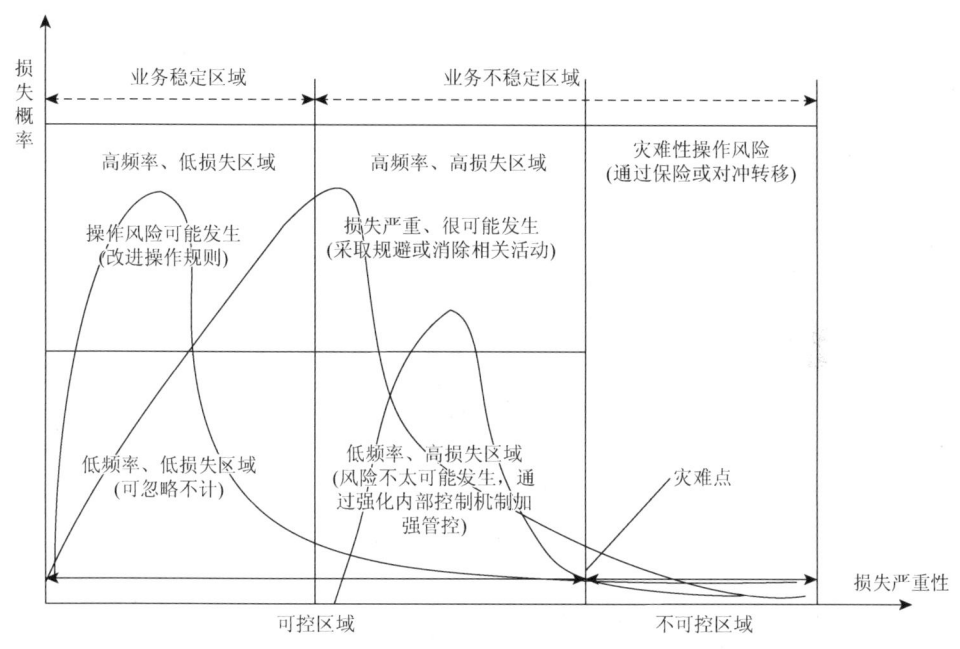

图 6-6　操作风险防范策略图

第二,加强对业务关键风险点的控制。针对银行理财产品智能定价的关键风险点,应具有一套严密的程序对其进行控制,对每个环节的操作都必须进行有效管理。

(四)完善操作风险内审稽查机制

对于银行理财产品智能定价的操作风险,还应通过完善的内审稽查机制进行定期或不定期的全面稽查。加强后续监督,通过翻查历史查库及对账记录、调用相关录像资料等形式进行事后操作风险审查。稽查中出现的问题应及时上报并提出整改建议,对于典型问题应以点带面组织全员学习,必要时展开全行大稽核检查,对风险点进行全面清理。为提升内审稽查质量及效率,加强内审稽查队伍建设是关键环节。为此,应加强内审稽查队伍的专业化培训,切实提升其信息系统应用水平。

五、理财产品智能定价声誉风险防范

商业银行虽然不承担银行理财产品智能定价的信用风险,但由于银行理财产品隐含了发行银行的信誉,更要充分利用自身的专业优势,尽可能为客户、投资者提供好服务,帮助客户或投资者分析、识别、防控风险。银行向客户提供的银行理财产品智能定价风险防控提示要优于对自营业务的风险防控,并对不同风险状况、不同类型的银行理财产品特征进行定义和风险评级。要让客户充分感受到银行在代客业务中的尽责服务、超值服务,感受到银行的品牌和信誉,把商业银行间的风险管理差异,充分地体现在其银行理财产品上,这也是防控声誉风险的重要举措。对于风险管理水平较高的商业银行提供的银行理财产品,其风险提示应更为充分、信息披露更为详尽,使投资者在选择银行理财产品时,更为便捷、更具可信度,真正做到把不同风险等级的银行理财产品,销售给有相应风险承受能力的投资者。

(一)通过员工培训控制声誉风险

互联网时代信息传递扩散的效能大大提升,平均每分钟有超过 10 万条的微博、超过 100 万个网页搜索量,媒体网络的延伸无处不在,是影响目前社会舆论导向的巨大力量。在任何社会,舆论都是直接影响声誉风险事件的发展方向和最终结果的主要因素。员工作为与客户直接接触的主体,是防范声誉风险的重中之重。为此,应加强对员工的教育培训,切实建立健全个人理财业务人员资格考核、继续培训、跟踪评价等管理制度,实现从源头上把关、过程中控制以及结果上考核。对于频繁被客户投诉的理财业务人员,经查实后应严肃处理,将其调离理财业务岗位,情节严重的应予以纪律处分。在培训中,应规范员工处理声誉风险事件的流程。具体而言,应遵循如下处理步骤。

第一,迅速向上级汇报。当风险事件发生后,银行员工及时迅速地汇报有利于为解决声誉风险争取最优的处理时间。在上报期间,银行员工应尽可能安抚客户,在上级答复处理方式之前不轻举妄动。

第二,防止消息扩散。在上级单位未对风险事件提出处理方案之前,银行员工应避免在任何公开的场合谈论此事,更不要在微信、微博等互联网热门媒体发布相关信息,以免成为消息扩散的源头。

第三,不擅自答复处理。银行员工不能未经上级批准,擅自接受媒体的采访。

不回答任何工作职责之外的或者不完全清楚了解的问题，不给外界留有任何猜想的空间。对于无法应答的提问，必须告知对方无法回答的原因，并记录提问上报上级领导，在请示领导后做出相应的回复。

第四，统一答复口径。银行员工一定要按照统一的口径对问题进行解答，对于解释不了的问题，必须请示上级领导后再做答复。如果上级领导不能在事情发生初期的短时间内给出统一答复口径，建议遵照不擅自答复处理策略来执行。

第五，不激化客户关系。银行员工不允许做任何激化银行和客户关系的行为，一定要力争将事情的进展控制在可控范围内，避免扩大声誉风险。

（二）通过媒体沟通控制声誉风险

步入全媒体时代，传统主流媒体依然具有广泛的影响力，而新媒体则在时效性等方面具有显著优势。通过媒体沟通控制声誉风险，既要建立对传统媒体的沟通机制，也要建立与新媒体的沟通机制，还要切实运用新媒体进行信息发布、消息澄清。

第一，加强媒体沟通机制建设。对于传统媒体，应通过设立专人专岗、建立媒体热线等方式积极与其进行沟通。此外，商业银行也应建立自身的新媒体运营团队，对互联网上与本机构有关的舆情进行实时监控。在上级指示下，针对风险事件通过新媒体平台进行及时发声。

第二，针对突发事件建立应急机制。声誉事件处置坚持分级属地管理原则。特别重大声誉事件由总行负责牵头处置，重大声誉事件由各一级（直属）分行、各直属机构、各境外分行、各控股机构负责处置，一般声誉事件由各一级（直属）分行辖属各级机构负责处置。各单位应及时成立由相关部门组成的声誉事件处置小组并开展工作，根据事件发展态势适时启动声誉事件应急预案。在制订和实施声誉事件处置方案时，不仅要注重切断声誉事件引发声誉风险的传播路径，更要准确掌握和考虑具体声誉事件的直接利益相关方的诉求与期望，开展有效沟通。

（三）通过客户安抚控制声誉风险

一旦发生事件，客户安抚工作的好坏直接影响声誉风险的走势。商业银行理财产品通常都是销售给多个客户，因此这些客户很有可能联合向银行谈判，这增大了银行的处置压力，提高了银行控制声誉风险的难度，极有可能转变成广受关注的舆论事件。为此，应采取如下措施应对。

第一，完善投诉处理机制。面对业务纠纷，构建迅捷高效的客户投诉处理机制显得尤为必要，是保障客户利益、维护银行声誉的重要措施。客户投诉处理机制应包括投诉处理流程、回复安排、投诉调查反馈以及对客户的补偿和赔偿制度。对待客户投诉,银行应迅速行动,尽可能把问题解决在基层。属于银行责任的,应及时处理问题并对客户进行赔偿,尽可能降低重复上访的可能。为了进一步提高投诉处理效率,银行应设立专门负责客户投诉的部门和电话专线,建立应对投诉的完善后续处理机制。日常工作中,应对客户的电话和书面投诉进行及时回复。对于突发情况下集体出现的投诉客户,应该迅速使其分散,安排专人对接负责安抚工作,做好事后解释和协调。此外,还应建立投诉日志,对客户投诉情况进行研究分析,及时跟进事件的处理进展,管理层应高度重视并进行监督。

第二,商业银行应变被动为主动,不应只着眼于风险事件发生后才去处理,而应将声誉风险的防范渗透到日常工作的每一个细节当中。为此,在理财业务开展过程中,应逐步对理财客户档案资料进行详细备案并实施全程跟踪理财服务,通过售后服务为银行赢得声誉。

第七章　理财产品智能定价仍待完善的问题

在经济社会创新发展的大环境下，银行理财产品经历了十余年的成长发展，其市场无论是存续金额还是发行数量都实现了指数型增长，资产余额已占据国内资产管理行业中的最大规模。但伴随着外部经济环境以及监管政策的不断变化，其市场结构开始呈现出新的特征，也面临着来自内外部的巨大挑战，从而使银行理财产品智能定价影响因素呈现多样性和复杂性。在商业银行开始从粗放式管理向精细化操作迈进阶段，银行理财产品的智能定价和风险控制能力明显欠缺，其系统的理论研究也鲜有见到。作者基于多年银行理财产品智能定价实践以及读博士阶段对该领域的潜心研究，从理论上梳理了推动我国银行理财产品高速发展的主要动因、影响理财产品智能定价的诸多因素；从定价博弈视角，构建了包括三大板块（输入层、数据处理层以及输出层）的银行理财产品智能定价综合模型；设计了资产池资产收益率智能调整运营机制以及产品价格智能调整运营机制；针对银行理财产品智能定价可能遇到的各种风险，按照国家监管政策的相关规定，提出了风险预警及防范体系。虽然作者在本书的研究中聚焦于"银行理财产品智能定价"这一新兴金融领域的重要问题，从理论、实践和方法层面作出了一些有意义的探索，但就目前而言，关于银行理财业务的研究仍相对较少，研究的深度和广度有待拓展。这也就决定了本书的研究很大程度上是摸着石头过河，其科学性和合理性仍有待完善。

第一，本书所构建的银行理财产品智能定价模型有待通过实践检验进行修订和完善。本书基于当前我国宏观环境的特征以及银行业理财市场发展的实际，通过博弈分析构建了银行理财产品智能定价模型。在模型构建过程中尽量听取一些业界相关专业人士的意见和建议，但是操作难度及效果如何仍待检验，需要通过进一步地深入实践和考察，对其进行持续优化。事实上，不可否认的是，本书在构建银行理财产品智能定价模型时，难以完全从"代客理财"的本源出发对这一问题进行探讨。这是因为，首先，当前我国银行理财业务尚处在发展阶段，相关法律法规以及监管政策正处于完善当中，各种银行理财产品的法律基础模糊不清，法律关系难以界定。其次，在我国经济转轨、利率市场化进程加快等大背景下，商业银行也在所难免面临着巨大的转型压力，致使其追逐经济利益的动机格外强烈。最后，长期发展中所积累的刚性兑付以及投资者风险意识淡薄等问题短期难以缓释，迫使商业银行不得不慎重对待。在上述几个方面因素的综合作用下，基于市场份额和商业利润争夺的需要,商业银行在银行理财产品的实际运营中不得不在一定程度上偏离"代客理财"的本源。从监管者的角度出发,促使银行理财业务回归"代客理财"的本源是一个渐进的过程,在各方面条件不具备的情况下,监管单位也难以一步到位。综上,本书所构建的银行理财产品智能定价模型是与当前理财市场发展特征相适应的,但并未对其未来发展趋势以及若干法律关系问题进行过多的讨论,这也就决定了本书的研究具有一定的局限性。从长期来看,监管体系必将日臻完善,商业银行所处的内外部环境会发生很大的变化,那么银行理财产品智能定价行为也将发生新的变化。

第二,本书所建立的银行理财产品智能定价风险预警指标体系有待结合相关监管政策、外部环境发展变化情况进行调整。风险预警指标体系设计时需要遵循的一个重要原则是敏感性原则,否则便不能有效发挥预警的作用。这也就决定了风险预警指标必须对监管要求以及市场环境的变化异常敏感。事实上,从《巴塞尔协议Ⅰ》到《巴塞尔协议Ⅲ》的演变也能看出商业银行监管所面临的内外部环境变化之大。因此在后续研究中,必须紧紧结合相关监管政策、外部环境发展变化情况对风险预警指标体系进行调整。

第三,本书设计的银行理财资产池智能调整运营机制有待进行更为精确的数理论证以及实践检验。虽然本书阐述了银行理财资产池智能调整运营机制的作用机制,并运行实例对其进行了分析。但囿于作者水平,未能对其有效性进行更为精确的数理分析,这也使得其理论深度有所减弱。同时,在现实操作中其效果究竟如何仍有待更多实证。

参考文献

卜林, 李政, 张馨月. 2015. 短期国际资本流动、人民币汇率和资产价格——基于有向无环图的分析[J]. 经济评论, (1): 140-151.

陈国进, 晁江锋, 赵向琴. 2015. 灾难风险、习惯形成和含高阶矩的资产定价模型[J]. 管理科学学报, 18 (4): 1-17, 72.

陈继勇, 袁威, 肖卫国. 2013. 流动性、资产价格波动的隐含信息和货币政策选择——基于中国股票市场与房地产市场的实证分析[J]. 经济研究, (11): 43-55.

陈金龙, 任敏. 2011. 多资产的股票挂钩保本型银行理财产品定价研究[J]. 管理科学学报, 14 (11): 63-70.

迟国泰, 潘明道, 齐菲. 2014. 一个基于小样本的银行信用风险评级模型的设计及应用[J]. 数量经济技术经济研究, (6): 102-116.

崔海蓉, 何建敏, 胡小平. 2012. 规避通胀风险的结构性银行理财产品设计与定价[J]. 管理科学, 25 (2): 105-110.

戴金平, 李治. 2003. 现代资产定价理论的比较和发展[J]. 世界经济, (8): 68-74.

董有德, 谢钦骅. 2015. 汇率波动对新兴市场国家资本流动的影响研究——基于23个新兴市场国家2000-2013年的季度数据[J]. 国际金融研究, 338 (6): 42-52.

封福育. 2015. 人民币汇率变动对FDI的不对称影响分析[J]. 统计与决策, 5: 151-153.

傅强, 邹琳琳. 2007. 具有上下障碍的再装期权定价模型与计算[J]. 重庆大学学报, 30 (4): 144-147.

高蓓, 章元. 2010. 产权结构、存款保险与银行竞争——基于Bertrand模型的研究[J]. 经济评论, (1): 5-13.

高蓓, 张明, 邹晓梅. 2016. 影子银行对中国商业银行经营稳定性的影响——以中国14家上市商业银行理财产品为例[J]. 经济管理, (6): 138-153.

高波, 任若恩. 2015. 基于时变Copula模型的系统流动性风险研究[J]. 国际金融研究, 339 (12): 85-93.

何诚颖, 刘林, 徐向阳, 等. 2013. 外汇市场干预、汇率变动与股票价格波动——基于投资者异质性的理论模型与实证研究[J]. 经济研究, (10): 29-42.

何志刚, 陆奕雯. 2013. 固定收益平台能成为债券市场定价中心吗?[J]. 金融与经济, (2): 30-32.

侯晓辉, 周翔翼, 李婉丽. 2011. 利率竞争、市场预期与国有商业银行的竞争优势——基于不完全信息Bertrand混合寡占模型的分析[J]. 管理学报, 8 (5): 769-774.

胡敏. 2014. 我国商业银行声誉风险的伦理分析[J]. 求索, (4): 90-93.

胡敏, 韩俊莹. 2014. 中国商业银行声誉风险经济资本的度量[J]. 金融论坛, (3): 67-72.

胡俞越，郭晨凯，曹飞龙. 2012. 利用国债期货寻求基准收益率曲线[J]. 中国金融，（8）：62-63.
胡云祥. 2006. 商业银行理财产品性质与理财行为矛盾分析[J]. 上海金融，（9）：72-74.
黄国平. 2014. 监管资本、经济资本及监管套利——妥协与对抗中演进的巴塞尔协议[J]. 经济学（季刊），13（3）：863-886.
黄庆. 2009. 基于蒙特卡罗方法的结构性银行理财产品定价研究[J]. 中国商贸，（7）：136-137.
黄晓薇，郭敏，李莹华. 2016. 利率市场化进程中银行业竞争与风险的动态相关性研究[J]. 数量经济技术经济研究，（1）：75-91.
纪洋，徐建炜，张斌. 2015. 利率市场化的影响、风险与时机——基于利率双轨制模型的讨论[J]. 经济研究，（1）：38-51.
贾飙，王博，文艺. 2015. 实施巴塞尔协议Ⅲ对中国宏观经济的影响分析[J]. 南开经济研究，（2）：136-150.
江曙霞，刘忠璐. 2016. 存贷款市场竞争对银行风险承担的影响有差异吗？——基于中国利率市场化改革的讨论[J]. 经济管理，（6）：1-15.
蒋佩玉. 2006. 商业银行服务类中间业务定价策略思考[J]. 华东理工大学学报（社会科学版），21（4）：43-46.
蒋霞，罗志华. 2012. 信托制度在我国代客理财市场中的定位研究[J]. 西南金融，（3）：14-19.
金中夏，洪浩，李宏瑾. 2013. 利率市场化对货币政策有效性和经济结构调整的影响[J]. 经济研究，（4）：69-82.
李苍舒. 2015. 中国现代金融体系的结构、影响及前景[J]. 数量经济技术经济研究，（2）：35-52.
李成，王彬，马文涛. 2010. 资产价格、汇率波动与最优利率规则[J]. 经济研究，（3）：91-103.
李峰，张丛，龙建成. 2013. 基于目标导向的银行理财产品最优费率研究[J]. 统计与信息论坛，28（1）：54-58.
李宏瑾. 2012. 利率期限结构的远期利率预测作用——经期限溢价修正的预期假说检验[J]. 金融研究，（8）：97-110.
李继尊. 2015. 关于互联网金融的思考[J]. 公安研究，（12）：90-91.
李俊霞，刘军. 2014. 中国影子银行体系的风险评估与监管建议[J]. 经济学动态，（5）：26-33.
李栓劳，张学东，徐成贤. 2000. 债券组合管理模型及其敏感性分析[J]. 西安交通大学学报，34（10）：89-92.
李扬，殷剑峰. 2011. 影子银行体系：创新的源泉，监管的重点[J]. 中国外汇，（16）：32-34.
李永华. 2013. 中国商业银行全面风险管理问题研究[D]. 武汉：武汉大学.
梁进，孔亮亮，马俊美. 2010. 券商集合银行理财产品定价问题研究[J]. 同济大学学报，38（10）：1550-1555.
廖岷，杨元元. 2008. 全球商业银行流动性风险管理与监管的发展状况及其启示[J]. 金融研究，（6）：69-79.
林榕辉，郑泽星. 2007. 人民币银行理财产品定价分析与产品创新[J]. 金融与经济，（3）：87-90.
林颖，徐承龙. 2006. 一种累积型银行理财产品的定价分析[J]. 现代管理科学，（1）：103-104.
凌江怀. 2004. 西方商业银行个人理财业务发展新趋势及其借鉴[J]. 华南师范大学学报，（4）：3-8.
刘春志，范尧熔. 2015. 银行贷款集中与系统性风险——基于中国上市商业银行（2007—2013）的实证研究[J]. 宏观经济研究，（2）：94-108.

参考文献

刘楠楠. 2010. 商业银行理财产品发展中的风险及控制研究[J]. 现代商业,（29）：9.
刘义圣, 郭志. 2016. 利率市场化进程中利率规则在中国的适用性分析[J]. 宏观经济研究,（2）：45-54.
刘志洋, 宋玉颖. 2015. 商业银行流动性风险与系统性风险贡献度[J]. 南开经济研究,（1）：131-143.
陆静, 汪宇. 2011. 商业银行市场风险压力测试的实证研究[J]. 经济管理,（9）：140-152.
陆敏. 2016-01-18. 资产配置荒之下须精耕细作[N]. 经济日报, 15.
路妍, 方草. 2015. 美国量化宽松货币政策调整对中国短期资本流动的影响研究[J]. 宏观经济研究,（2）：134-147.
吕捷, 王高望. 2015. CPI 与 PPI "背离"的结构性解释[J]. 经济研究,（4）：136-149.
罗裙. 2003. 国有商业银行市场势力分析[J]. 金融研究,（10）：74-83.
马俊海, 张维. 2000. 金融衍生工具定价中蒙特卡罗方法的近期应用分析[J]. 管理工程学报, 14（2）：47-50.
孟纹羽, 张慧. 2011. Knight 不确定环境下股权挂钩型产品定价的实证[J]. 统计与决策,（9）：143-145.
孟纹羽, 林珊. 2015. 货币环境变化与上市银行风险承担能力关系研究[J]. 宏观经济研究,（1）：58-67.
孟祥兰, 孟雪井, 梁艳艳. 2015. 金融深化因子的检验及国际比较——基于国际面板数据的实证分析[J]. 宏观经济研究,（1）：68-80.
闵晓平, 严武, 桂荷发, 等. 2009. 公司债券流动性溢价研究进展[J]. 经济学动态,（6）：103-108.
莫扬, 尹福生, 汤佳. 2014. SHIBOR 期限结构的再检验[J]. 统计研究, 31（12）：82-87.
牛晓健, 裘翔. 2013. 利率与银行风险承担——基于中国上市银行的实证研究[J]. 金融研究,（4）：15-28.
潘再见, 陈振. 2010. 商业银行操作风险管理：亚太经验及其对中国的启示[J]. 国际金融研究,（4）：66-73.
裘翔. 2015. 期限错配与商业银行利差[J]. 金融研究,（5）：83-100.
任敏, 陈金龙. 2008. 保本型股票挂钩结构性外汇理财产品定价研究[J]. 国际金融研究,（12）：64-70.
沈庆劼. 2011. 监管套利的动因、模式与法律效力研究[J]. 江西财经大学学报,（3）：123-128.
沈庆劼. 2014. 资本压力、股权结构与商业银行监管资本套利：基于 1994-2011 年我国商业银行混合截面数据[J]. 管理评论, 26（10）：56-63.
沈悦, 郭品. 2015. 互联网金融、技术溢出与商业银行全要素生产率[J]. 金融研究, 3：160-175.
盛方富. 2013. 我国存款利率市场化的制约因素及突破渠道——基于银行理财产品市场化定价的实证分析[J]. 企业经济,（5）：178-181.
石峰, 秦磊. 2010. 中国债券市场动态利率模型及其实证检验[J]. 运筹与管理, 19（5）：135-148.
苏薪茗. 2014. 银行理财业务机制研究[D]. 北京：中国社会科学院研究生院.
孙从海. 2009. 我国商业银行理财市场的有效性分析[J]. 西南金融,（7）：57-59.
孙从海. 2011. 商业银行理财产品供给行为分析[J]. 金融与经济,（8）：25-27.
孙国峰, 蔡春春. 2014. 货币市场利率、流动性供求与中央银行流动性管理——对货币市场利率波动的新分析框架[J]. 经济研究, (12): 33-44.
孙建坤, 李艳丽. 2011. 商业银行资产池银行理财产品的风险管理[J]. 银行家, (10): 83-85.
孙云辉. 2005. 流动性溢价理论研究进展[J]. 经济学动态, (7): 98-102.
涂晓兵. 2011. 金融脱媒下我国商业银行的路径选择[J]. 经济管理, (6): 140-146.
王辉. 2016-02-26. 信用违约事件频发"资产荒"向纵深演绎[N]. 中国证券报, A03.
王珏, 骆力前, 郭琦. 2015. 地方政府干预是否损害信贷配置效率？[J]. 金融研究, (4): 99-114.
王琼, 陈坚定. 2002. 信用衍生品的价值分析及其市场功效研究[J]. 当代经济科学, 24 (3): 71-74.
王晓枫, 廖凯亮, 徐金池. 2015. 复杂网络视角下银行同业间市场风险传染效应研究[J]. 经济学动态, (3): 71-81.
王晓倩. 2015. 银行理财产品监管套利模式及监管对策研究[J]. 现代财经（天津财经大学学报）, (3): 38-46.
王雪, 孙建坤. 2010. 商业银行资产池银行理财产品探析[J]. 银行家, (10): 68-70.
王勋, Johansson A. 2013. 金融抑制与经济结构转型[J]. 经济研究, (1): 54-67.
王彦超. 2014. 金融抑制与商业信用二次配置功能[J]. 经济研究, (6): 86-99.
王杨, 边保军, 陈杰. 2008. 一种与得利宝有关的银行理财产品的定价分析[J]. 同济大学学报, 36 (6): 854-858.
王耀青, 金洪飞. 2014. 利率市场化、价格竞争与银行风险承担[J]. 经济管理, (5): 93-103.
王云魁, 刘清娟, 张启荣. 2016. 我国商业银行理财产品可持续发展研究——以招商银行为例[J]. 金融发展评论, (5): 132-139.
王志辉. 2003. 西方商业银行新成本制度[M]. 北京：企业管理出版社.
魏国雄. 2014. 银行理财业务风险及其防控和监管[J]. 银行家, (3): 60-64.
魏岩. 2009. 关于金融产品创新的若干思考[J]. 现代金融, (8): 17-18.
吴建华, 王新军, 张颖. 2016. 内生性回收率与信用风险度量研究[J]. 中国管理科学, 24 (1): 1-10.
吴志坚. 2013. 我国股份制银行理财业务创新研究[D]. 成都：西南财经大学.
伍聪. 2012. "负利率"问题研究的演进与新进展[J]. 经济理论与经济管理, V32 (9): 55-63.
肖立晟. 2013. 人民币银行理财产品：概况、运作、风险与监管[J]. 国际经济评论, (3): 6, 93-102.
谢为安, 蔡益润. 2011. 我国可赎回债券的定价问题[J]. 世界经济文汇, (3): 87-97.
熊和平, 徐绪松. 2006. 投资期限的长度对投资组合选择的影响[J]. 预测, 25 (2): 78-80.
徐加根, 陈恪. 2011. 市场结构、银行绩效与银行理财产品市场稳定——基于12个城市数据的实证研究[J]. 宏观经济研究, (10): 57-62.
徐绪松, 陈彦斌. 2004. 基于相对财富和习惯形成的资本资产定价模型[J]. 管理科学学报, 7 (3): 1-6.
徐绪松, 吴健谋, 胡则成. 2000. 金融数据分析智能信息处理技术[J]. 科技进步与对策, 17 (6): 95-96.
徐绪松, 宋奇, 马莉莉. 2012. 基于代表性偏差的行为投资组合模型及实证[J]. 系统工程理论与实践, 32 (1): 34-40.
闫沁波, 汪楠. 2015-03-26. 净值型产品拉高整体费率高端理财"收费"比价[N]. 21世纪经济报道, 11.

杨晨，田益祥. 2011. 基于蒙特卡洛模拟的结构性银行理财产品的定价研究[J]. 管理学家（学术版），（12）：12-21.

杨立洪，覃道理，杨霞. 2005. 企业债券的二因素定价模型[J]. 华南理工大学学报（自然科学版），33（2）：91-93.

杨林枫，吴龙龙. 2010. 银行理财理论与实务[M]. 北京：中国财政经济出版社.

杨天宇，钟宇平. 2013. 中国银行业的集中度、竞争度与银行风险[J]. 金融研究，（1）：122-134.

杨云红. 2006. 资产定价理论[J]. 管理世界，（3）：156-168.

姚余栋，李连发，辛晓岱. 2014. 货币政策规则、资本流动与汇率稳定[J]. 经济研究，（1）：127-139.

伊娜. 2007. 国外个人理财业务的发展对我国银行业的启示[J]. 浙江金融，（1）：36-41.

易纲，赵先信. 2001. 中国的银行竞争：机构扩张、工具创新与产权改革[J]. 经济研究，（8）：25-32.

张兵，封思贤，李心丹，等. 2008. 汇率与股价变动关系：基于汇改后数据的实证研究[J]. 经济研究，9（43）：70-81.

张栋. 2012. 国内商业银行理财业务发展模式的再思考[J]. 金融发展评论，（3）：146-152.

张剑光，刘江涛. 2009. 我国商业银行市场风险计量及波动性研究[J]. 国际金融研究，（9）：79-86.

张瑾，陈丽珍. 2015. 余额宝的服务创新模式研究——基于四维度模型的解释[J]. 中国软科学，（2）：57-64.

张矢的，高明宇，吴斌. 2014. 未充分分散投资下的资本资产定价模型：基于中国A股市场的实证检验[J]. 管理评论，26（10）：24-37.

张曙光，陈玲. 2006. 两种路径依赖重置期权的设计与定价[J]. 运筹与管理，15（6）：91-94.

张歆. 2015-12-01. 银行理财产品协议条款"埋伏笔" 律师调侃："敞口合同"叠加N个不确定[N]. 证券日报，B02.

张学文，孙文松. 2015. 风险溢价与商品期货定价研究——基于标的稀缺性的视角[J]. 经济学（季刊），（3）：983-1004.

张雪兰，何德旭. 2012. 货币政策立场与银行风险承担——基于中国银行业的实证研究（2000—2010）[J]. 经济研究，（5）：31-44.

张中华. 2007. 汇率、国际资本流动与经济发展[J]. 财贸经济，（7）：73-77.

赵秋运，林志帆. 2015. "欲速则不达"：金融抑制、产业结构扭曲与"中等收入陷阱"[J]. 经济评论，（3）：17-30.

赵胜民，谢晓闻，方意，等. 2013. 金融市场化改革进程中人民币汇率和利率动态关系研究——兼论人民币汇率市场化和利率市场化次序问题[J]. 南开经济研究，（5）：33-49.

赵旭. 2011. 中国商业银行市场势力、效率及其福利效应[J]. 财经研究，37（3）：124-135.

周芳，张维，周兵. 2013. 基于流动性风险的资本资产定价模型[J]. 中国管理科学，21（5）：1-7.

周洛华. 2007. 波动率交易在我国银行理财产品设计中的应用[J]. 上海财经大学学报，9（4）：48-55.

周茂琴. 2010. 我国商业银行理财业务现状、问题与对策探讨[J]. 现代商贸工业，22（4）：155-156.

周荣芳. 2011. 银行理财产品的存款替代及利率市场化[J]. 中国金融，（15）：16-17.

周艳，刘凯. 2007. 个人理财业务风险解析与防范[J]. 现代金融，293（7）：7-9.

朱鹤. 2015. 基于AB-SETAR模型的中国资本管制实际程度度量[J]. 国际金融研究，399（10）：76-86.

朱宏泉，巩菲，谢晓红，等. 2016. 外来的和尚会念经？——基于中外资商业银行理财产品绩效的分析[J]. 管理评论，（3）：106-115.

Acharya V，Davydenko S A，Strebulaev I A. 2012. Cash holdings and credit risk[J]. Review of Financial Studies，25（12）：3572-3609.

Akhtaruzzaman M，Shamsuddin A，Easton S. 2014. Dynamic correlation analysis of spill-over effects of interest rate risk and return on Australian and US financial firms[J]. Journal of International Financial Markets Institutions & Money，31（1）：378-396.

Allen F，Carletti E，Gale D. 2009. Interbank market liquidity and central bank intervention[J]. Journal of Monetary Economics，56（5）：639-652.

Andersson F，Mausser H，Dan R，et al. 2001. Credit risk optimization with conditional value-at-risk criterion[J]. Mathematical Programming，89（2）：273-291.

Atkins B. 2016. Bank competition and financial stability：Evidence from the financial crisis[J]. Journal of Financial & Quantitative Analysis，51（1）：1-28.

Black F，Scholes M. 1973. The pricing of options and corporate liabilities[J]. Journal of Political Economy，81（3）：637-654.

Born B，Pfeifer J. 2014. Policy risk and the business cycle[J]. Journal of Monetary Economics，68（1）：68-85.

Byrne J P，Fiess N. 2016. International capital flows to emerging markets：National and global determinants[J]. Journal of International Money & Finance，（61）：82-100.

Carole B，Phelim B. 2008. Structured investment products with caps and floors[C]. 11th Conference of the European Central Bank，（ECB-CFS）Research Network，Prague：1-34.

Chen C，Sears R. 1990. Pricing the SPIN[J]. Financial Management，19（2）：36-47.

Correa R，Goldberg L S，Rice T. 2015. International banking and liquidity risk transmission：Evidence from the United States[J]. IMF Economic Review，63（3）：626-643.

Eckert C，Gatzert N. 2017. Modeling operational risk incorporating reputation risk：An integrated analysis for financial firms[J]. Insurance Mathematics & Economics，72：122-137.

Etro F，Rossi L. 2015. New-Keynesian Phillips curve with Bertrand competition and endogenous entry[J]. Journal of Economic Dynamics & Control，（51）：318-340.

Fabio C. 2013. Financial disintermediation and liquidity[J]. Rivista di Politica Economic，（1）：7-36.

Fama E F，French K R. 1993. Common risk factors in the returns on stocks and bonds[J]. Journal of Financial Economics，33（1）：3-56.

Fang L，Ivashina V，Lerner J. 2015. The disintermediation of financial markets：Direct investing in private equity[J]. Journal of Financial Economics，116（1）：160-178.

Franklin F W. Fishermen and Fish：Asequel to For America，an Interpretation and Plan[M]. Lynbrook：W. F. Fowler，1933.

Frank P. 1997. Financial derivative and the costs of regulatory arbitrage[J]. The Journal of Corporation Law，（4）：212-243.

Geng D，Ilan G，Joshua M，et al. 2011. A primer on structured finance[R]. California：Securities Litigation & Consulting Group，Working Paper：1-18.

Gillet R，Hübner G，Plunus S. 2010. Operational risk and reputation in the financial industry[J].

Journal of Banking & Finance, 34 (1): 224-235.

Hsu C, Backhouse J P, Silva L. 2014. Institutionalizing operational risk management: An empirical study[J]. Journal of Information Technology, 29 (1): 59-72.

Imbierowicz B, Rauch C. 2014. The relationship between liquidity risk and credit risk in banks[J]. Journal of Banking & Finance, 40 (1): 242-256.

Jinjarak Y. 2013. Economic integration and government revenue from financial repression[J]. Economic Systems, 37 (2): 271-283.

John H. 2000. Options, Futures and other Derivatives[M]. 5th ed. Upper Saddle River: Prentice Hall.

Kang S B, Létourneau P. 2016. Investors' reaction to the government credibility problem: a real option analysis of emission permit policy risk[J]. SSRN Electronic Journal, 27 (6): 12-18.

Kosuke A, Kalin N. 2015. Financial disintermediation and financial fragility[D]. Tokyo: The University of Tokyo.

Lardy N R. 2012. Sustaining China's Economics Growth after the Global Financial Crisis[M]. Washington: Peterson Institutes for International Economics.

Leung W S, Taylor N, Evans K P. 2015. The determinants of bank risks: Evidence from the recent financial crisis[J]. Journal of International Financial Markets Institutions & Money, (34): 277-293.

Lintner L. 1965. The valuation of risk assets and the selection of risky investments in stock portfolios and capital budgets[J]. Review of Economics and Statistics, (47): 13-37.

Macaulay F R. 1938. Some theoretical problems suggested by the movements of interest rates, bond yields and stock prices in the United States since 1856[J]. General Information, 5 (4): 474-489.

Malkiel B G. 1962. expectations, bond prices, and the term structure of interest rates[J]. Quarterly Journal of Economics, 76 (2): 197-218.

Markowitz H M. 1952. Portfolio selection[J]. Journal of Finance, 7 (1): 77-91.

McKinnon R I. 1973. Money and Capital in Economic Development[M]. Washington: Brookings Institution Press.

Merton R C. 1974. On the pricing of corporate debt: the risk structure of interest rates[J]. Journal of Finance, 29 (2): 449-470.

Meyer D R. 2014. Chapter 2-Private Wealth Management in Asia[M]. Oxford: Academic Press.

Nashikkar A, Subrahmanyam M G, Mahanti S. 2011. Liquidity and arbitrage in the market for credit risk[J]. Journal of Financial & Quantitative Analysis, 46 (3): 627-656.

Olaberría E. 2012. Capital inflows and booms in assets prices: Evidence from a panel of countries[J]. Working Papers Central Bank of Chile, 42 (6): 717-725.

Porter N J, Feyzioglu T, Takáts E. 2009. Interest rate liberalization in China[J]. Social Science Electronic Publishing, 58 (9-10): 1-28.

Purroy P, Salas V. 2000. Strategic competition in retail banking under expense preference behavior[J]. Journal of Banking and Finance, 24 (5): 809-824.

Saha B, Sensarma R. 2004. Divestment and bank competition[J]. Journal of Economics, 81 (3): 223-247.

Scharfman J A. 2015. What is operational risk? [M]//Scharfman J A. Hedge Fund Operational due Diligence: Understanding the Risks. Hoboken: John Wiley & Sons, Inc.

Séverine P, Georges H, JeanPhilippe P. 2012. Measuring operational risk in financial institutions[J]. Applied Financial Economics, 22 (18): 1553-1569.

Sharpe W F. 1964. Capital assets prices: a theory of market equilibrium under conditions of risk[J]. Journal of Finance, 19 (3): 425-442.

Shaw E S. 1973. Financial Deepening in Economic Development [M]. Oxford: Oxford University Press.

Slovin M B. 1973. Financial disintermediation in a macroeconomic framework: comment[J]. Journal of Finance, 28 (4): 843-856.

Stefan B, Thomas K, Hanspeter W. 2001. The pricing of structured products in the Swiss market[J]. Journal of Derivative, 9 (2): 30-40.

Stoimenov P A, Wilkens S. 2005. Are structured products "fairly" priced? An analysis of the German market for equity-linked instruments[J]. Journal of Banking&Finance, 29 (12): 2971-2993.

Tan Y, Ji Y, Huang Y. 2016. Completing China's interest rate liberalization[J]. China & World Economy, 24 (2): 1-22.

Taušer J, Čajka R. 2014. Hedging techniques in commodity risk management.[J]. Agricultural Economics, 60 (4): 174-182.

Viceira L M. 2012. Bond risk, bond return volatility, and the term structure of interest rates[J]. International Journal of Forecasting, 28 (1): 97-117.

Wong T C, Hui C H. 2009. A liquidity risk stress-testing framework with interaction between market and credit risks[J]. Social Science Electronic Publishing, (6): 1-38.

Wu C R, Lin C T, Tsai P H. 2010. Evaluating business performance of wealth management banks[J]. European Journal of Operational Research, 207 (2): 971-979.

Yang B, Wen G, Perry G. 2014. The empirical measurement of interest rate risk of China's commercial banks in the process of interest rate liberalization[J]. International Journal of Financial Research, 5 (3): 188-193.